中國古代都城資料選刊

類編長安志

〔元〕駱天驤 撰
黄永年 點校

中華書局

圖書在版編目(CIP)數據

類編長安志/(元)駱天驤撰;黄永年點校. —北京:中華書局,1990.8(2025.3 重印)
ISBN 978-7-101-00576-9

Ⅰ.類… Ⅱ.①駱…②黄… Ⅲ.長安(歷史地名)-地方志 Ⅳ.K294.11

中國版本圖書館 CIP 資料核字(2019)第 168837 號

特約編輯: 姚景安
責任編輯: 胡 珂
封面設計: 周 玉
責任印製: 韓馨雨

類編長安志

〔元〕駱天驤 撰
黄永年 點校

*

中 華 書 局 出 版 發 行
(北京市豐臺區太平橋西里 38 號 100073)
http://www.zhbc.com.cn
E-mail:zhbc@zhbc.com.cn
三河市宏盛印務有限公司印刷

*

850×1168 毫米 1/32 · 15⅜印張 · 插頁2 · 200 千字
1990 年 8 月第 1 版 2025 年 3 月第 3 次印刷
印數:3901-4600 册 定價:58.00 元

ISBN 978-7-101-00576-9

出版説明

類編長安志十卷，元駱天驤撰。元以後久未刊刻，只有鈔本，今特編入中國古代都城資料選刊，以廣流傳。

駱天驤，字飛卿，别號藏齋，約生於金宣宗末年（公元一二二三年前後），是世代居住長安的舊家子弟。早歲卽留意長安故蹟。入元後曾任京兆路儒學教授。元世祖至元十三年（公元一二七六年）建安西王府時，曾引導主持營造的安西王相趙炳遍訪周、秦、漢、唐宫苑遺址。成宗元貞二年（公元一二九六年）撰成類編長安志時，當已年逾七十。其去世在大德四年（公元一三〇〇年）以後，享年八十左右。

類編長安志是把北宋宋敏求的長安志加以分類並有所删削，並據三輔黄圖、雍録等書及宋、金、元三朝的有關文獻，重新增補改編的一部元代新長安志。其中遺址故蹟多經駱氏親自考察，頗爲翔實可信。又今本宋志有若干脱誤之處，類編長安志並未脱誤，可用來校正今本宋志。另卷十石刻著録一百四十餘種，對考證關中碑刻及其存佚情況也大有用處。

類編長安志傳世的幾個鈔本都有大量脱誤。編輯部商請陝西師範大學黄永年教授整理點校，參合南京圖書館、北京圖書館藏明鈔本爲底本，並用宋志諸書作了「他校」，對鈔本的脱誤基本上作了補正，成爲一個可以閱讀使用的本子。所撰述類編長安志也附印書後，藉資參考。所附索引爲陝西師範大學黄壽成同志編製。

中華書局編輯部　一九八六年六月

雍之長安，其來久矣，乃古之鄉聚名，在豐、鎬間，周、秦時已有之。李善西都賦注：「漢高帝都關中，築宮城，擇嘉名，可長安於子孫，故曰長安城，可長樂於宮室，曰長樂宮，長安之名，自此始著宮室。」記曰：「秦之咸陽，北至九嵕，南至南山，東至河，西至汧，離宮別館，相望聯屬，木衣綈繡，土被朱紫，宮人犬馬不移，樂不改懸，窮年忘歸，猶不能遍。」至漢武廣開上林，苑中有三十六宮，二十二觀，秦之故宮，莫不增葺。秦迄今寥寥千五百載，兵火相焚蕩，宮闕古蹟，十亡其九。僅有存者，荒臺廢苑，壞址頹垣，禾黍離離，難以詰問，故老相傳，名皆訛舛。如秦莊襄王陵爲韓信冢，漢長安城爲陽甲城，隋太極殿基爲走馬樓，董仲舒墓爲蝦蟇陵，漢武太一谷爲炭谷，唐興慶宮爲九龍池。雖有舊記各紀一時之事，其沿革互換之名各不同。宋敏求編長安志，自周、秦至唐、宋。唐京兆府管二十三縣，宋永興軍領十三縣，華、耀、乾三州，鳳翔一府，闕商、同二州，華止有渭南、蒲城兩縣，祋祤一名今爲三縣。漆、沮二水同爲一河，漆出耀州，俗號石川河，至櫟陽南交口合渭，沮出同州，號洛河，三合口合渭，相去百餘里，爲漆沮一河。其故事散布州縣，難以檢閱。僕家本長安，幼從鄉先生游，兵後關中前進士碩儒故老，猶存百人，爲士林義契耆年，文會講道之暇，遠遊樊川、韋、杜，近則雁塔、龍池，其周、秦、漢、唐遺址，無不登覽，或談故事，或誦詩文，僕每從行，故得耳聞目覩，每有闕疑，再三請問。聖元皇子安西王胙土關中，至元癸酉創建王府，選長安之勝地，王相兼營司大使趙〔案〕鈔本趙下空缺一字，當是趙公。以僕長安舊人，相從遍訪周、秦、漢、唐故宫廢苑，遺蹤故蹟，自豐、鎬、阿房、未央、長樂、太極、含元、興慶、魚藻，靡不登歷，是以長安事跡，足履目見之熟。從心之際，每患舊志散漫，乃翦去繁蕪，撮其樞要，自漢、晉、隋、唐、宋、金迄皇元更改府、郡、州、縣，引用諸書，檢討百家傳記，門分類聚，并秦中古今碑刻、名賢詩文，長安景題、及鴻儒故老傳授，增添數百餘事，裒爲一集，析爲十卷，目之曰類編長安志。覽之者不勞登涉，長安事迹，如在目前，豈不快歟！然老眼昏花，中間多所脱略訛錯，更竢好古博雅君子，改而正之。元貞丙申中元日，藏齋遺老駱天驤引。

長安，古都會也。自周、秦、漢、魏已降，有國者多建邦於此。所以山川之形勝，宮室之佳勝，第宅之清勝，丘陵之名勝，爲天下最。以其歷代沿革之不同，互換之或異，有好事者，爲書以志之。如三輔黄圖、三輔決録、西京雜記、關中記、景龍文館記等書，或失之於繁，或失之於簡，莫如長安志之詳且盡也。然或問一山一水，一臺一榭，茫然莫之能對。良由卷軸之多，分布散亂，未能詳涉而遍窺也，學者病之。藏齋先生駱公飛卿，辭聲利而遠市朝，老於翰墨者也。讀書樂道之餘，取長安舊志前後二十卷十餘萬言，門分而類別之，使水能會涇、渭、灞、滻之名，山能萃太華、終南之秀，凡都邑、宮觀、丘陵、墳衍沿革興廢之名，賢豪居處之迹，士夫經行之地，儁乂題品之文，又注於下，棊布星分，若網在綱，有條而不紊。書成，或病其碎。愚曰：世之類書多矣，如儀禮則指某事而必窮其源，通典指某事必盡其要，通鑑事總，韓、柳文類，皆此意也。儻人物混則孰能辨夷、夏之殊，五穀雜則孰能辨菽、麥之異。且志曰：「方以類聚，物以羣分。」不如是，則不能成治道而贊化育也。物且如是，書何不然。若録木以行，使游秦者不勞登涉，而知地理之詳，未至秦者得觀此書，日下長安宛在目前矣。又不可謂秦無人焉。大德戊戌清明后二日，安西路儒學教授鹿溪賈餗文裕序。

九丘有書，九州有貢，地理有志，寰宇有記，皆四海之學也。或有山崩川移，陵遷谷變，歷代沿革，隨時廢興，所以不能必其主名。儻非識究堪輿，學探今古，至有皓首弗克致其知者。方輿雖未遍覽，而所居鄉國，懵然未知，可乎哉！京兆教授駱飛卿，長安故家也。嘗集先儒舊志，并古人詩文，從遊前輩，周訪鄉老，其所得者，具載無遺，目曰類編長安志。而廢殿荒陵，離宮別館，城郭之損益，州郡之變更，脫遺者增補，訛舛者訂定，駱公自序已詳之矣，茲不必云，較之舊志，一完書爾。長安，古都會也，是編一出，或平居暇日，披翫於几硯之間，其周、秦、漢、唐，遺蹤故實，弗待諮訪，一一可知，足跡未及，如在目前，使居是邦者，胸中了然，問無不知，亦士君子之一快也，駱公用心仁矣。大德戊戌夏四月中澣日，前翰林直學士太中大夫安西路總管兼府尹諸軍奥魯管内勸農事山木老人王利用序。

類編長安志證題

引用諸書

尚書
毛詩毛萇註
周禮
春秋左氏傳
春秋公羊傳
春秋吕氏傳
春秋元命苞
春秋説題辭
禮記
秦始皇本紀
史記
西漢書

東漢書
漢志
續漢書
漢百官志
續漢書郡國志
漢官儀
漢武帝故事
漢武帝内傳
漢書五行志
漢書訓纂
漢宫殿疏
漢官解詁

後漢杜篤論
魏志
晉書
南史
北史
隋書
隋志
史傳
隋唐嘉話
唐書
唐實録
貞觀政要

唐餘録
唐逸史
唐雜記
唐會要
唐六典
天寶遺事
明皇雜録
唐史拾遺
開元實録
禄山故事
羯鼓録
太真外傳
五代史
資治通鑑
元和郡縣圖
周地圖

開山圖
三禮圖
舊圖儀
周舊圖經
舊圖經
元和郡縣圖志
長安圖
三輔黄圖
班孟堅西都賦
張平子西都賦
潘岳西征賦
三國志
魏王泰括地志
陸長源辨疑志
郊祀志
長安志

十道志
郡國志
溝洫志
地理志
九域志
宋敏求長安志
羽獵賦
李肇翰林志
戴延之西征記
太平寰宇記
皇甫謐帝王世記
輦下歲時記
王褒雲陽宮記
兩京道里記
郡國縣道記
景龍文館記

太康地理記
裴秀雍州記
西京雜記
東觀奏記
御史臺記
大業拾遺記
三秦記
秦中記
方輿記
關中記
長安記
兩京記
風土記
廟記
陵記
京城記

洞冥記
英雄記
太平廣記
咸陽記
通靈記
城南記
王嬰古今通論
桓譚新論
皇甫謐高士傳
洪範五行傳
叔孫通傳
穆天子傳
劉屈氂傳
匈奴傳
王莽傳
鄒陽傳

列士傳
霍光傳
賈誼傳
列仙傳
外戚傳
馬周傳
孔光傳
袁盎傳
東城父老傳
尹先生内傳
封演見聞録
三輔決録
春明退朝録
阿房宫録
松牕雜録
劇談録

譚賓録
雍録　幽明録
異聞録
鑒誡録
敍聞録
盧氏雜説
東方朔説
婁敬説
田肯説
張良説
蘇秦説
駱氏新説
後魏地形志
上林賦
含元殿賦
杜工部詩

劉禹錫詩
白居易詩
杜牧之詩
歷代諸公詩
顔師古注
臣瓚注
應劭注
蘇林注
孟康注
鄭玄注
晉灼注
張揖注
皇覽注
張晏注
李奇注
杜預注

李巡注
水經注
李善文選注
地理叢編
杜陽編
十六國春秋
竹書紀年
李肇國史補
酈元水經注
三輔故事
酉陽雜俎
禮閣新儀
三輔會要
五經要義
譙周法訓
許慎説文

虞喜志林
鄴都故事
朝野僉載
唐畫斷
漢舊儀

百官表
白虎通
風俗通
山海經
援神契

通典
摭遺
淮南子
六臣文選
園苑疏

安西路

禹門渡
韓城
黃河
梁山
豐山
良原
郃陽
芝川渡
大慶關
三河口
白水
韓山
明月山
荆山
薄臺河
堯山
金粟
倉頡墓
澄城
温泉
長春宮
朝邑
同
蓮勺
蒲城
檀山
富平
賈城
蟠龍原
馮翊
沮水
雨金泊
八公原
沙苑
櫟陽
焦蕿
漆水
下邽
青門
大明宮
弘農
潼關
戲水
華陰
嶽廟
鴻門
新豐
渭南
赤水鎮
華
敷水鎮
長樂坡
白鹿原
灞橋
臨潼
冷水
豐城
鄭縣
桃林
興慶宮
滻水
驪山
很石
華山
藍田
華陽
鴈塔
曲江
龍首澤
灞水
嶢山
鳳栖原
樊川
韋曲
皇子坡
杜曲
芙蓉原
洛南
興教寺
藍關
武關
百塔
御宿川
輞谷
楩梓谷
炕河
神禾原
東義谷
澇谷
商
上津
上洛
終南山
石鱉谷
太一谷
豐陽
乾祐

州縣圖

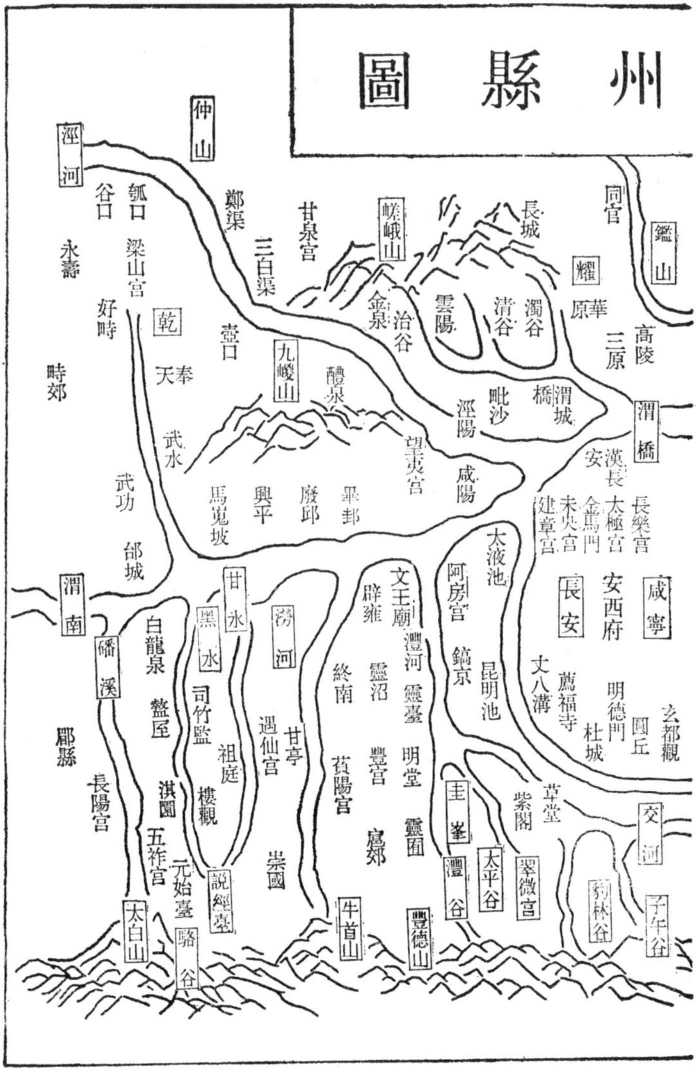
涇河
仲山
谷口
瓠口
鄭渠
甘泉宮
嵯峨山
長城
同官
鑑山
耀
原華
三白渠
永壽
梁山宮
好畤
乾
壺口
金泉
治谷
雲陽
清谷
濁谷
高陵
三原
時郊
天奉
九嵕山
醴泉
涇陽
毗沙
橋
渭城
渭橋
武水
望夷宮
咸陽
安
漢長
武功
馬嵬坡
興平
廢邱
畢郢
建章宮
未央宮
金馬門
太極宮
長樂宮
郿城
太液池
阿房宮
文王廟
辟雍
長安
安西府
咸寧
渭南
甘水
黑水
澇河
白龍泉
磻溪
灃河
鎬京
昆明池
丈八溝
薦福寺
明德門
玄都觀
盩厔
司竹監
終南
靈沼
靈臺
杜城
圓丘
郿縣
遇仙宮
甘亭
祖庭
萯陽宮
豐宮
明堂
長陽宮
淇園
樓觀
草堂
紫閣
交河
五祚宮
崇國
鄠郊
靈囿
圭峯
太平谷
翠微宮
元始臺
說經臺
豹林谷
子午谷
太白山
駱谷
牛首山
灃谷
豐德山

類編長安志目録

卷之一

卷之二

卷之三

卷之四

卷之五

卷之六

卷之七

卷之八

卷之九

卷之十

類編長安志卷之一

京兆路儒學教授駱天驤纂編
開成路儒學教授薛延年校正

雜著

總叙

長安，古鄉聚名。厥壤肥饒，四面險固，被山帶河，外有洪河之險，西有漢中、巴、蜀，北有代馬之利，所謂天府陸海之地也。乃尚書禹貢雍州之域，堯封后稷於斄，音邰，今武功縣。舜置十二牧，雍其一也。又公劉居豳，今邠州。大王徙郊。今鳳翔府。及文王作豐，今鄠縣豐邑鄉。武王治鎬，顏師古曰：「昆明池北鎬池是。」雍州爲王畿。平王東遷，以岐、豐之地賜秦襄公，至孝公始都咸陽。始皇并天下，置內史以領關中。項籍殺子嬰，分其地爲三，封章邯爲雍王，都廢丘，今興平縣。司馬欣爲塞王，都櫟陽，今櫟陽縣。董翳爲翟王，都高奴，今延州鄜城縣。謂之三秦。漢高祖元年，更雍州爲渭南郡。五年，高祖在洛陽，從婁敬説始都之。九年，罷渭南郡，復爲内史。景帝分置左右内史，此爲右内史。武帝太初元年，改内史爲京兆尹，以渭城以西屬右扶風，長安以東屬京兆尹，長陵以北屬左馮翊，以輔京師，謂之三輔。又置三輔，〔案〕據三輔黄圖，此處三輔下當有都尉二字，此承宋志脱去。中輔理華陰，左輔理高陵，右輔理郿。兼三都尉，亦曰六輔。王莽篡漢，分長安城旁六鄉，置帥各一人，分三輔爲六尉郡。更始元年，三輔各復其舊。光武都洛陽，以關中地復置雍州，尋復置司隸校尉，統三輔如舊。獻帝以董卓遂徙都長安。魏文帝改京兆尹爲太守，馮翊、扶風各除左右，仍以三輔屬司隸。晉省司隸爲長安，置雍州統七郡，京兆、馮翊、扶風、安定、始平、北地、新平。州治京兆郡。惠帝永安元年，張方劫帝幸長安。光熙元年六月，還洛陽。愍帝之後，劉聰、劉曜、石勒、苻健、苻堅、姚萇相繼竊取之，復置雍州。健置司隸校尉，堅分司隸爲雍州，分京兆爲咸陽郡。萇改長安曰常安。萇孫泓爲劉裕所滅，東晉復置雍州及京兆郡。尋爲赫連勃勃所破，遣子璝鎮長安，號曰南臺。後魏大武始光元年，破赫連昌，以其地置秦、雍、南秦三州。雍治京兆、秦治天水、南秦治伏羌，雍州領京兆、馮翊、扶風、咸陽、北地等五郡三十一縣，京兆郡領縣八。長安、杜城、鄠、山北、新豐、霸城、陰槃、藍田。孝武永熙三年，自洛遷都長安，號西魏，復置京兆尹。後周與隋因之。開皇三年，自漢長安故城東南移二十里，〔案〕宋志二十一里。遷都龍首川，改京兆尹爲雍州。大業三年，改州爲京兆郡，統縣二十二。唐武德元年，復爲雍州，以古雍州之地分爲關右、隴右二道，後改爲關内道。三年，分武功、好畤、盩厔、扶風四縣置稷州，分温秀、石門二縣置泉州。貞觀元年，廢稷州，以武功、好畤、盩厔來屬。十七年，廢宜州，以華原、同官二縣來屬。天授元年，改雍州爲京兆郡。其年，復爲雍州。二年，分始平、武功、奉天、盩厔、好畤等縣復置稷州，分雲陽、涇陽、醴泉、三原、富平、美原等縣置宜州。大足元年，廢鴻、宜、鼎、稷四州，以始平等十七縣來屬。開元元年，改雍州爲京兆府。天寶元年，以京城爲西京京兆府，領縣二十三。二年，置十五道採訪，爲京畿道。至德二載，曰中京。元年建丑月，停京名，尋曰上都。天祐元年，昭宗東遷于洛，降爲佑國軍。黄巢寇長安，焚毁宫室逮盡。許公韓建棄舊城，去郭城，因子城築今京兆府。梁開平元年，改府曰大安。二年，改軍曰永平。後唐同光元年，復爲西京，府曰京兆。晉天福元年，改軍曰晉昌，漢乾祐元年，改軍曰永興。其府名皆仍舊。宋亦曰京兆永興軍。金初，分陝西爲五路，京兆爲陝西東路，初管五州十二縣。貞祐，管八州十二縣。聖朝初，仍舊。至元十四年，降三州爲縣，又併四縣，改京兆爲安西府，管五州十一縣。自周、秦歷漢、晉、西魏、後周、隋、唐爲帝都，以爲奥區神皐之地，信乎！

分野

周禮保章氏：「以星辨九州之地，所封之域皆有分星。」在天官書：「東井、輿鬼爲雍州之分，兼得趙、魏之交。」漢書地理志曰：「自東井十六度至柳八度爲鶉首，於辰在未，秦之分也。」廣雅曰：「北斗樞爲雍州。」尚書禹貢：「黑水、西河惟雍州，西據黑水，東距西河。弱水既西，涇屬渭、汭，漆、沮既從，酆水攸同，言三水同。荆、岐既旅，旅，謂可祭也。終南、惇物，至於鳥鼠，謂終南、惇物二山，西南至於鳥鼠山也。原隰底績，至于豬野，言原隰皆可致功。今武威郡姑臧縣即豬野。三危既宅，三苗丕敘，三危，山名，言可居也。三苗，卽有苗氏，爲亂徙長沙間。皆大得其次序。厥土黃壤，厥田惟上上，浮於積石，至於龍門，會於渭汭。」周禮職方：「正西曰雍州，其山鎮曰嶽山，藪曰弦蒲，川曰涇、汭，浸曰渭、洛，其利玉石。」兼得禹貢梁州之地。周自武王克商，都酆、鎬，則雍州爲王畿。及秦孝公作爲咸陽，築冀闕，徙都之，故謂之秦川，亦曰關中。按三輔黃圖曰：「始皇表河以爲秦東門，表汧以爲秦西門。」故賈誼過秦云：「踐華以爲城。」又班孟堅西都賦曰：「左據函谷、二崤之阻，表以太華、終南之山，右界褒斜、隴首之險，帶以洪河、涇、渭之川。」張平子西京賦曰：「廣衍沃野，厥田上上，實爲地之奧區神皋。」

土產

周禮職方氏：「雍州，其利玉石，其人三男二女，畜宜牛馬，穀宜黍稷。」漢書地理志曰：「雍州，有鄠、杜竹林，南山檀柘，號稱陸海，爲九州膏腴。」師古曰：「言其地高陸而饒物產，如海之無所不出，故云陸海。腹之下肥曰腴，故取喻云。」班孟堅西都賦曰：「陸海珍藏，藍田美玉，竹林果園，芳草甘木，郊野之富，號爲近蜀。」盩厔產芎藭、白芷、烏頭、澤瀉、三棱，華原芍藥、赤石脂、甆器，華原石。

土貢

禹貢雍州：「厥貢球、琳、琅玕。」唐十道圖：「貢隔紗韈氈、粲草蓆、酸棗仁、地骨皮、藕粉、葛粉、櫻桃、紫稈粟、大小麥麵。」晉天福中並停。今止貢酸棗仁、地骨皮，充正旦庭實。其外歲貢興平酥、咸陽棃，不列方物。貨殖傳曰：「關中由汧、雍以東至河、華，膏壤沃野千里，自虞、夏之貢，以爲上田。」

風俗

漢志曰：「秦有四塞之固，昔后稷封斄，公劉處豳，大王徙郊，文王作酆，武王治鎬，其民有先王遺風，好稼穡，務本業，故豳詩言農桑衣食之本甚備。始皇之初，鄭國穿渠，引涇水溉田，沃野千里，民以富饒。漢興，立都長安，徙齊諸田、楚昭、屈、景及諸功臣於長陵，後世世徙吏二千石、高訾富人及豪桀并兼之家於諸陵，蓋亦以彊幹弱支，非獨爲奉山園也。是故五方雜錯，風俗不純。其世家則好禮文，富人則商賈爲利，閭里豪傑則游俠通姦。瀕南山，近夏陽，多阻險輕薄，易爲盜賊，常爲天下劇。又郡國輻凑浮食者多，民去本就末。列侯貴人，車服僭上，衆庶放效，羞不相及。嫁娶尤崇侈美，送死過度。故漢時京輔稱爲難理。」又隋書地理志曰：「京兆，王都所在，俗具五方，人物混淆，華、戎雜錯。去農從商，争朝夕之利，游手爲事，競錐刀之末。貴者崇侈靡，賤者薄仁義，豪强者縱横，貧窶者窘蹙。桴鼓屢驚，盜賊不禁。此乃古今之所同風也。」春秋説題辭曰：「秦金精堅，故秦俗亦堅。」詩含神霧曰：「秦地處仲秋之位，男儒弱，〔案〕宋志儒作懦。女高瞭，瞭，明也，落消反。白色身，音中商，其言舌舉而仰，聲清而揚。」

雍州

尚書禹貢曰：「黑水、西河惟雍州，厥貢惟球、琳、琅玕，浮于積石，至于龍門、西河。」爾雅曰：「河西曰雝州。」注：「自西河至黑水。」疏：「李巡曰：『河西其氣蔽壅，厥性急凶，故曰雍。雍，壅也。兼得梁州之地，西北之位，陽所不及，陰壅也。」晉太康地記曰：「以其四山之地，故以雍名焉。一謂西北之位，陽所不及，陰氣雍閼也。」春秋元命苞曰：「東井、鬼星，散爲雍州，分爲秦國，東距殽阪，西有漢中，南含高山，北阻居庸。雍，壅也，得東井動深之萌，其氣險也。」春秋文耀鈎曰：「華、岐以北，龍門、積石，南至三危之野，雍州也，屬魁星。」釋名曰：「雝州，在四山之内。雝，翳也。」應劭注漢書曰：「四面積高曰雍。」郊祀志：「自古以雍州積高，神明之隩，故立時郊上帝。」呂氏春秋曰：「西方爲壅州。」晉摯虞雍州詩曰：「於皇先王，經啟九有，有州惟雍，居京之右。土載奥區，山苞神藪，嘉生惟繁，庶類伊阜。悠悠州域，有華有戎，外接皮服，内含岐、豐。周餘既没，夷德未終，莫不慕義，易俗移風。」漢揚雄雍州箴曰：「黑水、西河，横截崑崙，邪指閶闔，畫爲雍垠，上浸積石，下礙龍門。蓋安不忘危，盛不諱衰，牧臣司雍，敢告綴衣。」

京都

春秋公羊傳曰：「京師者，天子之居也。京者，大也。師者，衆也。天子之居，必以衆大之辭言之。」釋名云：「都者，國君所居，人所都會也。邑，猶倡，聚會之稱也。」尚書大傳曰：「十邑爲都。」周禮曰：「四縣爲都。」又曰：「距國五百里爲都。」春秋左氏傳曰：「邑有先君宗廟之主曰都。」白虎通曰：「京都者，何謂也，千里之邑號也。明什倍諸侯，法日月之徑千里。或曰夏邑，殷爲商邑，周爲京都。」譙周法訓曰：「王者居中國，何也，順天之和而同四方之統也。」帝王世紀曰：「古公亶父，是爲大王，以修德爲百姓所附，止於岐山之陽，邑于周地，始改國曰周，築城郭，立宗廟，設官司，卽詩所謂『乃召司空，乃召司徒，俾立室家，其繩則直，作廟翼翼，築之登登，削屢馮馮』者也。周道之端，蓋自此始。」

史記：「婁敬說高祖曰：『秦地被山帶河，四塞以爲固，卒然有急，百萬之衆可具也。因秦之故，資甚美膏腴之地，此所謂天府者也。陛下入關而都之，山東雖亂，秦之故地可全而有也。夫與人鬬，不搤其肮，張晏曰：「肮，喉嚨也。」拊其背，未能全其勝也。今陛下入關而都，接秦之故地，此亦搤天下之肮而拊其背也。』高帝問羣臣。羣臣皆山東人，争言周王數百年，秦二世卽亡，不如都周。上疑未能決。及留侯言之，上卽日車駕西，都關中。賜敬姓劉氏，拜郎中，號奉春君。」

漢書：「張良說高祖曰：『雒陽雖固，其中小不過數百里，地薄，四面受敵，此非用武之國。夫關中左殽、函，右隴、蜀，沃野千里，南有巴、蜀之饒，北有胡苑之利。阻三面而固守，獨一面東制諸侯。安定河、渭，漕輓天下，西給京師。諸侯有變，順流而下，足以委輸。此所謂金城千里，天府之國。劉敬說是也。』於是上卽日駕西，都關中。」

後漢杜篤論都賦：「夫大漢之盛代，籍雍土之饒，得御外理内之術，孰能致功若斯。創業於高祖，嗣傳於孝惠，德隆於太宗，財衍於孝景，威盛於聖武，政行於宣、元，侈極於成、哀，祚缺於孝平，傳代十一，歷載三百，德衰而復盈，道微而復彰，皆莫能遷於雍州，而背於咸陽。宮室、寢廟，山陵相望，高顯弘麗，可思可榮，羲、農已來，無茲著明。夫雍州本帝皇所以育業，霸王所以衍功，戰士角難之塲也。」

京兆尹

春秋傳曰：「周公相王室，以尹天下。」尹，正也。

通典曰：「周官有内史。秦因之，掌治京師。漢景帝二年，分置左右内史。武帝太初元年，更名京兆尹，張晏曰：「地絶高曰京，左傳曰：『莫之與京。』十億曰兆。尹者，正也。」大衆所聚，故曰京兆。秩二千石，銀印青綬，進賢兩梁冠，絳朝服，佩水蒼玉，與左馮翊、右扶風是爲三輔，理長安城中。後漢都洛陽，置河南尹，以三輔陵廟所在，不改其號，但減其秩與太守同。」

漢書曰：「趙廣漢，字子都，涿郡人。爲京兆尹，以和顏接士，其尉薦待遇吏，殷勤甚備，事推功，善歸之於下，曰：『某掾卿所爲，非二千石所及。』行之發於至誠，吏見者皆輸寫心腹，無所隱匿，咸願爲用，僵仆無所避。」

又曰：「廣漢爲人强力，天性精於吏職。見吏民，或夜不寢至旦。尤善爲鉤距，以得事情。蘇林曰：「鉤得其情，使不得去。」晉灼曰：「鉤，致也。距，閉也。使對者無疑，若不問而自知，衆莫覺所由，以閉其術爲距也。」師古曰：「晉説是也。」鉤距者，設如欲知馬價，則先問狗，次問羊，又問牛，然後乃馬，參伍其價，以類相準，則知馬之貴賤，不失實矣。郡中盜賊，閭里輕俠，其根株窟穴所在，及吏受取請求，銖兩之姦，皆知之。長安少年數人會窮里空舍，謀共劫人，坐語未訖，廣漢使吏捕治具服。廣漢爲京兆尹廉明，威制豪彊，小民得職，百姓追思，歌之至今。」

又曰：「張敞，字子高，守京兆尹。自趙廣漢誅後，比更府尹，皆不稱職，京師寖廢，長安市偷盜尤多，百賈苦之。敞既視事，求問長安父老，偷盜酋長數人，居皆溫厚，出從童騎，閭里以爲長者。敞皆召見責問，因貰其罪，把其宿負，師古曰：「貰，緩也。把，執持也，音布馬反。」令致諸偷以自贖。偷長曰：『今一旦召詣府，恐諸偷驚駭，願一切受署。』師古曰：「自言願權補吏職也。」敞皆以爲吏，遣歸休置酒。小偷皆來賀，飲醉，偷長陰以赭汙其衣裾。師古曰：「赭，赤土也。」吏坐門，問赭汙者輒取之，一日捕得數百人。由是枹鼓希鳴，市無偷盜。」

又曰：「敞爲京兆，朝廷每有大議，引古今，處便宜，公卿皆服。敞無威儀，時罷朝會過，走馬章臺街，孟康曰：「在長安中。」臣瓚曰：「在章臺下街。」使御史驅，自以便面師古曰：「便面，所以障面，蓋扇之類也。」拊馬。又爲婦畫眉，長安中傳張京兆眉憮。應劭曰：「憮，大也。」孟康曰：「憮，音詡，北方人謂媚好爲詡畜。」有司以奏，上問之，對曰：『臣聞閨房之內，夫婦之私，有過於畫眉者。』上愛其能，弗備責也，然終不得大位。爲京兆尹九年，與楊惲厚，坐惲大逆誅。」〔案〕漢書敞傳止謂敞緣此免爲庶人，兼以誅殺賊捕掾絮舜事亡命，旋復起用。此云坐誅，承宋志之誤。

又曰：「王駿爲京兆尹，成帝欲大用之，故試以政事。先是京兆有趙廣漢、張敞、王尊、王章，至駿皆有能名。京師稱曰：『前有趙、張，後有三王。』」

後漢書曰：「延篤，字叔固，及邊鳳皆爲京兆尹，並有能名。語曰：『前有張、趙，後有邊、延。』張、趙即趙廣漢及張敞也。」

魏志曰：「鄭渾，字文公，爲京兆尹。渾以百姓新集，爲制移居之法，使兼複者與單經者相伍，溫信與孤老爲比，勤稼穡，明禁令，以發姦者。由是民安於農，而盜賊息。」

李燮別傳曰：「燮，字德公，京兆人。拜京兆尹，吏民愛敬，乃作歌曰：『我府君，道教舉，恩如春，威如虎，愛如母，訓如父。』」

後周陸逞，爲京兆尹。都界有豕生數子，經旬而死，其家又有豶，遂乳養之，諸豚賴之以活。時論以逞仁政所致。

唐源乾曜，爲京兆尹，政存寬簡。

黎幹，爲京兆尹，嚴肅爲治，人頗便之。

李勉，大曆二年拜京兆尹，政尚簡肅。時宦官魚朝恩爲觀軍容使，仍知國子監事。前尹黎榦求媚於朝恩，每候其將至監，則盛設酒饌，爲數百人之饍，傾府之吏以辦之。及勉莅職旬月，朝恩入監，府吏莫至。先置者請於勉，勉曰：「軍容使判國子監，勉候于太學，軍容固宜具主禮。勉官忝京尹，軍容儻惠顧至府，豈不敢餙蔬饌乎。」朝恩深銜之，自是不復至太學矣。

吳湊，貞元十四年爲京兆尹。是夏旱，穀貴，人多流亡，京兆尹韓皐以政事不理黜之。上召湊，自右金吾衛大將軍面拜尹，卽日令視事，經宿方下制。逾月，湊論奏掌閑廄、彍騎、飛龍、內園、芙蓉園及禁軍諸司等使，雜供手力資課太多，量宜減省，從之。湊孜孜爲治，以勤儉爲務，人樂其政，庶務咸舉，奏罷宮市等，人頗便之。嘗於官街樹槐，及湊卒，民指樹而懷之。

許孟容，元和四年爲京兆尹。有左神策軍吏李昱假長安富人錢八千貫，三歲不償，孟容遣吏收捕械繫，剋日命還之，且曰：「不及期當死。」自興元以後，禁軍中有功軍士益横，府縣不能制。孟容剛正不懼，以法治之，一軍盡驚，寃訴於上，立命中使宣旨，令送本軍，孟容繫之不遣。中使再至，乃執奏云：「臣誠知不奉詔當誅，然臣職司輦轂，合爲陛下彈抑豪强，錢未盡輸，昱不可得。」上嘉其意，乃許之。自此權右歛跡。

孔戢，爲京兆尹。時旱，禱於曲江，是夕大雨。

韓愈，長慶三年四月爲京兆尹兼御史大夫。勅特放臺參，以後不得爲例。

崔珙，開成二年爲京兆尹。時京畿旱，奏滻水入内者十分請減九分，以賜貧民溉田，從之。

薛元賞，會昌中爲京兆尹。武宗謂宰相曰：「元賞威風甚嚴，唯屬軍者，即令守取勅文。」李德裕奏：「京尹若非陛下假借，與之作主，則無由爲得。」帝曰：「灼然。」柳仲郢，歷京兆、河南尹。以寬理周郊，人或謂與西府之政有異爲疑，仲郢曰：「輦轂之下，彈壓爲先，他郡皆宜以惠養爲本。」〔案〕宋志柳仲郢事别爲一條，此誤與薛元賞條并合。

韋澳，大中十年爲京兆尹。故事：京兆尹在私第，但奇日入府，偶日入遞院。至是賜度支錢二萬貫，令造廨宅，始命尹不得離府。澳公正方嚴，吏不敢欺，委長安尉李信主其事，營創府舍，極一時壯麗，復進羨緡，澳連書信兩上下考。

府縣官

唐肅宗元年建寅月勅：「京兆府縣官多被諸使奏請，避難就易，殊非奉公。自今後諸使、諸司諸州改官充判官支使隨身驅使等，准舊勅不得放去。」

廣德二年三月勅：「中書門下及兩省五品以上、尚書省四品以上、諸司正員三品以上、諸王駙馬中周已上親及女壻，不得任京兆府判司、畿令、赤縣丞簿尉。」

長慶二年閏十月中書門下奏：「伏以所立隄防，正緣權要，今一概防閑，事誠太過。今後請應宰臣、左右僕射、御史大夫、中丞、給事、舍人、左右丞、諸司、尚書、侍郎、度支、鹽鐵使在城者，并諸王駙馬周已上親并女壻、外甥，請准前後勅不得任京兆府判司、次赤畿令簿尉。其餘官不在此限。」從之。大中元年九月中書門下奏：「京兆府判司及兩縣簿尉帶諸司職事。伏以列官分職，各有司存，苟或侵踰，則乖彝憲，近府判司及兩縣簿尉，多繫諸司職掌，遂使額外假攝，一人兼判數曹，易爲因循，難以責辦。臣等商量：自今以後，諸司職掌改除集賢、史館、弘文館外，並不得帶府判司及兩縣簿尉，仍每館不得過一員。其見在諸司充職者，請勒歸司。」從之。

四至

東至南京一千二百七十里〔案〕宋志東至東京。　東至西京八百五十里

東至華州一百八十里　東南至商州二百六十五里

南取庫谷路至金州六百八十里　西南至洋州六百四十里

正西微北至鳳翔府三百一十里　西北至邠州三百里

北至坊州三百五十里　正東微北至同州二百五十里

北至燿州一百八十里〔案〕宋志此下尚有西北至乾州一百六十里，此脱。

管治郡縣

漢　改内史爲京兆尹

〔京兆尹〕領十二縣　户一十九萬五千七百二十

長安　新豐　船司空　藍田　華陰　鄭　湖　下邽　南陵　奉明　霸陵　杜陵

〔左馮翊〕領二十四縣　户二十三萬五千一百一十

高陵　櫟陽　翟道　池陽　夏陽　衙　粟邑　谷口　蓮勺音輦酌。　鄜　頻陽　臨晉　重泉　郃陽　祋祤　武城　沈陽　褱德　徵　雲陵　萬年　長陵　陽陵　雲陽

〔右扶風〕領二十一縣　户二十一萬六千三百七十七

渭城　槐里　鄠　盩厔　斄　郁夷　美陽　郿　雍　漆　栒邑　隃麋　陳倉

杜陽　汧　好畤　虢　安陵　茂陵　平陵　武功

後漢

〔京兆尹〕治十城　户五萬三千三百九十〔案〕宋志户五萬三千二百九十九，本續漢書郡國志，此誤。

長安　霸陵　杜陵　鄭　新豐　藍田　長陵　商　上洛　陽陵

〔左馮翊〕治一十三城　户三萬七千九十

高陵　池陽　雲陽　祋祤　頻陽　萬年　蓮勺　重泉　臨晉　郃陽　夏陽　衙

粟邑

〔右扶風〕治十五城　户一萬七千三百五十二

槐里　安陵　平陵　茂陵　鄠　郿　武功　陳倉　汧　渝麋　雍　栒邑　美陽

漆　杜陽

晉

〔京兆郡〕統九縣　户九萬九千五百〔案〕宋志户四萬，户九萬九千五百者是雍州户數，悉本晉書地理志，此誤。

長安　杜陵　霸城　藍田　高陵　萬年　新豐　陰般　鄭

〔馮翊郡〕統八縣　户八萬七千七百〔案〕宋志户七千七百，本晉書地理志，此誤。

臨晉　下邽　重泉　頻陽　粟邑　蓮芍　郃陽　夏陽

〔扶風郡〕統六縣　户二萬三千

池陽　郿　雍　汧　陳倉　美陽

〔安定郡〕統七縣　五千三百户〔案〕宋志户五千五百，本晉書地理志，此誤。

臨涇　朝那　烏氏　都盧　鶉觚　陰密　西川

〔北地郡〕統二縣　户二萬二千六百〔案〕宋志户二千六百，本晉書地理志，此誤。

泥陽　富平

〔始平郡〕統五縣　户一萬八千

槐里　始平　武功　鄠　蒯城

〔新平郡〕統二縣　户二千七百

漆　汾邑

隋

〔京兆郡〕統二十二縣　戶三十萬八千四百九十九

大興　長安　始平　武功　盩厔　醴泉　上宜　鄠　藍田　新豐　華原　宜君
同官　鄭　渭南　萬年　高陵　三原　涇陽　雲陽　富平　華陰

唐

開元元年爲府

〔京兆府〕管二十三縣　戶三十六萬二千九百二十一

萬年　長安　咸陽　興平　雲陽　涇陽　三原　渭南　昭應　高陵　同官　富平　藍田　鄠　奉天　櫟陽　好畤　武功　醴泉　奉先　華原　盩厔　美原

宋

〔京兆府〕治十三縣　戶五萬二千七百二十

萬年　長安　鄠　藍田　咸陽　醴泉　涇陽　櫟陽　高陵　興平　臨潼唐昭應縣，大中祥符八年改。　武功　乾祐

〔耀州〕治七縣　户一萬九千八百二〔案〕宋志户一萬七千八百二十。

華原　富平　三原　雲陽　同官　美原　淳化梨園鎮，淳化四年升爲縣。

〔乾州〕治三縣　户九千三百七十一

奉天　好畤　永壽古豳國之地，唐縣。

〔華州〕治二縣

渭南户五千六十三　蒲城户二萬九百八

〔鳳翔府〕

盩厔户五千四百五十二〔案〕宋志户五千四百五十三。

金　新添

新說曰：「金初，分陝西爲五路，京兆爲陝西東路，鳳翔爲陝西西路，延安爲鄜延路，慶陽爲環慶路，臨洮爲熙河路。京兆先管商、華、同、耀、乾五州十二縣，貞祐元年，分鳳翔、郿縣、盩厔來屬，又改韓城縣爲貞州，郿縣爲郿州，盩厔縣爲恒州，始爲八州十二縣。又置鎮防猛安千户五十四寨以鎮西川五十四州。京兆府尹兼統軍宣權元帥左都監，爲軍民都總管。縣令兼軍民鎮撫都彈壓。」

〔陝西東路京兆都總管府〕管八州十二縣

八州

同州定國軍節度使，管五縣
華州金安軍節度使，管五縣
商州秦寧軍防禦使，管四縣
耀州感德軍太守，管五縣
乾州威勝軍太守，管五縣
恒州太守，管二縣
貞州太守，管一縣
鄜州太守，管二縣

十二縣

咸寧　長安　藍田　臨潼　櫟陽　高陵　雲陽　涇陽　咸陽　興平　鄠　乾祐乾祐

在山不立，改清平縣爲終南縣。

大元

新説曰：「已下八州十二縣，係聖朝初管京兆路州縣。至元十四年，改京兆府爲安西路總管府，又降恒州復爲盩厔縣，鄜州爲鄜縣，楨州爲韓城縣，併櫟陽入臨潼縣，雲陽入涇陽縣，下邽爲渭南縣，美原入富平縣，好時入醴泉縣。今安西府見管五州一十一縣。下列舊名，取其易考。」有併者下細注之。

〔安西路總管府〕管八州十二縣

八州

同州

〔同州〕按地理叢編：戰國時屬秦。項羽分屬塞國。漢高帝置河上郡。景帝分爲左內史。武帝改爲左馮翊。東漢因之。魏除左字，但爲馮翊郡。晉及元魏皆因之。西魏改曰同州。天寶元年，爲馮翊郡，梁曰忠武軍。宋太平興國七年，陞爲定國軍。金爲定國軍節度使。新説曰：「唐韻字注：『馮翊南有九泉，同爲於一流，故曰同州。』」

州境

東至河中府七十里　西至下邽縣一百里
南至華州九十里　北至中部縣二百里
管五縣
馮翊　朝邑　白水　澄城　郃陽

華州

〔華州〕按地理叢編：春秋屬晉。戰國屬秦。漢屬京兆尹、弘農郡。晉因之。元魏置華山郡。西魏改華州。隋初，郡廢。大業，州廢，屬馮翊郡。唐武德元年，改華州。天寶元年，改華陰郡。乾寧四年，陞德興府。梁爲感化軍。後唐改鎮國軍。宋皇祐五年，改鎮潼軍。金改金安軍節度使。

州境
東至潼關一百一十里　西至臨潼縣界九十里
南至秦嶺界八十里　北至白水縣界一百七十里
管五縣
鄭縣　渭南　蒲城　華陰　下邽今入渭南。

商州

〔商州〕按地理叢編：春秋屬晉。戰國屬秦。西漢屬弘農郡。東漢屬京兆尹。晉爲京兆南郡，後置上洛郡。元魏因之。西魏兼置洛州。後周改爲商州。宋因之。金改商州爲秦寧軍防禦使。

州境

東至内鄉縣界二百七十里　西至藍田縣界一百二十里

南至鶻嶺關一百八十里　北至華州界一百八十里

管四縣

上洛　洛南　豐陽　上津

耀州

〔耀州〕按長安舊志：華原縣，本漢祋祤縣，景帝二年置，屬左馮翊。唐武德元年，立宜州。大足元年，廢州復爲華原縣，隸京兆府。天祐二年，李茂貞僭行墨制，改耀州，建義勝軍節度。梁正明元年改崇州。後唐同光元年復爲耀州。宋開寶五年，升感義軍節度。太平興國二年，改爲感德軍。金改感德軍太守。新説曰：「華原東有明月山、鑑山，其光似鏡，改華原爲耀州。」

州境

東至蒲城縣界一百二十里　西至淳化界八十里

南至高陵界八十里　北至坊州界九十里

管五縣

華原　富平　三原　同官　美原今併入富平。

乾州

〔乾州〕奉天縣，本漢池陽縣。晉屬扶風郡。後魏爲咸陽郡。唐高宗乾陵所在，置奉天縣。興元元年，德宗出幸，爲次赤。乾甯三年，置乾州。梁乾化中，陞爲威勝軍。後唐同光二年，罷軍名，復爲乾州，隸鳳翔。宋熙甯三年，隸京兆永興軍。金改威勝軍太守。

州境

東至興平界九十里　西至邠州一百一十里

南至盩厔七十四里　北至淳化界一百二十里

管五縣

奉天　武功　醴泉　永壽　好畤今併入醴泉。

恒州

〔恒州〕盩厔縣，漢舊縣也，武帝置，屬右扶風。山曲曰盩，水曲曰厔，因以名之。後魏太平真君七年，併入武功縣。後周天和二年，徙縣今鄠縣西北三十五里，析雍州之終南郡，於此置恒州。建德二年，徙縣於今治。天寶元年，改爲宜壽縣。至德二載，復爲盩厔縣。天福元年，隸鳳翔府。新說曰：「金貞祐元年隸京兆府，改爲恒州太守，今爲盩厔縣。」

州境

東西七十一里　南北一百六十里餘一百步

舊管一十七鄉三百二十五社

今管二縣

盩厔　終南今併入盩厔縣。

郿州

〔郿州〕按地理圖經：郿縣，本漢之舊縣，武帝置，屬右扶風。董卓之郿隖也。本屬鳳翔府。金貞祐元年，隸屬京兆府，陞爲郿州太守。我大元爲郿縣。

州境

東西七十里　南北五十里

舊管五鄉一百八村

管二縣

鄠縣　柿林入併鄠縣。

楨州

〔楨州〕按地理叢編：本春秋時韓國。戰國時屬秦。西漢屬左馮翊。宋屬定國軍。今屬同州。新說曰：「金貞祐元年，改升楨州太守，今爲縣。」

州境　東西七十里　南北五十里

管一縣

韓城

十二縣

咸寧縣

〔咸寧縣〕按舊長安志：本漢萬年縣。三輔黄圖：「漢太上皇葬櫟陽北原，起萬年陵，因置萬年縣。」隋開皇年，徙都大興城，取萬年縣以配長安縣。天寶七載，改萬年爲咸寧縣。

縣境東西五百十七里　南北一百七十里〔案〕宋志東西三十七里，南北二百七十里。

七鄉管二百九十六村二里

洪固鄉，在縣南一十五里，管村四十八、貴冑里。

龍首鄉，在縣東一十五里，管村三十五、神鹿里。

少陵鄉，在縣南四十里，管村四十八。

白鹿鄉，在縣東南四十五里，管村五十。〔案〕宋志縣南。

薄陵鄉，在縣東三十五里，管村三十六。

東陵鄉，在縣東北三十五里，管村四十。〔案〕宋志縣東。

苑東鄉，在縣北二十里，管村三十九。〔案〕宋志縣東北。

長安縣

〔長安縣〕按漢書郡國志：「長安，古鄉聚名。」史記秦始皇本紀：「王弟長安君成蟜將兵擊趙。」盧綰封長安侯。高帝爲長安城。隋開皇三年，遷都大興城，取萬年配長安爲縣。梁開平元年，改爲大安縣。後唐同光三年，復爲長安縣。

縣境東西四十里　南北一百五十二里

六鄉〔案〕宋志六鄉管六里，此脱。

義陽鄉，在縣西南二里，管布政里。

善政鄉，在縣西北一十五里，管安化里。〔案〕宋志縣西。

同樂鄉，在縣西南四十里，管安寧里。

豐邑鄉，在縣西二十里，管龍臺里。

苑西鄉，在縣北三里，管崇徵里。

華林鄉，在縣南十五里，管居安里。

咸陽縣

〔咸陽縣〕按周舊圖經：咸陽，本周王季所都。孝公十三年，於渭北城咸陽，自汧、隴徙都焉。三秦記曰：「咸陽，秦所都，在九嵕山南，渭水北，俱陽之地，故曰咸陽。」秦自孝公、惠文、悼武、昭襄、莊襄、始皇、胡亥並都之。項羽屠咸陽，焚宮室，火不滅者三月。今縣東二十里渭城卽故城。武帝元封年，移西二十里趨茂陵，修便橋，修咸陽關，卽今之縣也。

縣境東西七十五里　南北四十八里

五鄉管五里

河南鄉，在縣南，管資川里。

平原鄉，在縣北，管平城里。

安業鄉，在縣北，管介公里。

奉賢鄉，在縣東北，管秦城里。〔案〕宋志縣東。

龍首鄉，在縣西北，管慶雲里。〔案〕宋志縣北。

臨潼縣

〔臨潼縣〕按周地圖：本驪戎國，春秋晉獻公伐驪戎，其後秦滅之，爲驪邑。漢書：「高帝七年，置新豐縣。」垂拱七年，有山湧出，改慶山縣。神龍元年，復爲新豐縣。開元二年，玄宗每歲十月幸温泉，歲盡而歸。以縣去湯遠，天寶四年，析新豐、萬年，於温泉宮置會昌縣。七載，改會昌爲昭應。大中祥符八年，避玉清昭應宮名，改爲臨潼。

縣境東西五十五里　南北四十里

三鄉管一百一十六村唐十八鄉。

旌儒鄉，在縣西南，管村三十九。

會德鄉，在縣東南，管村三十六。

潤渭鄉，在縣東北，管村四十一。〔案〕宋志縣東南。

興平縣

〔興平縣〕按周舊圖：本周犬丘之地，帝王世紀曰：「周懿王二年，王室大衰，自鎬徙都犬丘。」秦名廢丘。項羽封章邯爲雍王，都廢丘。高帝七年，改爲槐里。景龍四年，金城公主降吐蕃，中宗送至此縣，改爲金城，徙馬嵬故城。至德初，置興平軍。二載，改爲興平縣。

縣境東西五十里　南北六十里

六鄉管二百二十村

被化鄉，在郭下，管村四十。

耿祠鄉，在縣西三里，管村四十。

零保鄉，在縣東三里，管村四十。

文渭鄉，在縣南五里，管村三十六。

保安鄉，在縣北五里，管村三十六。〔案〕宋志縣東北。

崇節鄉，在縣東北，管村二十八。〔案〕宋志縣北三里。

縣城周七里餘二百步，崇二丈。

鄠縣

〔鄠縣〕按周地圖：鄠本夏之扈國也。尚書：「啓與有扈戰于甘之野。」杜預曰：「始平鄠縣有扈鄉。」帝王世紀：「扈至秦，改鄠。」屬右扶風。晉屬始平郡。魏太平真君七年，屬京兆郡。自漢至隋，皆爲鄠城置縣，即今縣北二里故城是。大業十年，徙今治。

縣境東西五十二里　南北一百里

五鄉管五里

宜善鄉，連城郭，管陳平里。

扈亭鄉，在縣西北一十二里，管甘泉里。

太平鄉，在縣東北一十五里，管仁讓里。

萯陽鄉，在縣西一十三里，管王萯里。〔案〕宋志五萯里。

珍藏鄉，在縣北一十二里，管貨泉里。

縣城周二里二十四步。

藍田縣

〔藍田縣〕按長安志：藍田，秦舊縣也。竹書紀年曰：「梁惠王命太子向爲藍田君。其山出美玉。周禮曰：「玉之美者球，其次藍。」三秦記：「蓋以縣出美玉，故曰藍田。」後周閔帝二年，置玉山、白鹿，以三縣置藍田郡。武帝建德二年，省郡，廢玉山、白鹿入藍田，以隸京兆，自縣西三十里故縣徙嶢柳城，今縣是也。唐武德二年，析置白鹿縣。三年，改曰寧民，又析藍田置玉山縣。貞觀二年，復爲藍田縣。

縣境東西八十里　南北一百里

四鄉管四里

奉道鄉，連縣郭，管安仁里。〔案〕宋志秦道鄉。

玉山鄉，在縣東一十里，管嚴朱里。

白鹿鄉，在縣西南二十里，管安道里。

盧珍鄉，在縣西北一十里，管康和里。

縣城本嶢柳城南，魏置青泥軍，俗謂青泥城。

涇陽縣

〔涇陽縣〕本秦舊縣。史記：「秦昭王弟封涇陽君。」漢屬安定郡。惠帝七年，改池陽縣，在今縣西北二里。苻堅於今縣東南二十八里置涇陽縣。後魏置咸陽郡。隋開皇三年，罷咸陽郡，徙縣隸雍州，即今縣也。

縣境東西七十里　南北二十三里〔案〕宋志東西七十五里，南北二十五里。

六鄉管六里

瑞寧鄉，在縣北，管神狐里。〔案〕宋志無在縣北三字。

永順鄉，在縣東，管耦南里。

會仙鄉，在縣東，管仙同里。〔案〕宋志仙洞里。

廣吉鄉，在縣東，管張良里。

河池鄉，在縣南，管養生里。〔案〕宋志無在縣南三字。

宜善鄉，在縣外，管輔政里。

洪池監，在縣西北五十里，管三白渠。

高陵縣

〔高陵縣〕本秦舊縣。史記：「秦昭王弟封高陵君。」魏黃初元年，改爲高陸縣，隸京兆郡。隋大業三年，復爲高陵。唐武德元年，析爲鹿苑縣。貞觀元年省。天授二年，隸鴻州。大足元年，還雍州。

縣境東西二十八里　南北三十二里〔案〕宋志南北三十三里。

五鄉管一百一十九村

仁義鄉，在縣西七里，管村二十。

奉君鄉，在縣北八里，管村一十五。

修真鄉，在縣東一里，管村二十五。

上原鄉，在縣西南一十五里，管村二十八。〔案〕宋志一十里。

潤國鄉，在縣南一十八里，管村二十一。〔案〕宋志閏國鄉。

縣城周二里餘一百二十步，大業七年築。

櫟陽縣

〔櫟陽縣〕本秦舊縣。項羽封司馬欣爲塞王，都櫟陽。高帝入關，都櫟陽，七年，徙都長安。高帝既葬太上皇於萬年陵，遂分櫟陽置萬年縣，以爲陵邑，隸馮翊郡。隋開皇三年，徙都大興，取萬年以配長安，復爲櫟陽縣。天授二年，隸鴻州。大足元年，復還雍州。今併入臨潼縣。

縣境東西五十二里　南北三十一里

四鄉管四里

五陵鄉，在縣東，管平定里。

清川鄉，在縣西北，管奉尊里。

永豐鄉，在縣東北，管芬芳里。

寧遠鄉，在縣西南，管高唐里。

縣城周三里。

雲陽縣

〔雲陽縣〕本漢縣，昭帝置，古有雲陽宮，因以爲名，亦匈奴祭天之所也。天授二年，以雲陽置鼎州，領雲陽、三原、涇陽、醴泉四縣。大足元年廢，復爲雲陽縣。今併入涇陽縣。

縣境東西七十里　南北一百二十里

五鄉管七十四村

流金鄉，在縣東南，管村一十二。

嵯峨鄉，在縣北，管村一十八。

萬金鄉，在縣東，管村一十二。〔案〕宋志萬善鄉。

武康鄉，在縣西，管村一十八。

青龍鄉，在縣南，管村一十四。

乾祐縣

〔乾祐縣〕本漢洵陽縣。乾元元年，改乾元縣。光啓二年，經蔡賊焚蕩。漢乾祐二年，改乾祐縣，隸京兆府。在山不立。

縣境東西三百二十五里　南北二百五十里〔案〕宋志南北三百五十里。

五鄉管一十五里

乾祐鄉，在縣西，管五里。

小和鄉，在縣西，管三里。
大和鄉，在縣東北，管三里。
左綿鄉，在縣西北，管三里。
平定鄉，在縣東北，管歸安里。

類編長安志卷之二

京城

周

鎬京

〔鎬京〕毛詩曰：「考卜維王，宅是鎬京，維龜正之，武王成之，武王烝哉。」武王卜居是鎬京之地，龜則正之，謂得吉兆，武王遂居之，修三后之德，以伐紂定天下，成龜兆之占，功莫大於此。帝王世紀曰：「武王自豐居鎬，諸侯宗之，是爲宗周。今豐水之東長安之南三十里，去酆二十五里鎬池，即其故都也。」括地志曰：「武王宮即鎬京。」後號西都，以洛陽爲東都。至幽王爲犬戎所殺，平王東遷，鎬京淪陷。至漢武穿昆明池於鎬京之西南，水泛濫，鎬京遂爲鎬池。

秦

咸陽

〔咸陽〕按周舊圖經：「在九嵕山之南，渭水之北，謂之咸陽。」漢書曰：「周平王東遷，以豐、鎬之地賜襄公。至孝公始作咸陽，築冀闕，徙都之。始皇併天下，徙高貲富豪十二萬於咸陽。」每破諸侯，還其宮室，作之咸陽北坂上，南臨渭，已東殿屋複道相屬，所得諸侯美人、鐘鼓以充之。所幸，有言其處者罪死。史記曰：「始皇二十七年，作長信宮於渭南。」通鑑：「山，築咸陽，端門四達，引渭水貫都，以象天漢，橫橋南渡，以法牽牛。橋廣六丈，南二百八十步，六十八間，八百五十柱，二百一十二欏。以渭水爲長池，東西二百里，南北三十里，築爲蓬萊山，刻石爲鯨魚，長二百尺，亦曰蘭池。廟記曰：「咸陽北至九嵕、甘泉，南至長楊、五柞，東至河，西至汧，離宮別館三百餘，後宮美人萬餘，婦人之氣，上衝于天。」

漢

長安城

〔長安城〕漢書：「高帝七年，修長安長樂宮，自櫟陽徙都之。本秦之離宮，初狹小，惠帝元年，增築之。正月，〔案〕宋志本漢書惠帝紀作三年春，此脱三年。發近長安六百里男女一十四萬六千人，三十日罷。六月，發徒隸二萬人常役。又五年，復發十四萬五千人，三十日罷。」城高三丈五尺，闊一丈五尺，上闊九尺，雉高三板，周回六十五里。漢舊儀曰：「長安城中經緯各長三十二里一十八步，地方九百九十三頃，八街，九陌，三宮，九府，三廟，十二門，九市，十六橋。」其地本黑壤，今赤如火，父老傳云鑿龍首山土爲城。城下有池，周繞廣三丈，深二丈。城開門一十二，曰：

東：霸城門　清明門亦曰青門。〔案〕三輔黄圖、宋志霸城門曰青門。　宣平門　南：覆盎門　鼎門〔案〕三輔黄圖、宋志鼎路門。　便門　西：章城門　直城門　雍門　北：洛門　厨城門　横門

漢城門皆有候門，〔案〕此候門當作門候。主候門，謹啟閉。三輔決録曰：「長安城面三門，四面一十二門也。皆通達九逵，以相經緯，衢路平直，可並列車軌，往來行者，升降有上下之別。」西都賦云：「披三條之廣路，立十二之通門。」

大興城

〔大興城〕按通鑑：「隋文帝厭嫌長安故城制度狹小，又宮內多妖異，納言蘇威勸帝遷都，帝

以初受命難之。夜與威及高熲共議，明旦通直散騎庾季才奏曰：『臣仰觀玄象，俯察圖記，必有遷都之事。且漢營此城，將八百歲，水皆鹹鹵，不甚宜人。願陛下協天人之心，爲遷都之計。』帝愕然，謂熲、威曰：『是何神也。』太師李穆亦上表請遷都，帝省表曰：『天道高明，已有應徵，太師人望，復抗此請。』乃詔高熲等創建新都於龍首山，以太子左庶子宇文愷有巧思，領營新都副監。」將作大匠劉龍、工部尚書鉅鹿郡公賀婁子幹、太府少卿高龍叉並充使營造，左僕射高熲總領其事。其地在漢故城之東南，屬杜縣，周之京兆郡萬年縣界，南值終南山子午谷，北據渭水，東臨灞、滻，北枕龍首原，創築京城曰大興城。自開皇二年六月十八日，始詔規建制度。三年正月十五日，又詔用其月十八日移入新邑。所司依式先築宮城，次築皇城，亦曰子城，次築外郭城。

城制度

〔隋城制度精密〕「隋氏設都，雖不能盡循先王之法，然畦分棊布，閭巷皆中繩墨，坊有墉，墉有門，逋亡姦僞，無所容足，而朝廷官寺，民居市區，不復相參，亦一代之精制也。唐人蒙之以爲治，更數百年間，有能增大別宮觀游之美者矣，至其規模之正，則不能有改，其功亦豈小哉！噫，隋文之有天下，纔二十二年而已，其剗除不廷者非一國，興利後世者非一事，大趣皆以惠民爲本，躬決庶務，未嘗逸豫，雖古聖人夙興待旦，殆無以過此，惜其不學無術，故不能追三代之盛。予因考正長安故圖，愛其制度之密而勇於敢爲，且傷唐人冒疾史氏没其實，聊記於後。元豐三年五月五日，龍圖閣待制知永興軍府事吕大防題。」

〔案〕石刻拓本吕大汸上有汲郡二字。

隋唐

皇城

〔皇城〕俗呼爲子城。在宫城之南，東西五里一百五十步，南北三里一百四十步。南面三門：正南曰朱雀，東曰安上，西曰含光。東面二門：南曰景風，北曰延喜。西面二門：南曰順義，北曰安福。自兩漢之後，宫闕之間，並有人家。隋文帝以爲不便於事，皇城之内，唯列府寺，不使雜人居止，公司有辦，風俗齊肅，蓋隋文帝之新意也。皇城内南北七街，東西五街，並列臺、省、寺、衛如左：

尚書省　殿中省　内侍省　秘書省　中書外省　門下外省　東宫朝堂

詹事府　左清道率府　左衛率府　左監門率府　左内率府　右清道率府

右衛率府　右監門率府　右内率府　左驍衛衛　左武衛　左司禦衛

左衛　右驍衛衛　右武衛　右司禦衛　右衛　左千牛衛　左春坊

左領軍衛　左監門衛　右千牛衛　右春坊　右領軍衛　右監門衛
左威衛　吏部選院　東將作監　尚舍局　右威衛　禮部南院　西將作監
尚輦局　光禄寺　太僕寺　大府寺　少府寺　司農寺　大理寺
宗正寺　家令寺　鴻臚寺　東宮僕寺　率更寺　大府監　少府監
都水監　司天監　太廟署　中宗廟　太廟　元獻皇后廟　郊社署
御史臺　御史推事院　大社　廢石臺　司農寺草坊　鴻臚客館
驊騮馬坊

京城亦曰外郭城

〔京城外郭〕本隋之大興府，唐改曰長安城。京城記曰：「外郭城東西一十八里，〔案〕宋志東西一十八里一百一十五步。南北一十五里一百七十五步，周六十七里，其崇高一丈八尺。」隋文帝開皇二年創築。唐永徽四年，率天下口税一錢，更增築之。南面三門：正中曰明德，南抵石鱉谷八十里，東曰啓夏，西曰安化。東面三門：北曰通化，中曰春明，南曰延興。西面三門：北曰開遠，中曰金光，南曰延平。北面二門：皇城東北曰芳林，皇城西北曰光化。郭中南北十四街，其間列諸坊。煬帝改坊爲里，司官從九品。京兆府、萬年、長安所治，寺觀、邸第、編户雜居焉。皇城南面朱雀門有南北大街朱雀門街，東西廣百步，朱雀門至南外郭明德門九里一百七十五步。萬年、長安以此街爲界。城外郭朱雀門街東至明德門五十五坊，萬年縣治之。其名曰：

興道坊　開化坊　光福坊　靜善坊〔案〕宋志靖善坊。　蘭陵坊　開明坊
安義坊　務本坊　崇義坊　長興坊　靖安坊　安善坊　大業坊
昌樂坊　安德坊　永興坊　崇仁坊　平康坊　宣陽坊　親仁坊
永平坊〔案〕宋志永寧坊。　永崇坊　昭國坊　進昌坊　通善坊　通濟坊
安興坊　勝業坊　安邑坊　宣平坊　昇平坊　修業坊〔案〕宋志修行坊。
修政坊　青龍坊　道政坊　常樂坊　靖恭坊　新昌坊　昇道坊
廣德坊〔案〕宋志無。　新寧坊〔案〕宋志保寧坊。　常和坊〔案〕宋志敦化坊原注：「按長安圖又分爲長和坊，非是。」此常和當卽長和。　教化坊〔案〕宋志敦化坊。　修德坊　立政坊
客户坊〔案〕宋志無。　永昌坊　光宅坊　翊善坊　來庭坊　長樂坊
大寧坊　永嘉坊　興寧坊　安仁坊〔案〕宋志尚有永樂坊，此無。

外郭朱雀門街西至明德門五十五坊，長安縣治之。其坊名曰：

善和坊　通化坊〔案〕宋志今本缺此善和、通化二坊，唐兩京城坊考臆測爲光祿坊、殖業坊，後人多從之，實誤。　豐樂坊　安業坊　安善坊〔案〕宋志崇業坊。唐兩京城坊考：「按會要言移玄都觀至

安善坊，疑安善爲此坊之舊名。」

永達坊　道德坊　光行坊　延祚坊

太平坊　通義坊　興化坊　崇德坊　懷真坊〔案〕宋志懷貞坊。　宣義坊

豐安坊　昌明坊　安樂坊　大安坊　大通坊　敦義坊　永安坊

延福坊　崇賢坊　延康坊　光德坊　延壽坊　布政坊　頒政坊

輔興坊　善政坊〔案〕宋志此坊爲修德坊。　安定坊　休祥坊　金城坊

醴泉坊　懷遠坊　長壽坊　嘉會坊　永平坊　通執坊〔案〕宋志通軌坊。

歸義坊　昭行坊　永陽坊　常安坊　和平坊　淳化坊〔案〕宋志永和坊，原注：「本名淳和，元和初避憲宗名改。」當卽此淳化坊。

待賢坊　豐邑坊　崇化坊

懷德坊　羣賢坊　居德坊　寧坊義　普寧坊　脩真坊

再築京兆城

新說曰：「隋文帝開皇二年，嫌漢長安城水鹹苦，宮殿摧倒，有妖魅，遂遷都于龍首山南，詔宇文愷創建大興城。先修宮城，以安帝居。次築子城，以安百官，置臺、省、寺、衛，不與民同居。又築外郭京城一百一十坊兩市，以處百姓。高唐祖入關，都隋太極殿。至永徽四年，率天下口稅一錢，再增築之，改爲唐長安城。以舊漢長安城改爲楊廣城，今俗呼爲

楊家城。至高宗，百官獻貲，以建大明宫含元殿爲東内，以太極殿爲西内。至玄宗，修興慶宫爲南内。禄山陷長安，又遭巢寇，宫殿焚毁殆盡。唐帝東遷，城郭蕭條。許公韓建去宫城，又去外郭城，重修子城，城外古跡移於内。〔案〕當作城内古跡移於外。南閉朱雀門，又北閉延喜門、安福門，北開真武門，爲今之安西府也。」

宫殿室庭　宫城内宫禁雜録附

周

宫

〔酆宫〕文王宫也。文王伐崇，乃遷都于酆。詩云：「既伐于崇，作邑于酆。」鄭氏云：「酆邑在酆水之西。」春秋左氏傳：「康王有酆宫之朝。」其宫在鄠縣酆亭，今俗呼豐城堡，三里之城也。春秋左氏傳：「夏有觀、扈。」杜預注曰：「始平郡有鄠縣扈鄉甘亭，殷爲崇國。」乃此也。

秦

宮

〔阿房宮〕史記曰：「始皇三十五年，以爲咸陽人多，先王之宮庭小，吾聞周文王都豐，武王都鎬，豐、鎬之間，帝王之舊都，乃營作朝宮於渭南上林苑中。先作阿房前殿，東西五百步，南北五十丈，上可以坐萬人，下可以建五丈旗。周馳爲閣道，自殿下直抵南山之顚以爲闕。爲複道，自阿房渡渭，屬之咸陽，以象天極。」以磁石爲門，鐵甲入者吸之不得過，爲阿房北闕門也。三輔黃圖曰：「阿房前殿，木蘭爲梁。」庭中可受十萬人，車行酒，騎行炙，千人唱，萬人和，鑄金人十二。」史記曰：「始皇大收天下兵器，聚之咸陽，銷爲鐘鐻，鑄金人十二。」重二十萬斤，坐高三丈，其銘曰：「皇帝二十六年，初兼天下，改諸侯爲郡縣，一法律，同度量，大人來見臨洮，其長五丈，足跡六尺。」銘李斯篆。董卓後悉椎破以爲小錢。英雄記曰：「昔大人見臨洮而銅人鑄，臨洮生卓而銅人毀，天下大亂卓身滅，抑有以也。」餘二人，魏明帝欲徙洛陽，至霸城，重不可去，今在霸橋東銅人原。薊子訓摩挲銅鍉〔案〕當作銅狄。曰：「見鑄此今五百年矣。」

〔甘泉林光宮〕史記：「秦始皇二十七年，作甘泉宮及前殿，築甬道自咸陽屬之。」漢宮殿疏曰：「甘泉林光宮，秦二代造。」

〔祈年宮〕史記曰：「始皇初居之宮。」漢書：「祈年宮，惠公起。」

〔棫陽宮〕秦穆王作，在岐州扶風縣東北三十里。

〔橐泉宮〕皇覽曰：「秦穆公冢，在橐泉宮下。」

〔梁山宮〕三秦記：「梁山宮城皆文石，名織錦城。」在好畤縣。

〔望夷宮〕史記：「胡亥三年，夢白虎嚙其左驂，卜涇水爲祟，乃齋於望夷宮，欲祠涇水。趙高使閻樂殺二世於望夷宮。」在涇水上。

〔長樂宮〕關中記：「長樂宮，有魚池臺、酒池臺，秦始皇造。」

〔萯陽宮〕秦文王所起，在鄠縣西南二十三里。

〔宮觀二百七十〕史記云：「盧生說始皇曰：『人主爲微行，所居而人知之，則害於神。願上居毋令人知，則不死之藥殆可得也。』乃令咸陽之旁二百里內，宮觀二百七十，複道甬道相連，帷帳、鐘鼓、美人充之，所幸，有言其處者罪死。」

〔長信宮〕史記：「始皇二十七年，作長信宮於渭南，通驪山。」

〔曲梁宮〕在三原縣。

〔曲臺宮〕鄒陽傳：「秦倚曲臺之宮，懸衡天下，畫地而不犯，兵加胡、越。」應劭曰：「始皇帝所治處也，若漢未央宮。」

〔城陽宮〕始皇母遷於城陽宮。

〔橐泉宮〕秦武王起，在陳倉。又曰孝公起，見長安志。

〔高泉宮〕宣太后起，在美陽城。

〔蘭池宮〕秦始皇爲微行咸陽，與武士四人俱，夜出逢盜蘭池宮，見窘，使武士擊殺盜，關中大索二十日。地理志：「渭城縣有蘭池宮。」三秦記曰：「始皇引渭水爲長池，東西二百里，南北三十里，築爲蓬萊山，刻石爲鯨魚，長二百丈，亦曰蘭池陂。」

漢

宮

〔長樂宮〕本秦之興樂宮也。高帝始居櫟陽，七年，長樂宮成，始居之。漢宮殿疏曰：「興樂宮，秦始皇造，漢重修。周回二十里，前殿東西四十九丈七尺，兩杼中三十五丈，深一十二丈。」高帝居此宮，後太后常居之。五鳳二年，鸞鳳集長樂宮東闕樹上。王莽改長樂宮爲常樂宮。

〔未央宮〕漢書：「高帝七年，蕭何治未央宮，立東闕、北闕、前殿、武庫、太倉，上見其壯麗甚。

怒謂何曰：『天下匈匈，苦戰數歲，成敗未可知，是何治宮室過度也？』何曰：『天下方未定，故可因以就宮室。且夫天子以四海爲家，非令壯麗，亡以重威，且無令後世有以加也。』上説。」潘岳關中記曰：「未央宮，周旋二十三里，街道十七里，有臺三十二，池一十二，土山四，宮殿門八十一，掖門十四。」又曰：「未央宮殿及臺皆疏龍首山土以作之。殿基出長安城上，非築也。又取山土以爲城。山之餘尾，今在城西南，數里乃盡也。」其前殿東西五十丈，深十五丈，高三十五丈，以木蘭爲棼橑，文杏爲梁柱，金鋪玉户，華榱璧璫，雕楹玉碣，重軒鏤檻，青鎖丹墀，左城右平，黄金爲璧帶，間以和氏珍玉，風至其聲玲瓏也。未央宮有宣室、麒麟、金華、承明、武臺、鉤弋等殿。又有殿閣三十二，又有壽城、萬歲、廣明、永壽〔案〕據三輔黄圖永壽當作永延、壽安。玉堂、通光、白虎。宮殿疏曰：「未央宮有麒麟閣、天禄閣、金馬門、青瑣門、玄武、倉龍二闕。」三輔舊事：「武帝於未央宮起高門、神明。王莽改未央宮壽成室。」按舊圖，漸臺、織室、凌室、弄田皆在未央宮。

〔建章宮〕漢書曰：「武帝太初元年十一月，柏梁臺災。二月，起建章宮。」文穎曰：「越巫名勇，謂帝曰：『越國有火災，即復大起宮室以厭勝之。』故帝作建章宮。」度爲千門萬户，在未央宮西。今長安故城西俗所呼貞女樓者，即建章宮之闕也。跨池作飛閣適〔案〕當作通。建章輦道以上下。宮之正門曰閶闔，高二十五丈，亦曰璧門，左鳳闕，高二十五丈，右神明臺。門内北起別風闕，高五十丈，對峙井幹樓，高五十丈，輦道相屬焉，連闕皆有罘罳。前殿下視未央，其西則廣中，殿受萬人。三輔舊事云：「建章宮周回三十里，東起別風闕，乘高以望遠。又於宮門北起圓闕，高二十五丈，上有銅鳳凰，赤眉賊壞之。」西京賦云「圓闕聳以造天，若雙碣之相望」是也。廟記云：「建章宮北門，高二十五丈，北闕門也。又有鳳凰闕，高七十丈。」繁欽建章序云：「秦、漢規模，廓然泯毀，唯建章鳳闕，聳然獨存，雖非象魏之制，亦一代之巨觀。」古歌云：「長安城西有雙闕，上有雙銅雀，一鳴五穀生，再鳴五穀熟。」漢書又云：「建章宮南有玉堂。」璧門三層，臺高三十丈。玉堂内殿十二門，階陛盡玉爲之。鑄銅鳳，高五尺，飾黄金，上有轉樞，向風若翔，椽首薄以璧玉，因曰璧門。又有神明臺，蔬圃，鳴鑾、奇華、銅柱、函德二十六殿。

〔桂宮〕漢武帝造，周回十餘里。漢書云：「桂宮有紫房，複道通未央宮。」關輔記曰：「桂宮在未央宮北，中有明光殿土山，複道從宮中西上城，至建章神明臺蓬萊山。」三秦記：「未央宮漸臺西有桂宮，中有明光殿，皆金玉珠璣爲簾箔，處處明月珠，金陛玉階，晝夜光明。」西京雜記：「武帝爲七寶牀、雜寶桉、厠寶屏風、列寶帳，設於桂宮，時人謂之四寶宮。」

〔北宮〕在長安城中，近桂宮，俱在未央宮北，周回十里，高帝制度草創，孝文增修。中有前殿，廣五十步，珠簾玉户如桂宮。

〔甘泉宫〕一曰雲陽宫。史記曰:「秦始皇二十六年作甘泉宫及前殿,築甬道,自咸陽屬之。」關輔記曰:「林光宫前殿,秦所造,一曰甘泉宫,因其甘泉山名。宫周回十餘里,武帝建元中增廣之,周十九里。」去長安三百里,望見長安城。黄帝以來圓丘祭天處。武帝造闕於南,更置前殿,始造宫室。有芝生甘泉殿房中,芝有九莖,金色,緑葉朱實,夜有光,乃作芝房之歌。帝又起紫殿,雕文刻鏤,以玉飾之。成帝永始四年,幸甘泉,郊泰畤,神光降於紫殿。甘泉又有高光、林光、長定、竹宫等宫,又有通天臺、迎風館,山後有露寒、儲胥二館,西起彷徨觀,後築甘泉苑。建元中,作石闕、封巒、鳷鵲觀於苑内。南有棠梨宫。

漢未央、長樂、甘泉,四面皆有公車司馬門。凡言司馬者,宫垣之内,兵衛所在,司馬主武事,故宫之外門爲司馬門。按漢宫衛令,諸出入殿門、公車司馬門者皆下,不如令,罰金四兩。王莽改公車司馬門曰王路四門,分命諫大夫四人受章疏,以通下情。

〔鉤弋宫〕三輔黄圖曰:「在城外。」漢武故事曰:「在直門南也。」列仙傳曰:「鉤弋夫人,姓趙,河間人。少好酒,卧病六年,右手鉤拳,飲食少。望氣者云:『東北有貴人。』推而得之,見召,姿色佳麗,武帝反其手,得玉鉤,而手尋展。有寵,生昭帝,姙娠十四月,上曰:『聞昔堯十四月而生,鉤弋亦然。』乃命所生門曰堯母門,所居宫曰鉤弋宫,自夫人加婕妤。及得罪，掖庭獄死，及殯，屍香一月。昭帝卽位，追尊皇太后，更葬之，發六十二萬人葬雲陵，觀其棺但有彩履。」王褒雲陽記：「鉤弋夫人從至甘泉，卒，屍香聞十里，葬雲陽，起雲陵。」

〔扶荔宮〕在上林苑中。漢武帝元鼎六年，破南越，起扶荔宮，以植所得奇草異木，菖蒲百本，山薑十本，甘蕉十二本，留求子十本，桂百本，蜜香指甲花百本，龍眼、荔枝、檳榔、橄欖、千歲子、甘橘皆百本。土木〔案〕三輔黃圖上木。南北異宜，歲時多枯瘁。荔枝自交趾移植百株于庭，無生者，連年猶移植不息，後數歲，偶三二株稍茂，終無華實，帝亦珍惜之，一旦萎死，守吏坐誅者數十人，遂不復蒔矣。其實則歲貢，郵傳者疲斃於道，極爲生民之患。至漢安帝時，交趾郡守特陳其弊，遂罷貢。

〔五柞宮〕漢之離宮也，在扶風盩厔。宮中有五柞樹，皆連抱上，覆蔭數畝，因以爲名。

〔長楊宮〕秦之宮也，在上林苑中。漢書云：「盩厔縣。」宣帝幸長楊宮屬玉觀。成帝元延二年，幸長楊宮。有長楊千株，以爲名。

〔長信宮〕漢太后常居之。按通靈記：「太后，成帝母也。后宮在西，秋之象也。秋主信，故宮皆以長信、長秋爲名。」

〔長門宮〕離宮，在長安城。孝武陳皇后得寵，頗妬，居長門宮。

〔宜春宫〕本秦之離宫，在長安東南杜縣，近杜城。

〔鼎湖宫〕在湖城縣界。昔黄帝採首陽山銅以鑄鼎，其鼎成，有龍下迎帝仙去，小臣攀龍髯而上者七十二人。漢武帝於此建鼎湖宫。

〔步壽宫〕秦亦有步壽宫。漢步壽宫，在穀祤縣，宣帝神爵三年，鳳凰集處得玉寶，乃起步壽宫。

〔回中宫〕史記：「秦始皇二十九年，巡隴西，過回中。」漢書：「武帝十四年，幸回中，建王母祠。」

〔首山宫〕漢武帝元封元年，封禪後，夢高祖坐明堂朝羣臣，於是祀高祖於明堂以配天，還，作首山宫。

〔萬歲宫〕武帝造。元康四年，幸萬歲宫，有神爵集，以神爵紀元。

〔明光宫〕漢武帝求仙，起明光宫，發燕、趙美女二千人充之，率取二十以下。十五以上，年滿三十者出嫁之，掖庭令總其籍，時有死出者，隨補之。

殿

〔麒麟殿〕在未央宫。漢書：「帝燕董賢父子於麒麟殿，哀帝視賢曰：『吾欲法堯禪舜，如何？』王閎曰：『天下乃高皇帝天下，非陛下之天下。陛下奉承宗廟，當傳之無窮，安可妄有所授？帝業至重，天子無戲言。』上默然不悅。」

〔金華殿〕在未央宮。漢書曰：「成帝初，方向學，鄭寬中、張禹朝夕入説尚書、論語於金華殿中。」

〔承明殿〕在未央宮中。承明殿，著述之所也。西都賦序云：「内有承明著作之庭。」漢書謂：「帝謂嚴助曰：『君厭承明之廬。』」成帝鴻嘉二年，有雉集承明殿。

〔椒房殿〕在未央宮中，以椒和塈塗壁，取其温而芬芳。武帝時後宮八區，有昭陽、飛翔、增城、合懽、蘭林、披香、鳳凰、鴛鸞。成帝趙皇后居昭陽，號飛燕。班婕妤居增城。

〔高門殿〕漢書：「汲黯請見於高門。」哀帝時鮑宣諫曰：「陛下擢臣巖穴，誠冀有益毫毛。豈欲臣美食太官，重高門之地。」在未央宮中。

〔奇華殿〕在建章宮旁。漢書云：「四海夷狄器服珍寶、火浣布、切玉刀、巨象、獅子、宮馬，充塞其中。」

〔案〕三輔黄圖、宋志亦曰宮馬，當作宛馬。

〔臨華殿〕在長樂宮中前殿後，武帝造。漢書：「成帝永始四年，長樂宮臨華殿災。」

〔清涼殿〕在未央宮中，夏居之清涼，亦曰延清室。漢書：「清室則中夏含霜。」卽此也。董偃常臥延清之室，以畫石爲牀，以紫玉爲盤，如屈龍，皆用雜寶飾之。侍者於外扇偃，偃曰：「玉石豈須扇而後涼邪？」又以水晶爲盤，貯冰於膝前，玉晶與冰同潔，侍者謂冰無盤，必融濕席，乃拂玉盤墜，冰玉俱碎。玉晶，千塗國所貢也，武帝賜偃，惜哉！

〔猗蘭殿〕在未央宮中。漢武帝故事曰：「王美人七月七日旦生武帝於猗蘭殿。」洞冥記：「武帝未生之時，景帝夢一赤彘，從雲中直下崇芳閣，帝覺而坐於閣，果見赤氣如林木蔽牖户，望閣上有丹霞蓊鬱。既而遂改崇芳閣爲猗蘭殿。」

〔白虎殿〕在未央宮中。漢書曰：「河平四年，單于來朝，引見白虎殿，丞相商坐未央庭中，單于前拜謁商。」又杜欽詣白虎殿對策。成帝時，趙思王衍來朝，供張白虎殿。

〔玉堂殿〕在未央宮中。漢書：「揚雄歷金門，上玉堂。」晉灼曰：「三輔黄圖有大玉堂，小玉堂殿。」李尋曰：「久汙玉堂。」

〔大夏殿〕三輔故事：「秦作銅人，立在阿房殿前。漢徙於長樂宮大夏殿前。」

〔飛羽殿〕〔敬法殿〕〔曲臺殿〕〔宴昵殿〕〔長年殿〕〔神仙殿〕〔飛翔殿〕

〔合歡殿〕〔蘭林殿〕〔披香殿〕〔鳳皇殿〕〔鴛鸞殿〕〔含章殿〕〔朱雀殿〕

〔安處殿〕〔常寧殿〕〔茝若殿〕〔發越殿〕〔蕙草殿〕〔壽成殿〕〔萬歲殿〕

〔廣明殿〕〔永延殿〕〔壽安殿〕〔宣德殿〕〔東明殿〕〔通光殿〕〔高明殿〕

〔四車殿〕〔朱鳥殿〕〔延年殿〕〔龍興殿〕已上殿俱在未央宮中。

室庭

〔宣室〕未央宮前殿正室也。淮南子曰：「武王殺紂於宣室。」漢取舊名也。漢書：「文帝受釐宣室，夜半前席，問賈生鬼神之事。」卽此也。又王莽地皇四年，少年朱弟、張魚等燒宮，莽避宣室前殿，火隨之。

〔溫室〕武帝建，在未央宮，冬處之溫煖也。西京雜記曰：「溫室，以椒塗壁，被之文繡，香桂爲柱，設火齊屏風，鴻羽帳，規地以罽賓氍毹。」孔光爲尚書令，歸休，與兄弟妻子燕語朝省政事，或問溫室省中樹何木，光不應。

〔掖庭〕漢官儀曰：「婕妤以下皆居掖庭。」西京雜記：「漢掖庭有雲光殿、九華殿，開襟閣、丹景臺。」雜記曰：「漢綵女常以七月七日夜穿七孔針，皆繫華窈窕之所棲宿。又有鳴鸞殿、開襟閣。」

後漢

宮

〔獻帝宮〕在長安故城中，本京兆府舍也。帝王世紀曰：「獻帝時，關東兵起，相國董卓欲遷西都，遂至長安，幸未央宮。初，長安遭赤眉之亂，宮室燒盡，唯有高廟及京兆府廨，故中尉所治也。」

晉

殿

〔太極殿〕周地圖記曰：「太極殿，晉愍帝之宮。太極殿之南門，乃姚興所建。」

前後秦

〔案〕自此以下，至紫極殿條前，傳世鈔本均脱去一葉，茲據本志目録，鈔宋志文字以補缺。

宮殿

〔太極殿〕晉書曰：「苻健皇始元年，稱天王大單于，都長安，繕宗廟，即位於太極前殿。至子厲王苻生，享羣臣於太極前殿。至苻堅建元十七年春正月，懸珠簾於太極前殿，以朝羣臣。」

〔明光殿〕晉書曰：「有人入秦明光殿，大呼曰：『甲申、乙酉，魚羊食人，悲哉，無復遺。』」明光殿者，秦苻堅之殿也。

〔永安宮〕姚萇宮也。

〔西宮〕姚興立姚晃子姚元子監國，政入西宮。

西魏

宫室

〔西魏以雍州公廨爲宫〕北史：「魏孝武帝永熙三年，高歡入洛。宇文泰迎帝入長安，以雍州公廨爲宫居之。」

〔清暉室〕魏文帝大統四年，祀天於清暉室。

〔乾安殿〕

後周

宫殿

〔正武殿〕周明帝、武帝並聽訟於正武殿。

〔紫極殿〕武成二年正月癸丑朔，明帝大會羣臣于紫極殿。周地圖記曰：「乾安殿，周改曰紫極殿。」

〔天興宫〕大象元年十二月詔：「金入南斗，木犯軒轅。」宣帝將避正寢，齋居克念，於是舍仗衛，往天興宫。百官表勸復寢膳，許之。

〔天德殿〕大象二年五月，宣帝崩于天德殿。

〔露門〕北史曰：「元年春正月，孝閔帝卽位，柴燎告天，朝百官於露門。建德三年正月，武帝朝羣臣於露門。」

唐

宮城

〔宮城〕東西四里，南北二里二百七十步，周十三里一百八十步，其崇三丈五尺。南抵皇城，北抵苑，東卽東宮，西有掖庭宮。

西内宮殿

〔西内宮城〕南面六門：當正殿南曰承天門，隋開皇二年作，唐武德元年，改順天門。承天門東曰長樂門，次曰廣運門，次東重明門，次東永春門。承天門西曰永安門。若元正、冬至，大陳設宴會，赦過宥罪，萬國之朝貢，四夷之賓客，則御承天門以聽政。東面一門：曰鳳凰門。西面二門：南曰通明門，北曰嘉猷門。北面三門：正北曰玄武門，次東曰安禮門，東宮北門曰玄德門。當承天門内，其北曰太極門，本隋大興門，唐改爲太極門。

〔太極殿〕西内正殿也。乃隋之大興殿，唐武德元年，改爲太極殿，朔望則坐而視朝焉。東有東上閤，西有西上閤，蓋古之中朝也。太極門正南承天門。左延明門東南門下省。右延明門西南中書省。弘文館在門下省東。史館在門下省北。貞觀三年，置秘書内省，以修國史。

〔兩儀殿〕在太極殿後。隋之中華殿，貞觀五年，改爲兩儀殿，常日聽政而視事，蓋古之内朝也。

〔千秋殿〕在兩儀殿西。獻春門在兩儀殿之左。宜秋門在兩儀殿右。百福門在宜秋門之右。

〔百福殿〕宣宗時，神策軍奏百福殿成，賜名曰雍和殿，會諸王子孫。百福殿，承慶門内。

〔甘露殿〕在兩儀殿北門外。有東西永巷，東出有東横門，又東有日華門。西出有西横門，又西有月華門。殿院北有東西千步廊舍，〔案〕宋志無舍字。東至宮城，西至掖庭宮。明皇自蜀回，還居西内甘露殿。東有武德殿、延恩殿、萬春殿、千秋殿、承恩殿、立政殿、大吉殿。

〔凝陰殿〕在紫雲閣西。異聞集曰：「天寶七載，秦中旱，明皇於此令葉法善祠鏡龍，遂得甘雨。」

〔承香殿〕在延嘉殿北。西有昭慶殿、長樂殿、景福殿、神龍殿、安仁殿、淑景殿、延嘉殿、咸池殿、鶴羽殿。

〔弘文殿〕貞觀初，於弘文殿收貯圖籍二十餘萬卷，虞世南選充直殿。

〔觀德殿〕在玄武北門外。侯君集平高昌國，俘其君臣，獻于觀德殿。

〔嘉壽殿〕太宗宴突厥賀魯於嘉壽殿。

〔紫微殿〕貞觀末，阿史那社爾平龜兹，獻俘於紫微殿。又有興仁、宣猷、崇道、惠訓、昭德、正禮、宣光、通福、光昭、華光、輝儀、壽安、綏福等門。内又〔案〕當脱有字。薰風、就日、翔鳳、臨照、望仙、乘龍等殿。

〔雍和殿〕懿宗幸雍和殿、飛龍殿、驥德殿，又於興德殿以會諸王及王子、王孫等賜宴。

大安宫宫殿

〔大安宫〕太宗初居承乾殿。武德五年，高祖以秦王有剋定天下之功，特降殊禮，别建此宫以居之，號弘義宫。八年，帝臨幸，朕以秦王有大功，故於宫中立山林勝景，雅好之。至貞觀三年，徙居之。在宫城之西。馬周傳：「伏覩大安宫在宫城之西，其牆宫闕之制，尚爲卑小。東宫太子之宅，猶處城中。大安宫至尊所居，更在城外。臣願營築雉堞，修起門樓，務從高顯，以稱萬方之望。」

〔垂拱前殿〕高祖崩于大安宫垂拱前殿。

〔戢武殿〕太宗與公卿讌高祖於戢武殿。

〔文殿〕貞觀七年四月，宴王公親屬於文殿，酒闌，徙翠華殿。

〔翠華殿〕在大安宫東北垣上，遺址尚存，俗云祭酒臺。

掖庭宮宮殿

〔掖庭宮〕在宮城東西四里，卽皇城，北抵苑，西卽掖庭宮。〔案〕宋志掖庭宮宮城東西四里，南卽皇城，北抵苑。兩京記及六典：「皇城東西五里百一十五步。」今除宮城，四里外卽是掖庭宮，東西廣一里一百一十五步。大安宮東西里數同。

〔掖庭西門〕貞觀二年，左丞戴胄於掖庭房西門簡宮人出之。今皇城內亦有掖庭街。

東宮

〔東宮正殿曰明德殿〕本名嘉德殿。東內廊左嘉善門，西內廊有右嘉善門。按高祖傳位，太宗卽位於明德殿。

〔崇教殿〕在明德殿北，宮內殿也。本名弘教，長安二年，改爲崇教殿。

〔麗正殿〕在崇教殿之北。高宗降誕此殿。開元初，詔此繕寫古今圖籍統記。開元中，改爲集僊殿。

〔光大殿〕在麗正殿北。明皇始詔沙門一行禪師於光大殿撰大衍曆，後徙就麗正殿。

〔承恩殿〕在光大殿院內，明皇居春宮造。開元八年，勅一行禪師於院內注易。

〔宜春北院〕譚賓録：「天寶中，玄宗命宮女數百又爲梨園弟子，皆居宜春北院。」

東內宮殿

〔東内大明宫〕在禁苑之東，南接京城之北面，西接宫城之東北隅。貞觀八年，置永安宫。九年，曰大明宫，以備太上皇清暑，百官獻貲以助役。龍朔二年，大加興葺，曰蓬萊宫。咸亨元年，曰含元宫。長安元年，復曰大明宫。初，高宗染風痺，以宫内湫濕，屋宇擁蔽，乃此置宫，司農少卿梁孝仁充使制造。北據高原，南望爽塏，每清天霽景，視終南山如指掌，宫城坊市，俯而窺焉。其宫南北五里，東西三里。南面五門：正南曰丹鳳門，東曰望仙門，次東曰延政門。丹鳳門西曰建福門，門外百官待漏院。次西曰興安門。東面一門：曰太和。西面一門：曰日營。北面一門：曰玄武。

〔含元殿〕丹鳳門内當中正殿。階高於平地四十餘尺。南至丹鳳門四百餘步，中無間隔，左右寬平，東西廣五百步。東南有翔鸞閣，西南有栖鳳閣，與殿飛廊相接。又有鐘樓、鼓樓。殿左右有砌道盤上，謂之龍尾道。夾道東有通乾門，西有觀象門。閣下即朝堂、肺石，一如承天之制。又有金吾左右仗院。

〔宣政殿〕東有東上閤門，西有西上閤門，即正衙殿也。殿前東廊曰日華門，殿前西廊曰月華門。

〔紫宸殿〕在宣政殿北紫宸門内，即内衙之正殿也。肅宗乃崩于紫宸殿。

〔蓬萊殿〕在紫宸北。敬宗時，蓬萊殿會沙門、道士四百餘人，賜食，給茶、絹。

〔延英殿〕肅宗時梁上生玉芝，一莖三葉。苗晉卿相代宗時，年老蹇甚，乞間日入政事堂，帝憂之，聽入閤不趨。後改靈芝殿。

〔長安殿〕在金鑾殿之西南。肅宗收京師，作新九廟主，於長安殿安置。至德二載，收復京城，宮省門有「安」字者改之，爲長樂殿。

〔金鑾殿〕在金鑾門裏。順宗召學士鄭絪至金鑾殿，立憲宗爲皇子。

〔宣和殿〕敬宗宴三日於宣和殿。又寶曆三年，御宣和殿，對內人親屬一千五百人，賜宴，仍各賜錦綵。

〔延英殿〕相對有思政殿、含涼殿、綾綺殿、珠鏡殿、還周殿、承懽殿、仙居殿。

〔麒麟殿〕〔案〕宋志麟德殿。在仙居殿之西北，東南、西南皆有殿閣，東、西皆有樓，相連各有障日閣，內宴多於此殿。又有大福殿、拾翠殿、三清殿、含冰殿、凝霜殿、紫蘭殿、玄武殿，明義殿、承雲殿、修文等殿。又有碧羽、紫籥、承雲、修文等閣。又有翰林門，內有翰林院。至德以後，軍國務繁，其入直者以文詞共掌詔勅，自此翰林院〔案〕鈔本院下空缺一字。始無〔案〕當作始有。學士之名。其後置東翰林院於金鑾殿之西，隨上所在而遷，取其便。

〔玉清殿〕德宗義章公主薨於大明宮玉清殿。

〔清思殿〕穆宗崩于大明宮清思殿。

〔長生殿〕肅宗崩于大明宮長生殿。

〔會寧殿〕德宗崩于大明宮會寧殿。

南内宫殿

〔南内興慶宫〕距外郭城東垣。武后大足元年，睿宗在藩，賜五王子宅，明皇始居之。宅臨大池，望氣者云：「此池有天子氣。」故數宴遊，上已泛舟以厭之。南街東出春明門。開元二十二年置宫，〔案〕宋志開元二年，此誤。因本坊爲名。十四年，又取永嘉坊、勝業坊之半增廣之，謂之南内。宫之正門西向，曰興慶門。南曰通陽門。北曰躍龍門。西南隅曰勤政務本樓，南向，開元八年，〔案〕宋志開元八年造。每歲中秋節，酺飲于樓前。其西曰花蕚相輝樓。寧王憲、申王撝、岐王範、薛王業邸第相望，環於宫側，明皇因題花蕚相輝之名。帝時登樓，聞諸王音樂，咸召升樓，同榻宴謔。

〔興慶殿〕在通陽門北，卽正衙殿也。其後曰文泰殿，天寶十年作。前有瀛洲門，内有南薰殿。北有龍池，在躍龍門南，本是平地，自垂拱後因雨水流潦成小池，後又引龍首渠水支分溉之，日以滋廣，至景龍中彌亘數頃，澄澹皎潔，深至數丈，常有雲氣，或有黄龍出其中，本以坊名池，俗亦呼爲五王子池，置宫後謂之龍池。拾遺蔡孚作龍池篇以讚其事，公卿多和之。後爲景龍池，今俗語訛呼爲九龍池。

〔大同殿〕在勤政樓北大同門内，殿前左右有鐘樓、鼓樓。天寶七載，大同殿柱産玉芝，有神光。殿大和三年修。宫殿疏曰：「大同殿十三間。」

〔長慶殿〕在通陽門東明義門内。唐雜説曰：「明皇爲太上皇，居興慶宫，每置酒長慶樓，南俯大道，裴回觀覽。」

〔積慶殿〕唐雜記：「蕭太后徙居興慶宫積慶殿，中書門下奏，准義安殿太后故事，號積慶皇太后。」

〔義安殿〕敬宗母王太后居義安殿。

〔冷井殿〕懿安郭太后崩于是殿。又有新射、飛仙、同光、榮光等殿。其内有龍堂、五龍壇。沉香亭、金花落在池東。

隋唐

離宫

〔僊遊宫〕在盩厔縣南三十五里。舊圖經曰：「隋文帝於此避暑。」

〔崇善宫〕在渭南縣東一十五里。隋煬帝大業三年置。〔案〕宋志大業二年置。

〔甘泉宫〕長安志：「隋甘泉宫在鄠縣西南甘谷口。」〔案〕宋志在縣西南二十二里，對甘泉谷。

〔長春宮〕三輔會要：「長春宮在朝邑縣梁原上。保定元年，〔案〕鈔本保定下空缺一字，據太平寰宇記補元字。宇文護所築。隋文帝增修殿宇。煬帝大業十三年，唐高祖起義兵，自太原赴京師，於此休養士卒，西定長安。」

〔龍躍宮〕在高陵縣西十四里，唐神堯舊宅。武德六年，以奉義宮建龍躍宮。德宗改爲修真觀。内有神堯真容、御井、靈柏。

〔慶善宮〕在武功縣南一十八里，神堯舊第也，太宗降誕之所，南臨渭水。武德元年，建武功宮。六年，改慶善宮。貞觀六年，太宗臨幸，讌群臣，賦詩。後廢爲慈德寺。有詩曰：「昔時高祖宅，今日梵王宮。塔聳白雲外，僧行緑樹中，真容唐列聖，墨跡宋坡公。半日休心處，烹茶話祖風。」

〔望賢宮〕在咸陽東數里。唐明皇自蜀還京，肅宗至望賢宮迎，明皇上馬，帝親攏馬行數十步，執鞭弭，道引明皇入開遠門。

〔華清宮〕在臨潼縣南。貞觀十八年太宗詔左屯衛大將軍姜行本、將作少匠閻立德營造殿，御賜名湯泉宮，太宗因幸製碑。咸亨二年，名温泉宮。天寶六載，改華清宮，驪山上下，益治湯井池，臺殿環列山谷，明皇歲幸焉。又築會昌羅城，卽於湯所置百司及公卿邸第。禄山亂後，天子罕復遊幸。唐末圮廢。晉天福中，改靈泉觀，賜道士居之。

〔萬全宮〕在藍田縣東四十五里。開耀二年，詔新造涼宮爲萬全宮。高宗遺詔萬全、芳桂、奉天等宮並停廢。武后詔奉天宮置道士觀，芳桂、萬全置僧寺，以舊宮爲名。

〔上清太平宮〕在盩厔縣東三十里清平鎮。宋建隆元年置。太平興國二年，重修。

〔遊龍宮〕在渭南縣西二十一里。兩京道里記：「唐開元二十五年勅：『兩京行宮，遠近不等，宜令將作大匠康䛒與州縣均融修葺。』」取黑龍飲渭名之。有遺址。

〔玉華宮〕貞觀二十一年，於宜君縣鳳凰谷置玉華宮。永徽三年，縣廢，宮亦廢。今隸坊州，西四十里有故基，爲佛寺。杜詩云：「溪回松風長，蒼鼠竄古瓦，不知何王殿，遺構絶壁下。陰房鬼火青，壞道哀湍瀉，萬籟真笙竽，秋色正蕭灑。美人爲黄土，況乃粉黛假，當時侍金輿，故物獨石馬。憂來藉草坐，浩歌淚盈把，冉冉征途間，誰是長年者。」

〔翠微宮〕唐餘曰：「貞觀二十年，營太和宮於終南山上，改翠微宮。北門曰雲霞門，朝殿曰翠微，寢殿曰含風。」太宗崩于含風殿。廢爲翠微寺。詩云：「翠微寺本翠微宮，樓閣亭臺幾十重。天子不來僧又去，樵夫時倒一株松。」

〔魚藻宮〕會要曰：「魚藻宮，去宮城十三里，在禁苑神策軍後。宮中有九曲山池。貞元十三年，詔魚藻池先深一丈，更淘四尺。穆宗初，又發神策六軍二千人浚之。又觀競渡。」王建宮詞曰：「魚藻宮中鎖翠娥，先皇幸處不曾過。而今水底休鋪錦，菱角鷄頭積漸多。」

〔望春宮〕長安志：「望春宮，去京城東北一十二里，在唐禁苑內高原之上，東臨滻水西岸。」道里記曰：「隋文帝初置望春亭，改爲望春宮。煬帝改爲長樂宮。大業初，煬帝夜見太子勇領十餘人，各持兵器，問楊廣何在，帝懼之，走長樂宮，文武宿衛不知乘輿所在，比明，方移仗此宮。煬帝去洛陽，終大業不敢都長安。」

〔九成宮〕唐會要曰：「九成宮，在鳳翔麟遊山，卽隋之仁壽宮也。貞觀年，改九成宮。」中有醴泉銘碑。

〔太平宮〕長安志：「隋太平宮，在鄠縣東南三十里，對南山太平谷。」

〔雲陽宮〕封禪書所謂谷口是也。其山出鐵，有冶鑄之利，因以爲名。入谷便洪潦沸騰，飛泉激射，兩峯皆峭壁孤豎，橫盤坑谷，凛然凝沍，常如八九月，朱明盛暑，當晝暫暄，涼秋晚候，緼袍不暖，所謂寒門者也。又曰：入冶谷二十里，有百里槐樹，北有泉名金泉，谷中有毛盤監。〔案〕宋志毛原監。

宮禁

宮禁

〔禁中〕漢宮殿疏云：「漢宮中謂之禁中，謂宮中門門有禁，非侍衛通籍之臣，不得妄入。通籍，謂出入禁門。籍者，爲二尺竹牒，記其年紀、名字、物色懸宮門，相應乃得入。」

〔豹尾中〕宮殿疏謂：「天子出行道中，則有儀衛豹尾，亦曰禁中。」〔案〕三輔黄圖亦視禁中。

〔省中〕漢孝元皇后父名禁，避之，改曰省中，出入宮中當省察也。

〔清道〕漢舊儀謂：「天子將出苑，令道路掃灑清浄，出入警蹕。」

〔鹵簿〕禮閣新儀：「鹵簿，天子出，車駕次第，謂之鹵簿。有大駕，有法駕，有小駕。大駕則公卿奉引，大將軍參乘，太僕御，屬車八十一乘，作三行，尚書、御史乘之，備千乘萬騎。」

〔陛下〕陛，由陛堂也。天子必有近臣，執兵陛陛，以戒不虞。臣下與天子言，不敢指斥天子，故呼在殿陛下以告之，曰陛下。

〔行在〕天子四海爲家，不以京師居處爲常，當乘車輿以行天下。車駕所至，奏事皆曰行在。

〔署〕虎威、章溝皆署名。漢有長水、中壘、屯騎、虎賁、越騎、射聲、胡騎八營，宿衛王宮，周廬直處。

〔闕〕周置兩觀，以表宮門。其上可居，登之。〔案〕三輔黃圖登之可以遠觀，此誤節去。人臣將朝，至此思其所闕。

〔塾〕門外舍也。臣來朝，至門外就舍，則熟詳應對。塾，言熟也。

〔掖門〕在兩傍，如人之臂掖也。

〔闈闥〕宮中小門也。

〔織室〕未央宮後有織室，織作文繡郊廟之服，有令丞主之。

〔暴室〕主掖庭染練之署，取暴曬爲名。

〔内謁者署〕漢官儀曰：「内謁者署，在未央宮，屬少府。」漢書云：「掌宮中步帳褻物。」丁孚漢官云：「令秩千石。」

〔屬車〕屬者，言相聯屬而不絕也。

〔金馬門〕史記曰：「武帝時，相馬者作銅馬法獻之，立馬於魯般門外，更名魯般門爲金馬門。」公孫弘待詔於金馬門。

〔武庫〕漢書曰：「武庫以藏禁兵。」

〔靈金藏〕漢太上皇佩刀，長三尺，上有銘字難識，傳殷高宗伐鬼方所作也。上皇遊豐、沛山中，窮谷有人冶鑄，何器，工者對曰：「爲天子鑄劍，慎勿言。」曰：「得公佩刀，雜而冶之，卽成神器，可定天下，昴星爲輔佐，木衰火盛，此爲異兆。」上皇解七首投爐中，劍成，殺三牲以釁祭之，工卽以劍授上皇，上皇以賜高祖，斬白蛇是也。及定天下，藏於寶庫，守者見白氣如雲若龍蛇。呂后靈金藏。〔案〕三輔黃圖呂后改庫曰靈金藏惠帝貯兵器，名曰靈金內府。

〔金龜〕唐實録：「武后時，崔神慶上疏曰：『五品以上佩魚，后改爲龜，恐有詐妄，故內出龜合，然後應命。』」

〔作室〕尚方工作之所。

〔凌室〕在未央宮。周官凌人：「藏冰供祭祀飲食。」

〔弄田〕遊戲。始元元年，耕于鉤盾弄田。

〔金錢會〕開元天寶遺事：「內庭嬪妃，春時禁中結伴，擲金錢爲戲。」開元別記：「明皇與妃子在花蕚樓下擲金錢，以遠近爲限，賽其元擲于地者，以金觥爲賞。今里巷猶效之。」

類編長安志卷之三

圓丘郊社　壇附

圓丘

〔漢圓丘〕按三輔黃圖：「在昆明故渠南，有遺址，猶高二丈，周四百二十步。」〔案〕三輔黃圖今本及宋志均作周回百二十步。

〔唐圓丘〕按長安志：「唐長安明德門東南一里有更衣殿基，又東南一里有圓丘，高一百二十尺，周回三百六十步，分三級，十二分野，俗呼爲壇冢拜郊臺。」

南北郊

〔南郊〕在長安城南，謂南郊，圓丘以象天，歲時以奉祭祀。成帝始奉祀上帝於長安城南。

〔北郊〕在長安城北，謂北郊，方丘以象地，歲時以奉祭祀。成帝始祀后土於長安城北。

社稷

〔漢社稷〕祭祀志：「漢除舊社稷，立漢社稷。其後又立官社，以配夏禹，而不立官稷。平帝元始三年，始立官稷於官社之後。」

〔唐大社〕長安志云：「在含光門街西南。其門額，隋平陳時東晉王右軍所題，隋代重之，〔案宋志無之字。〕以粉墨模之。」金朝移社壇在薦福寺北聖容院前。

百神壇

〔百神靈星三壇〕長安志云：「在明德門外南郊左右。」古跡猶在。

〔青帝先農二壇〕俱在皇城景風門東二里。

〔黃帝赤帝二壇〕在明德門外東南圓丘左右。

〔白帝夕月二壇〕在城西開遠門外。

〔風伯雨師壇〕在城西金光門南。

〔黑帝壇〕在城北太倉畔。

〔雷師壇〕在城北玄武門外。

〔司中司命壇〕在城西北開遠門外。

明堂辟雍　太學附

明堂

〔周明堂〕援神契曰：「明堂，所以正四時，出教化，天子布政之宮也。」黃帝曰合宮，堯曰衢室，舜曰總章，夏后曰世室，殷人曰陽館，周人曰明堂。先儒舊說，其制不同。或曰：「明堂在國之陽。」大戴禮云：「九室，室有四户八牖，凡三十六户，七十二牖，以茅蓋屋，上圓下方。」八窗四牖。考工記云：「明堂五室。」稱九室者，取象陽數也。八牖者，陰數也，取象八風。三十六牖，〔案〕三輔黃圖三十六户牖。取六甲之爻，六六三十六也。上圓象天，下方象地。八窗卽牖也。〔案〕三輔黃圖八窗卽八牖也。四闥者，象四時四方也。五室者，象五行也。皆無明文，先儒以意釋之耳。禮記明堂位曰：「朝諸侯于明堂之位，天子負斧依，南鄉而立。」明堂也者，明諸侯之尊卑也。制禮作樂，頒度量而天下服，知明堂是布政之宮也。孝經云：「宗祀文王於明堂，以配上帝。」則周有明堂者明矣。

〔漢明堂〕三輔黃圖云：「在長安西南七里。」漢書：『武帝初卽位，嚮儒術，以文學爲本，議立明堂於城南，以朝諸侯。』應劭云：『漢帝造明堂，王莽修飾令大。』武帝元年，〔案〕三輔黃圖武帝建元元年，此脱。議立明堂，遣使者安車蒲輪，束帛加璧，徵魯申公，欲治明堂以奉高帝。」

辟雍

〔周辟雍〕三輔會要云：「在長安西北四十里灃河岸上。」璧廱，如璧之圓，雍之以水，象教化流行也。詩曰：「於論鼓鐘，於樂辟雍。」毛萇注云：「論，思也。水旋丘如璧廱，以節觀者。」鄭玄注云：「文王立靈臺，而知人之歸附，作靈沼、靈囿，而知鳥獸之得其所，以爲聲音之道與政通，故合樂以詳之。」

〔漢辟雍〕在長安西七里。〔案〕三輔黃圖西北七里。河間獻王來朝，獻雅樂，武帝對之三雍宫，卽此。禮樂志：「成帝時，犍爲郡水濱得古磬一十六枚，劉向説帝宜興辟雍焉。」

太學　附

〔漢太學〕漢書云：「在長安西北七里。王莽作宰衡時，作太學弟子舍萬區。」起市郭上林苑中。其門東出修仁之門，南出興禮之門，西出守義之門。董仲舒策曰：「太學，賢士之關，教化之本原也。」關中記曰：「漢太學、明堂，皆在城南安門之東，杜門之西。」

〔唐太學〕按長安志：「唐太學國子監，貞觀四年立，在務本坊，領國子、太學、四門、書、律、筭六學。」監內有孔子廟，巢寇亂，皆爲灰燼，獨國子監石經存焉。許公韓建移遷石經於府城。今府學中有焉。

苑囿池臺 榭附

苑囿

周

〔靈囿〕周文王囿也，在長安西四十五里灃水西。詩云：「王在靈囿，麀鹿攸伏，麀鹿濯濯，白鳥翯翯。」毛萇注：「囿，所以域養禽獸，天子百里，諸侯四十里。靈者，言文王有靈德也。靈囿，言德行於苑囿也。」孟子曰：「文王之囿，方七十里，芻蕘者往焉，雉兔者往焉，與民同其利，民以爲小也。」

漢

〔上林苑〕漢書：「武帝建元三年，開上林苑。」本秦之離宮舊苑也。東至藍田、宜春、鼎湖、御宿、昆吾，旁南山而西，長楊、五柞，北繞黃山，瀕渭而東。周袤三百里，離宮七十所，皆容千乘萬騎。漢宮殿疏云：「方三百四十里。」漢舊儀云：「上林苑，方三百里。苑中養百獸，天子秋冬射獵取之。」帝初修上林苑，羣臣遠方，各獻名果異卉三千餘種植其中，亦有製爲美名，以標奇異。關中記曰：「上林苑，門十二，中有苑三十六，宮十二，觀二十五。長楊宮、昭臺、儲元、葡萄、犬臺、承光、卷陽、〔案〕宋志包陽。望庭、〔案〕宋志望遠。宣曲、鼎湖、步高、存神等宮，有昆明觀、平樂、遠望、燕昇、觀象、便門、白鹿、三爵、陽禄、陰德、鼎郊、樛木、椒唐、魚鳥、元華、繭觀、柘觀、上蘭、郎池、當路、豫章、明光、走狗、博望、象觀。舊儀曰：「上林苑有令有尉，禽獸簿記其名數。」上林苑中禽獸宮館之事屬水衡。苑中有六池、市郭、宮殿、魚臺、犬臺、獸圈。又有射熊館、平樂館、涿沐館、建章館、當路館、鹿館。又有東陂池、西陂池、郎池、牛首池、蒯池、當路池、麋池、積草池。又有龍臺觀、細柳觀、飛廉觀、屬玉觀、白鶴觀、霸城觀、雲林觀、集靈觀，臨山。〔案〕宋志臨僊觀，本志觀有臨山觀，此脱觀字。

〔甘泉苑〕漢書：「武帝置。」因甘泉山名，在雲陽，去長安三百里，凡周回五百一十里。〔案〕三輔黄圖五百四十里。苑中起宮殿臺閣百餘所，有仙人觀、鳷鵲觀、石闕觀、封巒觀、通仙觀、通天臺，臺上望見長安。

〔思賢苑〕漢文帝爲太子立思賢苑，以招賓客。苑中有堂室六所，其館皆廣廡高軒，屏風、幃、褥甚麗。

〔博望苑〕漢武帝立子據爲太子，開博望苑以通賓客。漢書：「武帝年二十九，乃得太子，甚喜。太子冠，爲立博望苑以通賓客，從其所好。」博望苑在長安城南五里。

〔西郊苑〕漢書：「西郊苑，有苑囿、林麓、藪澤連亘，繚以周垣四百餘里，餘宮別館三百餘所。」

〔樂遊苑〕宣帝神爵三年春起，在長安東南杜陵之西北，本秦之宜春苑也。宣帝起樂遊廟，因苑爲名，在唐京城内高處。每正月晦日、上巳、重九，京城士女咸以此登賞祓禊。任氏、鄭生相遇之地也。

〔御宿苑〕武帝置離宮別館，禁禦人不得入，往來遊觀，上宿其中，故曰御宿苑。在長安南御宿川。

〔宜春下苑〕孟康注曰：「宮名也。在杜陵縣。」師古曰：「宜春下苑，卽今京城東南隅曲江池是也。」

〔三十六苑〕漢儀注：「太僕牧師諸苑三十六所，分布北邊西邊，以郎爲苑監官，官奴婢三萬人，養馬十萬匹。」〔案〕三輔黄圖三十萬匹。養鳥獸者通名苑，故謂之牧馬處爲苑。

唐

〔禁苑〕按唐書：「在宮城之北，本隋之大興苑。東西二十七里，南北三十三里，東接灞水，西接長安故城，南連京城，北枕渭水。苑西卽太倉，又北距中渭橋，與長安故城相接。故城東西十三里，南北十三里，亦隸苑中。其苑中有四監，南面爲長樂監，北面以領漢故城，謂之舊宅監，東西面各以本方爲名，分掌宮中種植及修葺園苑等事，又置苑總監都統之，皆隸司農寺。苑中宮亭凡二十四所。」南面三門：中曰景曜門，東曰芳林門，西曰光化門。東面二門：南曰光泰門，北曰昭遠門。西面二門：南曰延秋門，北曰玄武門。北面三門：中曰啟運門，東曰內苑門，西曰重玄門。其東曰東雲龍門，其西曰西雲龍門。苑內有南望春亭、北望春亭、坡頭亭、柳園亭、月坡亭，又有青城橋、龍鱗橋、栖雲橋、凝碧橋、上陽橋、廣運潭、九曲宮、魚藻池、玄沼宮、神臯亭、七架亭、青門亭、桃園亭、臨清亭、〔案〕宋志臨渭亭。咸宜宮、未央宮、南昌國亭、北昌國亭、流杯亭、明水園。

〔內苑〕唐書云：在玄武門外，北至重玄門約二里，〔案〕宋志一里。東西與宮城齊。中有觀德殿，在重玄門外之北，永徽三年，大射觀德殿。又永安殿，穆宗御新城永安殿觀百戲。東西外垣門曰日營門、月營門，其北重玄門。舊圖：「內苑，南直抵玄武門，北直魚糧門，苑之正北門也。」

〔東內苑〕南北三里，〔案〕宋志二里。與大明宮城齊。南卽延政門，北卽銀臺門，東卽太和門。中有龍首殿。〔案〕宋志龍下殿。又有凝暉殿、會昌殿、含光殿、昭德殿、光啓宮、雲韶院。中有蓬萊殿、凝碧池、梨園、櫻桃園、東西葡萄園。又有龍首池、靈符池、應聖院、內園小兒坊、仗內教坊。舊圖云：「旁有看樂殿，東下馬橋，東頭御馬坊。」

〔芙蓉苑〕在曲江之西南，乃秦宜春苑地。杜詩：「城上春雲覆苑牆，芙蓉別殿謾焚香。」又曰：「江上小堂巢翡翠，苑邊高塚卧麒麟。」又曰：「六龍南下芙蓉苑，十里飄香入夾城。」

〔沙苑〕李吉甫郡國圖：「沙苑，一名沙阜，在同州馮翊縣南十二里，東西八十里，南北三十里。」內有牧馬，監牛，畜卧沙小耳羊，蒲萄園，桃杏園，梨園、木瓜、石榴、異果，至今不絕。

〔道會苑〕後周天和二年三月，改武遊園爲道會苑。建德二年，集諸軍都督於道會苑大射，武帝親臨射堂，大備軍容。宣政元年十一月，宣帝講武於道會苑。又大象元年四月，幸道會苑大醮。

池沼

周

〔滮池〕圖經注曰：「在長安城西四十里。」詩云：「滮池北流，浸彼稻田。」鄭玄注：「在豐、鎬之間，水北流。」

〔靈沼〕按舊圖記：「在長安城西四十里豐水之西，真花磑北。」今爲水泊。詩云：「王在靈沼，於牣魚躍。」

漢

〔昆明池〕按舊圖記云：「在長安縣豐邑鄉鶻鵲莊，周回四十里。」武帝元狩九年，欲伐昆明國，穿池以習水戰，因名昆明池。三輔舊事：「昆明池地三百二十頃，中有戈舟各數十，樓船百艘，船上建戈矛，四角垂幡旄麾蓋。」池中作豫章大船，可載萬人，上起宮室，以爲遊戲，養魚以給諸陵祭祀，餘付長安厨。又刻鯨魚，長三丈，每風雷，常鳴吼，鬣尾皆動。立石牽牛、織女於池之東西，以象天漢。池中有龍首船，帝御，張鳳蓋，建華旗，作櫂歌，雜以鼓吹，宮女泛舟。初穿池，得灰，上問西域胡人，曰：「乃劫燒餘之灰也。」今爲民田。

〔太液池〕關輔記：「長安故城西，建章宮北，有太液池，以象北海。刻石鯨魚，長三丈。」池中起三山，以象蓬萊、瀛洲、方丈。刻金石爲魚龍鳥獸奇怪之狀。廟記云：「太液池周四十頃。」昭帝元始元年春，黄鵠下太液池。成帝常以秋日與趙飛燕戲於太液池，以沙棠木爲舟，以雲母飾於鷁首，名曰雲母舟，又刻大桐木爲虬龍，雕飾如真，夾雲舟而行，以紫桂爲柂枻。及觀雲棹水，玩擷菱蕖，帝每憂輕蕩以驚飛燕，命佽飛之士以金鎖纜雲舟於波上。每輕風時至，飛燕殆欲隨風入水，帝以翠纓結飛燕之裾。今太液池邊尚有避風臺。

〔鎬池〕水經注：「在昆明池北三里。」廟記曰：「鎬池，卽周武王之故都鎬京也。武帝穿昆明池，水北流，浸鎬京之地而爲池，故曰鎬池也。」

〔百子池〕在建章宮西。歲時記：「正月上辰，池邊灌濯，食蓬餌以祓邪。三月上巳，張樂於池上。七月七日，臨百子池，作于闐樂，樂闋，以五色縷相羈，謂之連愛。八月四日，出雕房，下圍棊，勝者終年有福，負者終年疾病，求北辰乃免。」

〔影娥池〕在建章宮。武帝鑿以翫月，其傍起望鵠臺以眺月，影入池中，使宮人乘舟弄月影。又起眺蟾臺。〔案〕三輔黄圖作亦曰眺蟾臺。

〔琳池〕昭帝元始元年，穿琳池，廣千步，池南起桂臺以望遠，引太液池水。池中植分枝荷，一莖四葉，狀如駢蓋，日照則葉低蔭根莖，若葵之衛足，名曰低光荷。實如玄珠，可以飾佩，花葉雖萎，芬馥之氣徹十餘里，食之令人口氣常香，益脉治病。宮人貴之，每遊宴必含嚼之。

〔滄池〕在長安城中。舊圖云：「未央宮有滄池，言其水蒼色，故曰滄池。」

〔酒池〕廟記曰：「長安故城中，有魚池、酒池，池上有肉炙樹，秦始皇造。漢武帝於池北起臺，天子於上觀牛飲者三千人。」又曰：「武帝作此，以誇羌、胡，飲以鐵杯，重不能舉，皆抵牛飲。」西征賦云：「酒池監於商辛，追覆車而不悟」也。

〔十池〕上林苑中有初池、麋池、牛首池、蒯池、積草池、東陂池、當路池、犬臺池、郎池、外池。

蒯池生蒯草以織席。積草池有珊瑚樹，高一丈二尺，一本三柯，上有四百六十二條，南越王趙佗所獻，號爲烽火樹，至夜光明煥然。

唐

〔太液池〕宮殿儀曰：「在大明宮含涼殿，周十數頃。池中有蓬萊山，嶄絶，上自然有奇草異卉，魚鳥所集。盧多遜應制詩分得些子兒韻，詩曰：「太液池邊看月時，好風吹動萬年枝，誰家寶鏡新開匣，一本作誰家玉匣新開鏡。露出清光些子兒。」

〔凝碧池〕在東内苑。禄山陷長安，引梨園弟子數百人，大會凝碧池。樂工雷海清擲樂器於地，西向哭，被賊支解而死。時王右丞爲賊拘于僧寺，乃賦詩曰：「萬户傷心生野煙，百官何日再朝天，秋槐葉落深宮裏，凝碧池頭奏管絃。」書于壁。賊平，維以詩免罪。

〔興慶池〕景龍文館記：「在隆慶坊。本是平地，垂拱後因雨水流潦成小池，近五王宅，號爲五王子池。後因分龍首渠水灌之，日以滋廣。至景龍中，瀰亘數頃，澄泓皎潔，有雲氣，或見黄龍出其中。」其〔案〕據宋志其當作置。興慶宮後謂之龍池。拾遺蔡孚作龍池篇以贊其事，公卿多和之。改爲景龍池，語訛爲九龍池。明皇雜録：「取洞庭湖鯽魚養於池，以爲鱠，日以遊宴。」杜甫詩：「三月三日天氣新，長安水邊多麗人。」禄山陷長安，天子幸蜀，盛事遂寢。新説曰：「興慶宮，經巢寇、五代，至宋湮滅盡淨，唯有一池。至金國，張金紫於池北修衆樂堂、流杯亭，以爲賓客遊宴之所，刻畫樓船，上巳、重九，京城仕女，修禊宴燕，歲以爲常。正大辛卯東遷後，遂爲陸田。兵後，爲瓜區、蔬圃。庚子歲，復以龍首渠水灌之，鯽魚復生。舊説有千歲魚子，信不誣矣。」

〔九曲池〕在興慶池西。唐寧王山池院，引興慶池水西流，疏鑿屈曲連環，爲九曲池。築土爲基，疊石爲山，上植松柏，有落猿巖、栖龍岫，奇石異木、珍禽怪獸畢有。又有鶴洲、仝渚，殿宇相連。前列二亭，左滄浪，右臨漪。王與宮人賓客，宴飲、弋釣其中。禄山亂後，有人題詩曰：「數座假山侵殿宇，九池春水浸樓臺，羣花不識興亡事，猶倚朱欄取次開。」

〔定昆池〕本安樂公主西莊也，在京城延平門外。景龍初，命司農卿趙履温爲公主疏園植果，中列臺榭，憑官〔案〕當作空。架迴，棟宇相屬，又勅將作少監楊務廉引水鑿沼，延十數頃，時號定昆池。通典曰：「安樂公主恃寵，請昆明池，中宗不與，公主怒，自以家財別穿池，號曰定昆。」景龍，中宗幸焉。侍臣畢從，賦詩，御爲之序。宗楚客詩曰：「玉樓銀榜枕嚴城，翠蓋紅旗列禁營。日映層巖圖畫色，風摇雜珮管弦聲。水邊重閣如飛動，雲裏孤峰類削成。幸陪七葉遊昆、閬，無勞萬里訪蓬、瀛。」

〔魚藻池〕深一丈，在城北禁苑中。貞元十三年，詔更淘四尺，引灞河天潒水漲之。在魚藻宮後。穆宗以觀競渡。王建宮詞曰：「魚藻池邊射鴨，芙蓉園裏看花，日色赭黄相似，不著紅鸞扇遮。」

〔曲江池〕在雁塔東南，以水流屈曲，謂之曲江。劇談録：「本秦之隑州，唐開元中，疏鑿爲勝境。中和、上巳，自宰臣至都人皆遊焉，傾動皇州，以爲盛觀。」歐陽詹曲江記，其略曰：「苑之沼，囿之池，力墾而成則多，天然而有則寡，兹池者其天然歟！循原北峙，回岡旁轉，圓環四匝，中成坎窞，窪窌港洞，生泉瀹源，東西三里近。當大邑别卜，繚垣空山之濼，曠野之湫。然黄河作其左壍，清渭爲其後洫，褒、斜右走，太一南横，崇山濬川，鉤結盤護，不南不北，湛然中停。又導其流，蕩惡含和，厚生蠲疾，涵虚靈景，氣象澄鮮，延懽滌慮，有棲神育靈之功焉。」杜甫詩曰：「少陵野老吞聲哭，春日潛行曲江曲。江頭宫殿鎖千門，細柳新蒲爲誰緑。」文宗時，曲江宫殿十廢之九。帝讀甫詩，慨然有意復昇平事，發左右神策三千人淘曲江，修紫雲樓、綵霞亭，内出二額，左軍仇士良以百戲迎之，帝御日華門觀之。仍勅諸司，如有創亭館者，官給與閑地，任修造。又引黄渠水以漲之。羅隱曲江春感詩曰：「江頭日暖花又開，江東行客心悠哉！高陽酒徒半零落，終南山色空崔嵬。聖代也知無弃物，侯門未必用非才。滿船明月一竿竹，家在五湖歸去來。」又韓退之詩曰：「漠漠輕陰曉自開，青天白日映樓臺，曲江水滿花千樹，有底忙時不肯來。」昭宗東遷，宮殿掃地盡矣。俗説：舊有漢武泉，農民以大石塞其竇而埤之土，泉遂不流。積雨後池中自有水，若導黄渠灌之，曲江之景，亦可漸復矣。

〔龍首池〕在東内苑。支分龍首渠水，自長樂坡西北流入苑中，灌龍首池。

〔靈符池〕會昌元年造，在龍首池西北。水又西北流入太液。

〔鶴池〕在長安城西，本定昆池，後乾涸爲民田。今其地爲軍寨，曰鶴池寨，本是涸池。

〔靈池〕長安志：「在渭南縣東南二十五里。後魏永熙元年，水自湧出，因而成池。周八十步。」

臺榭

上古

〔倉頡造書臺〕長安志曰：「長安縣西宮張村三會寺，中有臺，乃倉頡造書臺。」詩云：「釋子談經處，軒臣造字臺。」

周

〔靈臺〕關中記云：「在長安西北四十里。」詩云：「經始靈臺，經之營之，庶民攻之，不日成之。」詩序曰：「靈臺，民始附也。文王受命，而人樂其有靈德以及鳥獸昆蟲焉。」鄭玄曰：「天子有靈臺者，所以觀祲象察氣之妖祥也。文王受命，而作邑於豐，立靈臺。」正義：「靈臺所處，在國之西郊。」劉向新序曰：「周文王作靈臺，及爲池沼。掘地得死人之骨，吏以聞於文王，文王曰：『更葬之！』吏曰：『此無主矣！』文王曰：『有天下者，天下之主也。有一國者，一國之主也。寡人固其主也，又安求主？』遂令吏以衣棺更葬之。天下聞之，皆曰：『文王賢矣！澤及朽骨，又況於人乎！』」水經注曰：「豐水，北經靈臺西，文王又引水爲辟雍、靈沼。」括地志曰：「今悉無復處所，唯靈臺孤立。」今案臺高二丈，周回百二十步。

〔老子説經臺〕新説曰：「在樓觀南三里。樓觀内傳云：『説經臺，又曰昇天臺。老君傳道既畢，於宅南小阜上乘雲駕景，昇入太微。』華陽子録記：『秦始皇好神仙，於此建老子廟。晉惠帝元康五年重修，蒔木萬株，南北連亘七里，給户三百供灑掃。隋文帝開皇元年復修。』金末荒廢。大元至元中增修，構殿建碑，倍加疇昔。」

漢

〔鴻臺〕漢書：「惠帝四年三月，長樂宫鴻臺災。」三輔黄圖曰：「長樂宫有鴻臺。」

〔漸臺〕漢書曰：「文帝夢上天不能，有一黄頭郎推上，覺而之漸臺，以夢中陰目求推者郎，見鄧通。」師古曰：「未央殿西南有蒼池，池中有漸臺。」又王莽爲元后置酒未央宫漸臺，大縱衆樂。關中記曰：「未央宫中有蒼池，池中有漸臺，王莽死於是也。」括地志曰：「既云就車而之漸臺，與未央、建章複道相屬，但漢兵既迫，不應駕車踰城，此卽非建章之漸臺矣。然則未央、建章，似各有漸臺，非一所也。」

〔柏梁臺〕漢書曰：「武帝元鼎元年春起。」服虔曰：「用百頭梁作臺，因名焉。」師古曰：「三輔舊事云：『以香柏爲之。』今書字皆作栢，服說非。」漢武故事曰：「以香柏爲之，香聞數十里。」郊祀志曰：「武帝鑄柏梁銅柱。」五行志曰：「太初元年十一月乙酉，未央宮柏梁臺災。先是大風發其屋，夏侯始昌先言其災日。」廟記曰：「柏梁臺，漢武帝造。在北闕内道西。」三秦記曰：「柏梁臺上有銅鳳，名鳳闕。」漢武帝集：「武帝作柏梁臺，詔羣臣二千石有能爲七言者乃得上坐。帝曰：『日月星辰和四時。』梁王曰：『驂駕駟馬從梁來。』大司馬曰：『郡國士馬羽林才。』丞相曰：『惣領天下誠難治。』大將軍曰：『和撫四夷不易哉。』御史大夫曰：『刀筆之吏臣執之。』太常曰：『撞鐘擊鼓聲中詩。』宗正曰：『宗室廣大日益滋。』衛尉曰：『周御交戟禁不時。』光禄勳曰：『惣領從官柏梁臺。』廷尉曰：『平理請讞決嫌疑。』太僕曰：『修飾輿馬待駕來。』大鴻臚曰：『郡國吏功差次之。』少尉曰：『乘輿御物主治之。』司農曰：『陳粟萬石揚其箕。』執金吾曰：『徼道宮下隨討治。』左馮翊曰：『三輔盜賊天下尤。』右扶風曰：『盜阻南山爲民災。』京兆尹曰：『外家公主不可治。』詹事曰：『椒房率更領其財。』典屬國曰：『蠻夷朝貢常會期。』大匠曰：『柱枅薄櫨相枝持。』太官令曰：『枇杷橘栗桃李梅。」上林令曰：『走狗逐兔張罝罘。』郭舍人曰：『齧妃女脣甘如飴。』東方朔曰：『迫窘詰屈幾窮哉。』」

〔蘭臺〕漢書百官表：「御史中丞，在殿中蘭臺，掌圖籍秘書。」西京賦曰：「蘭臺、金馬，遞宿迭居。」

〔涼風臺〕關中記云：「在建章宮北。積木爲樓，高五十餘丈。」

〔露臺〕漢書：「文帝於驪山欲起露臺，召匠計之，費百金，帝曰：『百金，中人十家之産。』乃罷。」

〔尋真臺〕漢武帝内傳：「帝起尋真臺，齋至七月七日夜半，西南如白雲起，有頃，西王母降。」

〔通天臺〕史記：「公孫卿曰：『仙人好樓居。』於是上令長安則作蜚廉、桂觀，甘泉則作益壽、延壽觀，使卿持節設具，而候神人。乃作通天莖臺，置祠具其下，將招來神仙之屬。於是甘泉更置前殿，始廣諸宮室。夏，有芝生殿房内中。」徐廣曰：「通天莖臺，在甘泉。」漢書曰：「武帝元封二年，作甘泉通天臺。」師古曰：「言此臺高，上通於天。」漢舊儀曰：「通天臺高三十丈，望雲雨悉在其下，去長安三百里，望見長安城。黃帝已來祭天圓丘處。武帝祭天，上通天臺，舞八歲童女三百人。置祀祠，招仙人。祭天已，令人升通天臺以候天神。天神既下祭所，若大流星。乃舉烽火而就竹宮，望拜神光。」漢儀注：「上有承露仙人，掌擎玉杯，承雲表之露。元鳳間，臺自毁，椽桷皆化爲龍鳳，隨風雨飛去。」西京賦曰：「通天眇而竦峙，經百常而莖擢，上班華以交紛，下刻峭其若削。」關中記曰：「左右通天臺，高三十餘丈，祭天時，於此候天神下也。」

〔靈臺〕關中記云：「在長安西北八里。始曰清靈，本爲候者觀陰陽天地之變，更名曰靈臺。」郭延生述征記曰：「長安城南有靈臺，高十五仞。上有渾儀，張衡所制。又有相風銅烏，〔案〕三輔黄圖引郭記作烏。千里風至，其烏乃動。又有銅表，高八尺，長一丈三尺，廣尺二寸，題云太初四年造。」

〔神明臺〕漢書：「建章宮有神明臺，武帝造。」上有承露盤，有銅仙人，舒掌捧盤玉杯，以承雲表之露，以露和玉屑服之，以求仙道，仙人掌大七圍，以銅爲之。魏文帝徙銅盤，折，聲聞數十里。

〔衆藝臺〕長安志云：「在掖庭宮，宮人教藝之所。」

〔鬭雞臺〕長安記云：「在長安宮中。又有走狗臺。」

〔長楊榭〕臺上有木曰榭。漢書云：「在上林苑中。」天子秋冬校獵，命武士搏射禽獸，帝於其上觀焉。

〔祈僊臺〕三秦記曰：「坊州橋山，有漢武帝祈僊臺，高百尺。」李欽止題詩云：「四方禍結與兵連，海內空虛在末年，謾築此臺高百尺，不知何處有神僊。」

〔果臺〕漢舊志云：「未央宮中有果臺、商臺，又有著室臺。」

〔通靈臺〕漢武帝內傳曰：「鉤弋夫人既殯，香聞十餘里，帝哀悼，疑非常人，乃起通靈臺於甘泉，常有一青鳥，集臺上往來。」

〔望鵠臺〕三輔故事：「漢長安建章宮北太液池中，有望鵠臺、眺蟾臺。」

〔曲臺〕如淳曰：「行禮射于曲臺，后倉爲記，故名曰曲臺記。」漢官：「大射於曲臺。」晉灼曰：「射宮也。」

〔東山臺〕三輔故事曰：「未央宮前有東山臺、西山臺、釣臺。」三輔黃圖又曰：「未央宮有果臺、東山臺、西山臺、釣臺。」廟記曰：「未央宮有鉤弋臺。」

後秦

〔波若臺〕西征記曰：「姚興起波若臺，作須彌山，四面巖嶺，重嶂峭〔案〕鈔本峭下空缺一字。崖，神禽怪獸，靡不畢有，僊人佛像，變化萬端，靈木嘉草精奇，一代無有也。」

唐

〔景福臺〕長安志云：「在太極宮延嘉殿之西北。」

〔祭酒臺〕長安志云：「在大安宮之東北垣上，基址尚存。」

〔望仙臺〕東觀奏記：「望仙臺，高一百尺，勢侵天漢。」武宗舊記：「神策奏修望仙臺及廊舍五百餘間。」大中八年，復命葺之。補闕陳嘏上疏諫，遂罷以爲文思院。

〔御史臺〕御史記曰：「御史臺門北開，取肅殺就陰之義。」鄴都故事：御史臺在京城〔案〕宋志宫城。西南。」龍朔中，爲東朝憲府。元和中，御史臺佛舍火災，罰御史李膺俸一月。

〔司天臺〕地理志云：「在長安外郭城内東南八里永寧坊。乾元元年，改太史監爲司天臺。」渾儀臺高百二十尺，前有太歲廟。臺雖摧崩，猶高五六十尺。

〔按歌臺〕在鬬鷄殿之南，臺南臨東繚牆，在臨潼縣驪山上。

〔北榭〕京兆省衙後有北榭。

館閣樓觀

館

〔射熊館〕秦昭王起，在盩厔。

〔迎風館〕漢書曰：「武帝因秦林光宫。元封二年，復增通天、迎風、儲胥、露寒。」

〔平樂館〕漢書曰：「武帝元封六年夏，京師民觀角抵于上林平樂館。」薛綜注西京賦：「平樂觀，大作樂處。」

〔涿沐館〕成帝許美人居上林涿沐館，數召入飾室中若舍。

〔繭館〕王莽請元后幸繭館，率皇后、列侯夫人桑。師古曰：「漢宮閣疏：『上林苑有繭觀。』蓋蠶繭之所。

〔建章館〕王莽壞徹城西苑中建章、承光、包陽、大臺、儲元宮及平樂、當路、陽祿館，凡十餘所，取其材瓦，以起九廟。師古曰：「自建章以下至陽祿，皆上林苑中館。」

〔鹿館〕外戚傳：「成帝許美人在上林鹿館，數召入飾室。」

〔桂館〕郊祀志：「長安作飛廉觀、桂館。」

〔白鶴館〕元帝初元三年，茂陵白鶴館災。

〔雲林館〕宣帝霍皇后廢處昭臺宮，徙雲林館。

〔高靈館〕漢武故事曰：「上自封禪後，夢高祖坐明堂，羣臣亦夢想。於是祀高祖於明堂以配天，還，作高靈館。」

〔昭靈館〕霍光塋，起三出闕，築神道，北臨昭靈，南出承恩館。服虔曰：「昭靈、承恩皆館名。」

〔來賓館〕前秦苻健永和十年，西虜乞沒渾邪遣子入侍，置來賓館於平朔門以懷遠人，起靈臺於杜門。

〔崇文館〕本曰崇賢館，唐貞觀十三年置，後避章懷太子諱，改焉。
〔東史館〕開元二十五年，李林甫奏移於中書省北，以舊尚藥院充館。
〔崇玄館〕武宗以劉玄静爲崇玄館學士，號廣成先生，入居靈符殿，帝就傳法籙。初，明皇天寶中，用尹愔爲崇玄館學士，自後亂離，館宇寢廢，至是，特詔營創，仍置吏、鑄印。

閣

〔凌雲閣〕漢宮殿疏曰：「凌雲閣，秦二世造，在咸陽。閣與南山齊。」
〔麒麟閣〕漢書曰：「蕭何造，以藏秘書。甘露三年，單于來朝，上思股肱之美，乃圖畫霍光等一十二人，霍光第一，蘇武第十二。」張晏曰：「武帝獲麒麟時作。」黄圖曰：「卽揚雄校書處。」
〔白虎閣〕三秦記：「未央宮有白虎閣，有堯閣、屬車閣。」
〔天禄閣〕三輔故事云：「在未央大殿北，以藏秘書。」
〔石渠閣〕漢宮殿疏曰：「在未央殿北，以藏秘書圖畫。」甘露中，五經諸儒雜論於石渠閣。
〔曝衣閣〕漢官儀云：「太液池西有武帝曝衣閣，每七月七日，宮女出后衣，登閣而曝之。」
〔澄源閣〕漢書曰：「武帝祀太一於終南山太一谷。」元封五年，澄源湫池上起澄源閣以避暑。

〔開襟閣〕雜記曰：「漢彩女常以七月七日夜穿七孔針於開襟閣，俱以習之，在未央宮中。」

〔重陽閣〕三輔會要：「後周明帝武成二年二月，造重陽閣於紫極殿後。」

〔淩煙閣〕隋唐嘉話：「淩煙閣，在太極殿東。貞觀十七年，太宗於閣上圖畫太原幕府及功臣之像二十四人，太宗爲讚，褚遂良書，閻立本書。」

〔重明閣〕華清〔案〕華清下當脫宫字。有重明閣，臨高瞰渭川如在諸掌。

〔功臣閣〕卜子陽園苑疏：「功臣閣，在太極殿東，閣上亦圖功臣及藏秘書。」

〔紫雲閣〕異聞集曰：「紫雲閣，在嘉政殿之東，前有池。天寶年，秦中大旱，明皇於此殿令葉法善祠鏡龍，遂得甘雨。」

〔清輝閣〕景龍文館記：「中宗登清輝閣，遇雪，令學士賦詩。宗楚客曰：『太一天爲水，蓬萊雪作山。』」

〔紫閣〕新説曰：「紫閣在御宿川南紫閣山。唐御史薛昌朝詩曰：『閣下寒溪漲碧湍，閣前蒼翠數峯環。危梯續蹬穿松外，細竹分泉落石間。好鳥啁啾争唤客，亂雲開合巧藏山。獨來應爲禪僧笑，少有人能伴我閑。』章惇詩曰：『我生山水鄉，習得山中樂。每觀唐人詩，夢寐思紫閣。』杜甫有詩云：『紫閣峯陰入渼陂。』」

〔翔鸞棲鳳閣〕新説曰：「含元殿前，東曰翔鸞，西曰棲鳳，其飛簷與含元殿廊相接。至今基址尚存。」

〔朝元閣〕新説曰：「朝元閣，在華清宮南驪山上。明皇雜録：『天寶二載，起朝元閣。』黄裳詩云：「東別家山十六程，曉來和月到華清。朝元閣下西風急，都入長楊作雨聲。』津陽門詩：『朝元閣成老君現。』改降聖閣。」

〔奎鉤慶賜閣〕新説曰：「京兆府衙後有宋种太尉宅。宅有賜書，構慶賜閣以貯御書。」

〔紫陽閣〕新説曰：「乃河南轉運使紫陽先生書閣，在鄠郊終南山下。自題詩曰：『碧瓦朱甍動紫煙，清風吹袂緲翩翩。夢回憶得三生事，悔落黄塵六十年。』先生姓楊，名奂，字渙然。」

樓

〔井幹樓〕漢宮殿疏：「神明臺，高五十丈，上有九室，常置九天道士百人。然則神明、井幹，俱高五十丈也。井幹樓積木而高爲樓，若井幹之形。井幹者，井上木欄也，其形或四角、八角。」西京賦：「井幹疊而百層。」謂此樓也。

〔馬伯騫樓〕漢宮殿儀曰：「長安有馬伯騫樓，又有貞女樓。」

〔雲和樓〕周地圖記曰：「連珠殿，六栿五架。又有雲和樓，九間重閣。」

〔竹樓〕長安志：「貞元三年，上御竹樓觀迎神策軍額。在東內。」

〔百尺樓〕長安志：「長慶元年，禁中造百尺樓二，構飛橋以往來。」

〔乞巧樓〕三輔記曰：「光化二年，禁中建。」

〔勤政務本樓〕唐實録：「勤政樓在興慶宮南，開元八年造。每歲千秋節，酺飲於樓前。」

〔花蕚相輝樓〕天寶遺事：「寧王憲、申王撝、岐王範、薛王業邸第相連環於興慶側，明皇因題花蕚相輝之名，取詩人棠棣之義。帝時登樓，聞諸王音樂，咸召升樓，設五花帳，同榻飲宴。」金石録：「花蕚樓詔，李白撰碑文，徐浩書丹。」喬扆詩曰：「花蕚樓空有故基，行人空讀火餘碑。可憐興慶池邊月，曾伴寧王玉笛吹。」

〔望春樓〕唐拾遺記：「天寶元年，明皇升望春樓，召羣臣臨觀廣運潭。」樓在滻水西岸，下有廣運潭。

〔紫雲樓〕唐實録：「文宗大和九年，發左右神策軍三千人淘曲江，修紫雲樓、綵霞亭，内出二額，仇士良以百戲迎，帝御日華門臨觀。」

〔晨暉樓〕春明退朝録：「唐元和十二年，築夾道至脩德坊，開門曰玄化，造樓曰晨暉。」

〔羯鼓樓〕天寶遺事：「明皇御華清宮羯鼓樓，打遍涼州，羣花皆坼。」古詞曰：「羯鼓樓聲，打開蜀道，霓裳一曲，舞破潼關。」

〔斜陽樓〕明皇雜録：「開元三年，玄宗建斜陽樓於驪山上。」古詞云：「斜陽樓上凭欄杆，望長安。」

〔望京樓〕明皇十七事：「明皇歲幸華清宮，發馮翊、華陰丁夫，築羅城繚牆，南開輦道上驪山，以通望京樓。」

〔瑶光樓〕明皇雜録：「華清宮津陽門，天寶六載詔建瑶光樓。」

〔觀風樓〕華清宮外東北隅，屬夾城而達於内，前臨馳道，因視山川。大曆中，魚朝恩毁拆，修章敬寺。

〔秦樓〕新説曰：「長安舊有秦樓。古詞云：『秦樓東風裏，燕子還來尋舊壘。』又云：『吞漢武之金莖沆瀣，吹弄玉之秦樓鳳簫。』又曲名有秦樓月。」

〔青樓〕新説曰：「古老相傳，秦樓、青樓，俱在晝橋東平康坊，煙脂、翡翠，兩坡相對。古詩：『種花滿西園，下有青樓道。花下一莖禾，去之爲惡草。』」

〔飛雲樓〕新説曰：「飛雲樓，在省衙中。」

〔結麟樓〕在大明宫中。七聖紀曰：「鬱華赤文，與日同居。結麟黄文，與月同居。鬱華，日精。結麟，月精也。」又太上黄庭内景王經〔案〕王當作之。曰：「高奔日月吾上道，鬱儀、結隣善相保。」梁丘子注曰：「鬱儀，奔日之僊。結隣，奔月之僊。一作結綺，非是。」六典作結麟閣。麟、隣、麟未知從何字爲是。

〔叡武樓〕宣宗詔修右銀臺門樓、屋宇、及南面城牆，至叡武樓。翰林學士赴宴歸院，過叡武樓。

〔長樂樓〕〔延喜樓〕江南雜報云：「在保安殿。」

觀

〔僊人觀〕三輔黄圖曰：「甘泉起僊人觀，緣山谷行至雲陽三百八十里入右扶風，周回五百四十里。」

〔露寒觀〕武帝建元中作，在雲陽甘泉宮外。又石闕觀、封巒觀、鳷鵲觀、旁皇觀、儲胥觀。

〔昆明觀〕又有昆明東觀。三輔黄圖曰：「上林苑，有昆明觀，蓋漢武帝所置。」桓譚新論曰：「元帝被病，遠求方士，漢中送道士王仲都。詔問所能，對曰：『能忍寒暑。』乃以隆冬盛寒日，令袒，載駟馬車，於上林昆明池上環水而馳，御者厚衣狐裘，寒顫，而仲都獨無變色，卧於池臺上，暉然自若。夏大暑日，使曝坐，環以十爐火，不言熱，又身不汗。」池臺，即觀也。

〔陽禄觀〕長安志：「在上林苑。班倢伃生子陽禄柘觀。」

〔上蘭觀〕王莽請元后校獵上蘭。三輔黃圖曰：「上林有上蘭觀。」

〔豫章觀〕〔鼎郊觀〕〔昆池觀〕〔朗池觀〕〔博望觀〕〔樛木觀〕〔便門觀〕〔衆鹿觀〕〔走馬觀〕〔則陽觀〕〔陰德觀〕〔燕升觀〕〔白鹿觀〕〔三爵觀〕〔椒唐觀〕〔元華觀〕〔郎池觀〕〔益樂觀〕〔華元觀〕〔明光觀〕〔象觀〕以上皆在上林苑中，見三輔黃圖。

〔青梧觀〕見西京雜記，曰：「觀前有碧梧桐樹。下有石麒麟二枚，刊其脇爲文字，是秦始皇驪山墓上物。頭高一丈三尺，東邊者左腳折，折處赤如血，父老謂有神，皆含血屬筋焉。」

〔細柳觀〕郭璞曰：「在昆明池南。」

〔飛廉觀〕元封二年，作甘泉通天臺、長樂飛廉館。應劭曰：「飛廉，神禽，能致風氣。明帝永平五年，至長安迎取飛廉并銅馬，置上西門外，名平樂館，董卓悉銷以爲錢。」晉灼曰：「身似鹿，頭如爵，有角而蛇尾，文如豹文。」觀，一作館。

〔屬玉觀〕服虔曰：「以玉飾，因名焉，在右扶風。」李奇曰：「屬玉，音鸑鷟，其上有此鳥，因以爲名。」晉灼曰：「屬玉，水鳥，似鵁鶄，以名觀也。」師古曰：「晉說是也。屬，之欲反。」

〔蘭池觀〕三輔黃圖曰：「在城外。」又楊僕傳：「蘭池宮在渭城。」李善注文選：「咸陽縣東南三十里周氏陂，陂南一里有漢蘭池焉。」

〔霸成觀〕見枳道事中。

〔宜春觀〕在鄠縣。並見長安志。

〔集靈觀〕三輔黃圖曰：「武帝起集靈觀。」

〔臨山觀〕〔案〕宋志臨僊觀。漢宮殿名曰：「長安有臨山觀、〔案〕宋志臨僊觀。渭橋觀、九華觀、鴻雀觀、昆明觀、華光觀、天梯觀、瑤臺觀、流渠觀、相思觀、華池觀、射熊觀、當市觀、白渠觀、三雀觀、温德觀、豫章觀。」

〔霸昌觀〕王莽傳：「王尋發長安，宿霸昌廐。」師古曰：「霸昌觀之廐也。三輔黃圖曰：『在城外。』」

〔安臺觀〕〔淪沮觀〕〔鳥魚觀〕〔董賢觀〕〔倉龍觀〕以上並見三輔黃圖。

〔甲觀〕元帝在太子宮，生成帝甲觀畫堂。應劭曰：「甲觀，在太子宮甲地，主用乳生也。畫堂，畫九子母。」如淳曰：「甲觀，觀名。畫堂，堂名。」三輔黃圖云：「太子宮有甲觀。」師古曰：「甲者，甲乙丙丁之次也。元后傳言『見於丙殿』，此其例也。而應劭以爲在宮之甲地，謬矣！畫堂，即畫飾耳，豈必九子母乎？霍光止畫堂中，是則宮殿中通有彩畫之堂室。」

〔聽訟觀〕秦苻堅置於未央之南，見長安志。

〔憑雲觀〕長安志：「西魏大統七年十二月，御憑雲觀，引見諸王，叙家人之禮。」

〔逍遥觀〕西魏帝嘗登逍遥觀，望嵯峨山，因謂左右曰：「望此令人有脱屣之意。」見長安志。

〔玄都觀〕長安志：「後周建德元年正月，武帝幸玄都觀説講，公卿道俗論難。」

〔歸真觀〕長安志云：「在唐西内安仁殿之西。」

〔大角觀〕長安志：「在唐東内大明宫珠鏡殿之東北。」

類編長安志卷之四

堂宅亭園

堂

〔明堂〕周禮匠人：「周人明堂，度九尺之筵，東西九筵，南北七筵，堂崇一筵，五室，凡室二筵。」注：「此三者，或舉宗廟，或舉王寢，或舉明堂，互言之以明其同制。」斯干：「宣王考室也。」「築室百堵，西南其户。」箋：「此築室者，謂築燕寢也。西其户、南其户者，宗廟及路寢制如明堂，每室四户，是室一南户耳。」禮明堂位：「昔者周公朝諸侯于明堂之位。」我將祀文王於明堂也。呂氏春秋曰：「周之明堂，茅茨蒿柱，土階三等。」以見儉節也。

〔玉堂〕漢書揚雄傳：「歷金門，上玉堂。」晉灼曰：「三輔黃圖有大玉堂、小玉堂。」又李尋曰：「入污玉堂。」師古曰：「殿在未央宮。」

〔朱鳥堂〕三秦記曰：「未央宮有朱鳥堂，非常室。」

〔東堂〕後秦姚興聽政之暇，引姜龕等于東堂講論道藝，錯綜名理。

〔明堂〕前秦苻堅起明堂，繕南北郊，祀其祖洪以配天，宗祀健以配上帝。

〔露堂〕苻堅將爲赦，與王猛、苻融密議於露堂。

〔西堂〕車師前部王彌寘、鄯善王林密馱朝于苻堅，堅賜以朝服，引見西堂。寘等觀其宫宇壯麗，儀衛嚴肅，甚懼，因請年年貢獻，堅不許。

〔朝堂〕姚元子召姚紹等密謀於朝堂，以擊姚懿。

〔諮議堂〕王繽見聞録：〔案〕本志引用諸書有封演見聞録，此王繽疑是封演，傳鈔致誤，惟封氏聞見記實無此等紀事。又太平廣記引用書目有王氏聞見集，卷中引用作王氏見聞，所紀王蜀時事，亦與此紀姚興事者無涉。「姚興常臨諮議堂，聽斷疑獄，當時號無寃滯。」

〔澄玄堂〕王繽見聞録：「姚興引諸沙門，于澄玄堂聽鳩摩羅什演説佛經。」

〔偃月堂〕長安志：「平康坊，有唐右相李林甫宅。内有偃月堂，林甫欲排構大臣，即處之，思所以中傷者，若喜而出，卽其家瓦解矣。」

〔德星堂〕大唐遺事：「吏部尚書崔邠與弟浙西觀察使郾、金吾大將軍鄯、淮南觀察使鄲皆顯貴，同居構堂。宣宗歎曰：『崔氏一門孝友，可爲士族之法。』題其堂曰德星。」宅在光宅坊。

〔合歡堂〕天寶遺事：「虢國夫人，楊貴妃之姊也。於永昌坊構堂，曰合歡，費萬金。堂成，召匠污漫，以二十萬償其直，匠者不顧，復與紅羅五千段，工者又不顧，虢國問其由，匠曰：『某平生之能，殫於此矣！苟不信，願得螻蟻、蜴蜥、蜂蠆之類，數其目，沒之堂中，有間隙亡一物，卽不論工直也。』於是復與金盆二、瑟瑟二斗、繒綵爲賞。後有暴風拔樹，委於堂上，略無所損。既撤瓦而觀，皆承以木瓦。其精妙制作，有如此者。」

〔成德堂〕新說曰：「長安府學成德堂，七間八椽，高敞雄壯，至今猶存。」

〔采芹堂〕在成德堂後，收貯官書文籍。

〔匪懈堂〕新說曰：「長安省衙正堂匪懈堂，遭正大火焚，丙申年田俟〔案〕疑當作田侯。重修。」

〔青蓮堂〕新說曰：「青蓮堂，在省衙蓮池，宋陳堯咨建，至今猶存。今爲總庫。」

〔飛雲堂〕在省衙匪懈堂後。

〔衆樂堂〕新說曰：「衆樂堂，在興慶池北，金朝金紫光祿大夫張仲孚所建，與賓客宴遊。」

〔頤真堂〕新說曰：「張金紫宅，在長安將相坊，正堂扁曰頤真，兵後猶存。」

〔空翠堂〕新說曰：「空翠堂，在鄠縣渼陂堤上，賓客遊宴之地，堂中杜工部渼陂行石刻在焉。」

〔讀書堂〕新說曰：「鄠縣南有柳塘，中有讀書堂，乃紫陽先生講學之所。商左山詩曰：『牙籤聲散絳帷風，人在參乎一唯中，名教會心真樂在，區區應笑事雕蟲。」」

〔雙桂堂〕新說曰：「雙桂堂，在京兆景風里。正大甲申，張浩然二子琚、珪同榜及第，長安令王公一題詩曰：『雙飛兄弟古難全，雁塔題名問後先，誰似二公方巨慶，不離一榜在同年。得官雖自文章力，教子都因父母賢。泉下呂公何命薄，不能雙桂慰生前。』呂諮議，乃二公之師。」

宅

〔十六王宅〕唐政要：「先天之後，皇子幼則居內。東封後，以年漸長，乃於安國寺東附苑城同爲大宅，分院居之，令中官押之，於夾城中起居，每日家令進饍。十王，謂慶、忠、棣、鄂、榮、光、儀、潁、永、濟也。其後盛、壽、陳、豐、恒、涼六王，又封入內宅。天寶中，十四王居內，而府幕列于外坊，歲時通名起居而已。外諸孫成長，又於十宅外置百孫院。十王宮人每院四百人，百孫院三百人。又於宮中置維城庫，諸王月俸物納之給用。諸孫婚嫁，亦就十宅中。太子不居於東宮，但居於乘輿所幸別院。太子之子，亦分院而居。婚嫁則同親王、公主，於崇仁坊禮會院也。」〔案〕唐會要諸王禮院，宋志禮會院。

〔太平公主宅〕沒官後，賜散騎常侍李問之。〔案〕宋志賜散騎常侍李令問居之。宅在興道坊。

〔國子祭酒韓洄宅〕

〔尚書左僕射令狐楚宅〕按酉陽雜俎：「楚宅在開化坊，牡丹最盛。」而李商隱詩多言「晉陽里第」，未詳。

〔户部尚書馬總宅〕

〔河東節度使兼侍中李光顏宅〕穆宗初賜第崇德坊。此爲别宅。

〔尚書吏部侍郎沈傳師宅〕

〔前司徒兼侍中崔垂休宅〕已上六宅，並在開化坊。

〔贈尚書左僕射劉延景宅〕

〔汝州刺史王昕宅〕延景，卽寧王憲之外祖。昕，卽薛王業之舅。皆是親王外家。

〔萬春公主宅〕明皇女，降楊錡。

〔户部尚書兼殿中監章仇兼瓊宅〕

〔前中書侍郎同中書門下平章事元載宅〕譚賓録曰：「元載，城中開南北二甲第，又於近郊起亭榭，帷帳、什器，皆如宿設，城南别墅凡數十所，婢僕曳羅綺三百餘人。」杜陽編曰：「載宅有芸輝堂。芸輝，香草名也，出于闐國。」唐實録曰：「毁元載祖及母墳墓，斲棺棄柩，及焚毁載私廟木主，并毁大寧、安仁里二宅，充修葺百司廨宇，污宫之義也。又貶同州刺史宋晦爲澧州員外司馬，晦嘗任虢州刺史，率百姓採盧氏山木，爲載造東都私第故也。」

〔義武軍節度使同中書門下平章事上谷郡王張孝忠宅〕

〔太子右庶子崔造宅〕〔太子賓客燕國公于頔宅〕

〔太保致仕岐國公杜佑宅〕已上九宅，咸在安仁門。

〔檢校司空尚書左僕射同中書門下平章事魏國公賈耽宅〕

〔右衞上將軍南充郡王伊慎宅〕右二宅在光福坊。

〔本司空梁國公房玄齡宅〕〔案〕宋志本字承上文先天觀而言，此誤衍。

〔河中節度使兼中書令延德郡王張茂昭宅〕

〔左散騎常侍于德晦宅〕右三宅在務本坊。

〔太子左庶子駙馬都尉蘇勗宅〕後爲英王園，其地湫下，無人居。

〔博陵郡王崔玄暐宅〕

〔秘書監馬懷素宅〕

〔工部尚書韋堅宅〕

〔贈太尉段秀實宅〕

〔尚書左僕射竇易直宅〕明皇雜録曰：「本中書令崔圓宅。禄山盜國，王維、鄭虔、張通皆處於賊庭，洎剋復，俱因於宣陽里楊國忠之舊宅。崔圓因召於私第，令晝，各有數壁。當時皆以圓勳貴無二，望其救解，故運思精巧，頗極能事。其後皆得寬典，至於貶謫，悉獲善地。其第鬻於易直。大和中，畫尚存。」

〔劍南東川節度使王承業宅〕武俊之孫，士真子也。右七宅咸在崇義坊。

〔侍中駙馬都尉楊師道宅〕其地後分裂，左監門大將軍韓琦、尚書刑部侍郎崔玄童、荆府司馬崔光意等居。

〔中書令張嘉貞宅〕本太常少卿崔日知宅。唐書曰：「貞元中，裴延齡爲德陽郡主治第，時將降郭鏦，延齡令嘉貞之子徙所治廟，德宗不許。」按韋述記載嘉貞宅于此，延齡所徙乃是廟，而嘉貞碑宅在思順里，今無思順坊，未詳。

〔邠寧節度使馬璘宅〕德宗實録曰：「大曆十四年七月，毁元載、馬璘、劉忠翼之第。自天寶中，京師堂寢已極宏麗，而第宅未甚逾制，然衛國公李靖廟已爲嬖人楊氏廐矣。及安、史二逆之後，大臣宿將，競崇棟宇，無復界限，力窮乃止，人謂之木妖，而馬璘之堂尤盛，計錢二十萬貫，他室稱是。璘卒於軍，以喪歸，京師士庶欲觀之，假名於故吏，投刺會弔者數十百人，故命撤毁之。自是京師樓榭之踰制者皆毁。」

〔紀國大長公主宅〕肅宗女，降鄭沛。

〔黃門侍郎同中書門下平章事杜鴻漸宅〕鴻漸於長興里築第，崇飾門館。賦詩曰：「常願追禪侶，安能挹化源。」朝士多和之。

〔漢陽大長公主宅〕即德陽郡主也，順宗長女。

〔鎮海軍節度使同中書門下平章事路隋宅〕右七宅在永樂坊。〔案〕宋志記在長興坊，此涉次南永樂坊而誤。

〔丞相燕國公張說宅〕本侍中王德真宅，說大加修葺焉。常侍言旨曰：「泓師與說買永樂東南第一宅有永巷者，戒曰：『此宅西北隅最是王地，愼勿於此取土。』越月，泓又至，謂燕公曰：『此宅氣候，忽然索漠甚，必恐有取土於西北隅者。』公與泓偕行至宅西北隅，果有取土坑三數，坑皆深丈餘，泓大驚曰：『禍事！令公富貴一身而已，更二十年外，諸郎君皆不得天年。』燕公大駭曰：『塡之可乎？』泓曰：『客土無氣，與地脉不相連。今欲塡之，亦猶人有瘡痏，縱以他肉補之，終無益也。』燕公子均、垍皆爲祿山委任。克復後均賜死，垍長流之。」

〔司徒中書令晉國公裴度宅〕唐實錄曰：「度自興元請朝覲，宰相李逢吉之徒，百計隳沮。有張權輿者，既爲嗾犬，尤出死力，乃上疏云：『度名應圖讖，宅據崗原，不召而來，其旨可見。』蓋常有人與度作讖詞云：『非衣小兒坦其腹，天上有口被驅逐。』言度曾征討淮西平吴元濟也。又帝城東西横亘六崗，符易象乾卦之數，度永樂里第偶當第五崗，故權輿以爲詞。盡欲成事，然竟不能動揺。」右二宅在靖安坊。〔案〕宋志記在永樂坊。此涉次南靖安坊而誤。

〔咸宜公主宅〕玄宗女，再降崔嵩。

〔尚書吏部侍郎韓愈宅〕右二宅在安善坊。〔案〕宋志記在靖安坊。此涉次南安善坊而誤。

〔太子太師鄭國公魏徵宅〕本隋安平公宇文愷宅。封演見聞録曰：「徵所居室屋卑陋，太宗欲爲營構，輒謙讓不受。洎徵寢疾，太宗將營小殿，遂輟其材，爲造正堂，五日而就。開元中此堂猶在，家人不謹，遺火燒之，子孫哭臨三日，朝士皆赴弔。後裔孫謩相宣宗，居舊第焉。」在廣化坊。〔案〕宋志記在永興坊。此涉次東廣化坊而誤。

〔尚書左僕射河南郡公褚遂良宅〕自遂良父太常卿亮居焉。

〔右相李林甫宅〕本尚書左僕射衛國公李靖宅。景龍中，韋庶人妹夫陸頌所居。韋氏敗，靖姪孫散騎常侍令問居之。後爲林甫宅。有堂如偃月，號月堂，每欲排構大臣，卽處之，思所以中傷者，若喜而出，卽其家碎矣。又說：其宅有妖怪，東北隅溝中，至夜，每火光大起，有小兒持火出入，林甫惡之，奏分其宅東南隅，立爲嘉猷觀。右二宅在平康坊。

〔兵部尚書郭元振宅〕

〔前司空兼右相楊國忠宅〕虢國夫人居坊之左，國忠第在其南。右二宅在宣陽坊。

〔尚書右僕射燕國公于志寧宅〕後併入相府，閑地置廟。後勅賜貴妃豆盧氏。後左金吾大將軍程伯獻、黄門侍郎李暠等數家居焉。

〔叛臣安祿山宅〕祿山故事曰：「舊宅在道政坊。玄宗以其隘陋，更於親仁坊選寬爽之地，出内庫錢更造，堂皇院宇，窗䆒周匝，帷帳幔幕，充牣其中。天寶九載，祿山獻俘至京，命入新宅。」譚賓錄曰：「祿山入朝，勅於親仁坊南街造宅，堂皇三重，皆象宮中小殿，房廊窗䆒，綺疏詰曲，無不窮極精妙，什物充牣，以金銀織傍筐、笊籬等。每欲賞賜之，明皇皆謂左右曰：『祿山眼孔大，勿令笑人。』」

〔尚父汾陽郡王郭子儀宅〕譚賓錄曰：「宅居其地四分之一，通永巷，家人三千，相出入者，不知其居。」又曰：「親仁里大啟其第。里巷負販之人，上至公子簪纓之士，出入不問。或云：王夫人趙氏愛女方妝梳對鏡，往往公麾下將吏出鎮去，及郎吏皆被召，令汲水持帨，視之不異奴隸。他日，子弟集列，啓諫曰：〔案〕宋志無曰字，此衍。公三不應，於是繼之以泣曰：『大人功業已成，而不自崇重，以貴以賤，皆游臥内，某等以爲雖伊、霍不當如此也。』公笑而謂曰：『爾曹固非所料。且吾官馬食粟者五百匹，官餼者一千人，進無所往，退無所據。向使崇垣扃户，不通内外，一怨將起，構以不臣，其有貪功害能徒，成就其事，則九族虀粉，噬臍莫追。今蕩蕩無間，四門洞開，雖讒毀是興，無所加也。吾是以爾。』諸子皆伏。」

其西本于志寧宅。

〔昌樂公主宅〕明皇女，降嗣畢國公竇鍔。右四宅在親仁坊。

〔禮部尚書裴行儉宅〕

〔贈太尉祁國公王仁皎宅〕本禮部尚書鄭善果宅。後臨江王囂貿之。神龍初，宗正卿李晉居焉，繕造廊院，稱爲甲第。晉誅後，勅賜仁皎。

〔開府儀同三司博陵郡王李輔國宅〕

〔前司空兼門下侍郎同中書門下平章事王涯宅〕乃楊憑故第。家書與祕府侔，名書畫以金玉爲奩軸，鑿垣貯之，重復秘固，若不可窺者。及被誅，爲人破垣，剔取奩軸金玉，而棄其書畫於道，籍田宅入于官。右四宅在永寧坊。

〔司徒兼中書令李晟宅〕興元元年，賜晟永崇里甲第，詔宰臣、諸節將會送。是日，特賜女樂八人，錦綵銀器等，令教坊、太常備樂，京兆府供具，鼓吹迎導集宴，京師以爲榮觀。在永崇坊。

〔尚書右丞庾敬休宅〕國史補曰：「敬休宅，屋壁有畫奏樂圖。王維嘗至其處，維熟視而笑。或問其故，維曰：『此霓裳羽衣曲第三疊第一折。』好事者集樂工驗之，無一差者。」在昭國坊。

〔叛臣朱泚宅〕建中中，羣盜夜分數百騎取泚於進昌第。泚號其宅爲潛龍宮，徙珍寶實之。人謂潛龍勿用，亡兆也。在進昌坊。

〔寧王憲宅〕宅以東〔岐王範宅〕

〔開府儀同三司宋璟宅〕譚賓録曰：「璟宅中造屋，悉東西正陽。」

〔尚書左僕射郇國公韋安石宅〕右四宅在安興坊。

〔薛王業宅〕本贈禮部尚書韋行佺宅。

〔銀青光禄大夫薛繪宅〕繪兄弟子姪數十人，同居一曲，姻黨清華，冠冕茂盛。坊人謂之薛曲。右二宅在勝業坊。

〔左衛大將軍范陽公張延師宅〕延師兄大師銀青光禄大夫華州刺史，次兄植金紫光禄大夫營州都督，兄弟三人，同時三品，甲第宏敞，高門洞開，一宅之中，棨戟齊列。時人榮之，號「三戟張家」。其地景龍中司農卿趙履温居焉。

〔中書侍郎同中書門下平章事趙國公李吉甫宅〕盧氏雜説曰：「李吉甫宅，泓師謂其地形爲玉杯，牛僧孺宅爲金杯，云『玉杯一破無復全，金杯或傷重可完。』僧孺宅在新昌里，本天寶中將作大匠康䛒宅。䛒自辨圖阜，以其地當出宰相，每命相，䛒必引頸望之。宅卒爲僧孺所得。吉甫宅至德裕貶，其家滅矣。右二宅在安邑坊。

〔尚書右僕射裴遵慶宅〕國史補曰：「遵慶罷相知選，朝廷優其年德，令就第注官，自宣平坊牓引士子，以及東市兩街，時人以爲盛事。」遵慶子向爲吏部尚書，致仕，所居内外支屬百餘人，所得禄俸必與同費，稱其孝睦。

〔兵部尚書柳公綽宅〕公綽子仲郢，自拜諫議大夫後，每選官，羣烏大集於第之庭木，戟架皆滿，比五日而散，家人以爲候。唯除天平軍節度，烏不復集，遂卒于鎮。右二宅在昇平坊。

〔尚書右丞相張九齡宅〕在修政坊。

〔尚書左僕射致仕楊於陵宅〕於陵子嗣復相文宗，嗣復子〔案〕子下當脱損字。官平盧軍節度使。其第與宰相路巖居相接。巖以狹，欲易損馬廐廣之，損兄弟在朝者且十數，曰：「時相可拒之邪！」損曰：「凡尺寸地非吾等所有，先人舊業，安可以奉權臣。」巖不悦，自殿中侍御史命鞫獄黔中。

〔太子少師牛僧孺宅〕其事具安邑坊李吉甫宅下。右二宅在新昌坊。

〔行臺左僕射鄖國公殷開山宅〕本隋蔡王智積宅。

〔秘書監顔師古宅〕貞觀、永徽間，太常少卿歐陽詢、著作郎沈越賓亦住此坊。殷、顔卽南朝舊族，歐陽與沈又江左士人。時人呼此坊爲吴兒坊。

〔鄭國夫人楊氏宅〕武惠妃之母。

〔京兆尹韋武宅〕元和人。右四宅在通化坊。

〔中書令閻立本宅〕後申王傅符太玄居之。西亭有立本所畫山水。在延康坊。

〔黄門監盧懷慎宅〕懷慎居官清儉，宅在陋巷，屋宇殆不蔽風雨。

〔光禄少卿竇瑗宅〕昭成太后之從父弟。按咸通中河中節度使竇璟與弟河東節度使澣同居崇賢第，家富於貲，疑是瑗之後。右二宅在崇賢坊。

〔武三思宅〕本駙馬都尉周道務宅。神龍中，三思以子崇訓尚安樂公主，大加雕飾。三思誅後，主移於金城坊。開元中，道務子勵言復居之。在休祥坊。

〔太華公主宅〕明皇女，降楊錡。

〔義陽公主宅〕德宗義陽公主，降王士平。

〔岐陽公主宅〕憲宗女，降宰相杜悰。疏龍首池爲沼。

〔同昌公主宅〕懿宗女，降宰相韋保衡。杜陽編曰：「其宅，房櫳户牖，以衆寶飾之，金銀爲井欄，水精、火齊、琉璃、玳瑁等牀，悉楮以金龜銀鏊，合百寶爲圓楂。大會韋氏一族於廣化里，暑氣特甚，公主命取澄水帛以蘸之，挂于南軒，滿坐則皆思挾纊。澄水帛似布，明薄可鑒，其中有龍涎，故能消暑。」按保衡宅在昌化里，此云廣化誤也。右四宅在昌化坊。

〔虢國夫人楊氏宅〕明皇雜録：「貴妃姊虢國夫人，恩傾一時，於宣陽坊大治第宅，棟宇之盛，世無其比。所居本韋嗣立舊宅，韋氏諸子亭午方偃息於堂廡間，忽見一婦人，衣黃帔衫，降自步輦，有侍婢數十，笑語自若，謂韋氏諸子曰：『聞此宅欲貨，其價幾何？』韋氏降階言曰：『先人舊廬，未忍所捨。』語未畢，有工數百，登房摽其瓦木，韋氏諸子既不能制，乃率家僮，挈其琴書，委於衢路，而歎曰：『不才爲勢家所奪，古人之戒，將見於今日矣！』而與韋氏隙地十餘畝，其他一無所得。」虢國夫人於此蓋合歡堂，所費二千萬。

〔太子少保崔琳宅〕張注曰：〔案〕宋志無此三字。本志引用諸書有城南記，卽宋元祐時張禮遊城南記，其書自注均作「張注曰」，此「張注曰」卽本志據以妄加。「琳祖義玄、父神慶、伯神基皆爲相，其父昆弟之子，洎出參朝宴者數十人，鳴玉啟道，自興寧里謁大明宮，冠蓋相望，一時榮之。」

〔孫思邈宅〕大唐遺事：「華原縣東北五里流惠坊玉罄山有孫思邈舊宅，有石洞，洞中塑像猶存。」

〔宋丞相寇萊公宅〕新說曰：「府城掖庭街有萊公宅，中有山池、熙熙臺。後爲寺，號安衆禪院，中有萊公祠堂。」

〔宋种太尉宅〕新說曰：「府城衙後街有种太尉宅，中有奎鉤慶賜之閣，下東壁繪晉王羲之蘭亭圖，西壁繪廬山遠公白蓮社圖。」

〔宋太尉張金紫宅〕新說曰：「府城草場街有金紫光禄大夫張中孚宅，中有頤真堂。後爲錢監。金爲利用倉。」

亭

〔夏甘亭〕道里記：「甘亭在鄠縣。」尚書：「啟與扈戰于甘之野。」帝王世紀：「甘亭，殷爲崇國，文王伐崇。」

〔周斄亭〕朝野僉載：「堯封后稷于斄。今武功縣西南二十里有邰亭，即周之邰國也。」今爲邰城鄉。

〔戲亭〕史記曰：「戲亭，在新豐縣東南驪山半原。」蘇林曰：「褒姒不好笑。幽王爲烽火、大鼓，有寇至，舉烽火，諸侯悉至，無寇，褒姒乃笑。欲悅之，數舉烽火，諸侯不信。犬戎共攻幽王，徵兵不至，遂殺幽王於驪山下。」○潘岳西征賦曰：「履犬戎之侵地，疾幽王之詭惑。舉僞烽以沮衆，淫嬖褒而縱慝。軍敗戲水之上，身死驪山之北。赫赫宗周，滅爲亡國。」

〔杜郵亭〕咸陽記曰：「杜郵亭，在縣西十八里，〔案〕宋志西南三十八里。白起自刎處。」水經注曰：「咸陽城西十八里有杜郵亭，今爲孝里亭，西有白起墓。」

〔漢鴻門亭〕兩京道里記：「鴻門亭，在新豐縣，即漢高帝會項羽處。北有鴻陵，南有坂口，故曰鴻門。」
〔曲郵亭〕漢書曰：「曲郵亭，在新豐縣西二里，乃張良追高帝處。」
〔唐望春亭〕去京城一十一里，據苑之東南高原之上，東臨滻水西岸。兩京道里記曰：「隋文帝初置，以作送客亭。煬帝改爲長樂宮。大業初，夜見太子勇領徒十人，各持兵仗，問楊廣何在，帝懼，走長樂宮，文武宿衛不知乘輿所在，比明，方移仗此宮。煬帝遂幸洛陽，終大業不敢都長安。」李晟葬，德宗御望春門臨送，疑亭有門。按長安圖及雜見〔案〕當作雜記。多云望春宮。
〔北望春亭〕在南望春亭北，亦曰北望春亭宮。
〔坡頭亭〕〔柳園亭〕〔月坡〕〔毬場亭子〕以上六所，苑内長樂監所領。
〔真興亭〕文宗時，真興門外野鵲巢冢上。疑亭外有門構。
〔神皐亭〕〔七架亭〕
〔青門亭〕去宮城十三里，在故城東門之外，卽邵平種瓜之所。
〔太液亭〕唐逸史：「穆宗初，侍講韋處厚入太液亭，分講毛詩、尚書。文宗纂集君臣事跡，命圖寫於太液亭，朝夕觀覽。」
〔含春亭〕唐實録：「宣宗召學士令狐綯對含春亭，賜蓮花炬送歸院。」

〔沉香亭〕明皇雜録：「開元間，初種木芍藥，得四本，上移于興慶池東沉香亭前。」

〔振旅亭〕譚賓録：「天寶六載，於開遠門外作振旅亭，以待兵迴。」

〔東亭〕唐書：「德宗貞元十二年二月，宴宰相於麟德殿東。帝令於宰相坐後施屏風，圖畫漢、魏以來名臣，并列善言、美事於其上。」

〔會慶亭〕唐書：「貞元十二年，憲宗御會慶亭，宴田弘正及宰臣三品以下。」

〔白雨亭〕長安志：「太平坊，有御史大夫王鉷宅。天寶中，鉷有罪賜死，官簿録太平坊宅財物，數日不能遍。宅内有白雨亭，簷上飛流四注如白雨，當盛夏處之，凛若高秋，皆思挾纊。」

〔宋桂林亭〕亦曰三桂亭。新説曰：「桂林亭，在長安城南杜城、潏水之陽，乃宋諫議陳公之別墅。三子堯叟、堯佐、堯咨同登科，扁其亭曰三桂，繪其像，仍各書所試程文題於板，示不忘其本。大中祥符堯咨知永興軍府事，書詩於碑，至今猶存。詩曰：『不誇六印滿腰間，二頃仍尋負郭田。當日弟兄皆刷羽，如今鴻雁盡摩天。扶疎已問新栽竹，清淺猶尋舊漱泉。大户今來還又去，夕陽旌旆復翩翩。』」

〔長樂亭〕新説曰：「長樂亭，在京兆通化門東十里長樂坡上。堯咨自序云：『青門路長樂坡，古離別之地。大中祥符七年，予爲京兆守，作亭於坡側。東出迎餞，必至斯亭，但見頹垣壞址，草色依依，徘徊亭上，感而長歌曰：『古人别離增愁悲，今人别離多吁戲，古今人物自遷變，唯有别離無盡期。南山峨峨在天半，灞水嗚嗚流不斷，應見古今别離人，一番纔去一番新。落日危亭悄無語，覽今念古堪傷神。』歌畢，因命筆書之，復存其歎古之意，載之篇首，刻石立于亭中，命曰長樂亭記。」

〔緑野亭〕新説曰：「緑野亭，在武功縣。張氏懿族也，有園在縣之西南隅。慶曆中，自叔美君築亭於其園，名曰緑野，以爲遊息之所。後横渠先生過而悦之，乃寓居以講學，士大夫從之者甚衆，由是亭名益重。後歲久弗葺，賢士大夫登其亭而惘焉。此横渠先生講學之處，忍使廢之。族人復增飾之。紹聖三年，張閎中爲之記。政和改元重陽日，承事郎知京兆武功縣事劉幹立石。」

〔流杯亭〕新説曰：「興慶池北衆樂堂後有宋太尉張金紫所構流杯亭，砌石成風字様，曲水流觴，以爲祓禊宴樂之所。傍有禊宴詩碑。」

園

〔僊桃園〕漢書：「武帝元封三年七月七日，西王母降于承華殿。母出桃七枚，自啖其二，以五枚與帝。帝留核種之於僊桃園。」今長安縣苑西鄉有仙桃園。

〔戾后園〕漢書：「戾太子史良娣也，宣帝祖母，悼皇考母也。〔案〕當曰悼皇考后，或史皇孫母。遇害。宣帝卽位，號戾后，改葬長安白亭東，爲戾后園。」

〔逍遥園〕姚興如逍遥園，引諸沙門于澄玄堂聽鳩摩羅什演說佛經。又逍遥宮，姚興時殿庭，左右有樓，各高百尺，相去四十丈，以麻繩大一圍兩頭繫樓，正會日二人各從樓内出，相逢繩上過。新說曰：「逍遥園，今圭峰草堂是也。」

〔芳林園〕武成二年三月，明帝會羣臣於芳林園。

〔流杯園〕在未央宫北，有漢代舊址。

〔明水園〕在漢故城内未央宫北。

〔梨園〕舊園在通化門〔案〕當作光化門。外正北禁苑之南。中宗令諸學士自芳林園入集於梨園毬場，分朋拔河。文宗幸左軍，因幸梨園。又唐書曰：「文宗欲聞古樂，命太常卿王涯取開元時雅樂，選樂童按之，名曰雲韶樂。樂曲成，涯與太常丞李廓獻於梨園亭，帝按之于會昌殿。」又天寶故事：「華清宮驪山上亦有梨園，明皇選宮人爲梨園弟子，製梨園雅曲。」

〔樂遊園〕在京城清龍坊，有宣帝樂遊廟基址。開元天寶遺事：「明皇同二相以下宴樂遊園，賜詩曰：『拱日巖廊起，需雲宴樂初。萬方朝玉帛，千品會簪裾。地入南山近，城分北斗餘。林塘垂柳密，原隰野花踈。帟幕看餘暗，歌鐘聽自虛。興闌歸去後，還奏弼危書。』左相張說以下各有賜。」

〔芙蓉園〕長安志云：「在曲江之西南，舊名曲江園，隋文帝改爲芙蓉園，卽秦之宜春苑之地，乃唐之南苑也。杜詩：『城上春雲覆苑牆，芙蓉別殿謾燒香。』王建三臺詞曰：『魚藻池邊射鴨，芙蓉園裏看花，日色赭黃相似，不著紅鸞扇遮。』」

〔杏園〕城南記：「杏園，在慈恩寺正南，唐進士宴集於此。」會要曰：「大中元年勅：『今後放新進士榜，依舊宴於杏園，所司不得禁制。』」唐人尤貴進士，開元、天寶之盛，新進士以泥金帖子附家書中，用報登科之喜，而鄉曲親戚，例以聲樂相慶，謂之喜信。劉禹錫詩曰：「禮闈新榜動長安，九曲人人走馬看，一日聲名滿天下，滿城桃李屬春官。」張籍贈劉郎中詩曰：「怪君把酒空惆悵，同是貞元花下人，自別花來多少事，春風二十四回春。」賈島下第詩曰：「下第唯空囊，如何住帝鄉。杏園啼百舌，誰醉在花傍。淚落故山遠，病來春草長。知音逢豈易，孤棹負三湘。」又唐人下第詩云：「十載長安未是安，杏花常是看人看。」

〔櫻桃園〕唐實録：「中宗遊櫻桃園，令五品已上嘗櫻桃。」

〔葡萄園〕景龍文館記：「中宗召近臣騎馬入櫻桃園，馬上口摘櫻桃，遂宴東葡萄園，奏以官樂。」

〔奉誠園〕司侍兼侍中馬燧宅，在安邑里。燧子少府監暢以貲甲天下，暢亦善殖財。貞元末，神策中尉楊志廉諷使納田産，遂獻舊第，爲奉誠園。

街市里第

街

〔八街九陌〕三輔舊事曰：「長安城中，八街九陌。」張衡西京賦曰：「觀其城郭之制，則旁開三門，參塗夷庭，方軌十二，街衢相經，廛里端直，甍宇齊平。」

〔華陽街〕漢書曰：「丞相劉屈氂妻梟首華陽街。」

〔章臺街〕漢書曰：「京兆尹張敞無威儀，罷朝，走馬章臺街。」臣瓚曰：「在長安建章臺下街也。」

〔香室街〕郡國志曰：「雍州司天臺西北有香室街。」又曰：「夕陰街，在右扶風南。」

〔夕陰街〕〔尚冠街〕三輔黄圖有夕陰街、尚冠街。

〔太常街〕在長安城門中，東有漢高帝廟。

〔藁街〕漢書曰：「陳湯斬郅支王首，懸於藁街。」師古曰：「藁街，街名，蠻夷邸在此中。」

市

〔九市〕廟記曰：「長安市有九所，各方二百六十六步。六市在道西，三市在道東。四里爲一市。凡九市，致九州之人。在突門，夾横橋大道。」又曰：「旗亭樓，在杜門大道南。」又有當市樓。張衡西京賦曰：「廓開九市，通闤帶闠，旗亭五重，俯察百隧。」

〔四市〕漢書劉屈氂傳曰：「太子引兵去，毆四市人已數萬衆，至長樂西闕下。」又百官表：「内史，長安四市四長丞皆屬焉。」

〔柳市〕漢書：「長安熾盛，街閭各有豪俠，萬章在城西柳市。」師古曰：「漢宫闕疏云：『細柳倉有柳市。』」郡國志曰：「長安大俠萬子夏居柳市。司馬季主卜於東市。西市在醴泉坊。隋曰利人市。直市在富平津西南十五里，卽秦文公所造，物無二價，故以直市爲名。」

〔東市〕漢書曰：「晁錯斬東市。」

〔西市〕惠帝六年六月，起長安西市。

〔直市〕〔交門市〕在渭橋北。

〔孝里市〕在雍門東。

〔交道亭市〕在便橋東。

里

〔尚冠里〕三輔黄圖曰：「長安閭里百六十。」潘岳西征賦曰：「尚冠、修成，黄棘、宣明，建陽、昌陰，北焕、南平。」李善曰：「皆里名。漢宣帝舍長安尚冠里。」又霍光第門自壞，兄孫雲尚冠里宅中門亦壞。又曰：「武帝同母姨金王孫女號修成君。餘未詳。」

〔修成里〕　〔黄棘里〕　〔宣明里〕　〔建陽里〕　〔昌陰里〕　〔北焕里〕　〔南平里〕並見上。

〔戚里〕高祖召石奮姊爲美人，徙其家長安中戚里。師古曰：「於上有姻戚，故名其里爲戚里。」

〔函里〕在長安西出南頭第三門。

〔大昌里〕列女傳：「節女，長安大昌里人。」

第

〔楚王邸〕王莽加九錫，以楚王邸爲安漢公第。

〔蕭何第〕漢書曰：「蕭何置田宅，必居窮僻處。」王莽號安漢公，以故蕭相國甲第爲安漢公第。

〔北第〕惠帝賜夏侯嬰北第一，曰近我，以尊異之。師古曰：「北第者，近北闕之第，嬰最第一也。」

〔霍光甲第〕贈霍光甲第一區。音義曰：「有甲乙次第，故曰第。」

〔王根第〕曲陽侯王根大治第室，起土山、漸臺，洞門、高廊，閣道連屬彌望。百姓歌之曰：「五侯初起，曲陽最怒，壞決高都，連竟外杜，土山、漸臺，象西白虎。」其奢僭如此。成帝微行，見園中土山、漸臺似類白虎殿，上怒，責問司隸校尉、京兆尹，知根驕奢僭上，赤墀青瑣，附縱不舉奏。

〔王商第〕成都侯王商，穿長安城，引内豐水，注第中大陂，以行船，立羽蓋，張周帷，輯濯越歌，成帝幸商第，見穿城引水，意恨，内銜之。

〔董賢第〕哀帝詔將作大匠爲賢起大第北闕下，重殿洞門，土木之功，窮極技巧，柱檻衣以綈錦，又并合三第，尚以爲小，復壞暴室。師古曰：「帝以三第總爲一第賜賢，猶嫌狹小，復取暴室之第以增益之。」

類編長安志卷之五

寺觀

寺

〔大慈恩寺〕三輔會要：「隋無漏寺之地。武德初，廢。貞觀二十二年，高宗在春宮，爲文德皇后立爲寺，故以慈恩爲名。乃選林泉形勝之所，寺成，高宗親幸，佛像、幡華，並從宮中所出，太常九部樂送額至寺。寺南臨黄渠，水竹森邃，爲京都之最。」酉陽雜俎：「寺凡十餘院，總一千八百九十七間，勅度三百僧。初，三藏玄奘自西域來，詔太常卿江夏王道宗設九部樂，迎像入寺，綵車凡千餘兩，上御安福門觀之。太宗嘗賜三藏衲，直百餘金，其工無鍼綖之迹。」殿庭大婆羅樹，大曆中，安西進其木椿，賜此寺四橛，橛皆灼因其木，大德行逢自種之，一株不活。寺西院浮圖六級，崇三百尺，永徽二年沙門玄奘所立。初唯五層，一百九十尺，塼表土心，倣西域窣堵波制度，以置西域經象。后浮圖心内卉木鑽出，漸以頹之。長安中，更拆改造，依東夏刹表舊式，特崇於前。有辟支佛牙，大如升，光采煥爛。浮圖下東立太宗皇帝撰三藏聖教序及高宗皇帝述聖教記二碑，並褚遂良書。元和中書舍人李肇史補「進士既捷，列名于慈恩寺塔，謂之曰題名。」〔案〕鈔本題名下原作甫社杜二字。甫杜自爲杜甫誤倒，社字則或當上屬，今本國史補此語作「謂之題名會」，或本志所據本作題名社也。杜甫同諸公登慈恩寺塔詩曰：「高標跨蒼天，烈風無時休，自非曠士懷，登兹翻百憂，方知象教力，足可追冥搜。仰穿龍蛇窟，始知枝撐幽，七星在北户，河、漢聲西流、羲和鞭白日，少昊行新秋。秦山一作泰山。忽破碎，涇、渭不可求，俯視但一氣，焉能辨皇州。回首叫虞舜，蒼梧雲正愁，惜哉瑶池飲，日晏崑崙丘。黄鵠去不息，哀鳴何所投，君看隨陽雁，各有稻粱謀。」又章八元詩：「十層突兀在虚空，四十門開面面風。卻訝鳥飛平地上，自驚人語半天中。回梯暗踏如穿洞，絶頂初攀似出籠。落日鳳城佳氣合，滿城春樹雨濛濛。」春一作煙。

〔大安國寺〕大唐遺事：「睿宗在藩舊宅。景雲元年，立爲寺，以本封安國爲名。憲宗時，吐突承璀盛營安國寺，欲使李絳爲碑文，絳不肯撰。後寢摧圮，宣宗欲復修，未克而崩。咸通七年，以先帝舊服御及孝明太皇太后金帛，俾左神策軍再建之。」酉陽雜俎曰：「紅樓，睿宗在藩時造。元和中廣宣上人住此院，有詩名，時號爲紅樓集。」

〔大興善寺〕初曰遵善寺，隋文承周武之後大崇釋氏，以收人望，移都先置此寺，以其本封名焉。神龍中，韋庶人追贈父玄貞爲酆王，改此寺爲酆國寺。景雲元年，復舊。」酉陽雜俎曰：「寺取大興、靖善二坊名一字爲名。不空三藏塔前多老松，歲旱時官伐其枝，爲龍骨以祈雨，葢以三藏役龍，意其枝必有靈也。東廊素和尚院，庭有桐四株。元和中，卿相多遊此院，桐至夏有汗汙人衣，如輠脂，不可浣。昭國鄭相惡其汗，謂素曰：『弟子爲伐此樹，各植一松也。』及暮，素戲祝曰：『我種汝三十餘年，汝以汗爲人所惡，來歲若復有汗，我必薪之。』自是無汗。素公不出院，轉法華經三萬七千部，夜常有貉子聽經，齋時烏鵲取掌中食。」天王閣，長慶中造，本在春明門內，與南內連牆，其形高大，爲天下之最。大和二年，勅移就此寺。拆時腹中得布五百端，漆數十筩。」寺殿崇廣，爲京城之最，號曰大興佛殿，治之與太廟同。總章二年，火焚之，更營建，又廣于前十二畝之地。

〔大莊嚴寺〕在永陽坊。隋初，置宇文氏別館於此坊。仁壽三年，文帝爲獻后立爲禪定寺。宇文愷以京城之西有昆明池，地勢微下，乃奏於此寺建木浮圖，崇三百二十尺，〔案〕宋志三百三十尺。周回一百二十步，大業七年成。武德元年，改爲莊嚴寺。天下伽藍之盛，莫與爲比。寺內有佛牙，長三寸，宋時沙門法獻從烏踵國取以歸，豫章王暕自揚州持入京，隋文令置此寺。大中六年，改聖壽寺。

〔崇聖寺〕在崇德坊。寺有二門：西門本濟度尼寺，隋秦孝王俊舍宅所立。東門本道德尼寺，隋時立。至貞觀二十三年，徙濟度寺於安業坊之修善寺，以其所爲靈寶寺，盡度太宗嬪御爲尼以處之。徙道德寺額於休祥坊之太原寺，以其所爲崇聖宮，以爲太宗別廟。儀鳳二年，併爲崇聖僧寺，輦下歲時記：「進士櫻桃宴，在崇聖寺佛牙閣上。」

〔保壽寺〕酉陽雜俎曰：「翊善坊保壽寺，本高力士宅。天寶九載，舍爲寺。初鑄鐘成，力士設齋慶之，舉朝畢至，一擊百千，有規其意，連擊二十杵。經藏閣規構危巧，二塔火珠受十餘斛。河陽從事李琢性好奇古，與僧善，嘗俱至此寺，觀庫中舊物，忽於破甕中得物如被幅，裂污坌觸而塵起，琢徐視之，乃畫也，因以州縣圖三及縑三十換之，令家人裝治，大十余幅。訪於常侍柳公權，方知張萱所畫石橋圖也，玄宗賜力士，因留寺中。后爲鬻畫人宗牧言於左軍，方有小使領軍卒二十人至宅，宣勅取之，卽日進入。文宗好古，見之大悅，命張於雲韶院。」

〔章敬寺〕大曆元年，作章敬寺于長安之東門，總四千一百三十餘間，四十八院。内侍魚朝恩請以通化門外莊爲章敬皇后立寺，故以章敬爲名。代宗實録曰：「是莊連城對郭，林沼臺榭，形勝第一，朝恩初以恩賜得之。及是造寺，窮極壯麗，以爲城市材木，不足充費，乃奏壞曲江亭館、華清宮觀風樓及百司行廨，並將相没官宅，給其用焉，土木之役，僅逾萬億。」會要曰：「因拆哥舒翰宅及曲江百司堂室及華清宮之觀風樓造焉。」

〔報聖寺〕在興寧坊。東觀奏記：「宣宗出內藏緡帛建大中報聖寺，奉憲皇聖容，曰介福殿，又以休憩之所爲虔恩殿，由複道出造于寺。」

〔興福寺〕在修德坊。本右領軍大將軍彭國公王君廓宅。貞觀八年，太宗爲太穆皇后追福，立爲弘福寺。神龍中，改爲興福寺。寺北有果園，復有萬花池二所。〔案〕唐兩京城坊考藕花池。太宗時，廣召天下名僧居之。沙門玄奘於西域回，居此寺西北禪院翻譯。寺內有碑，面文賀蘭敏之寫金剛經，陰文寺僧懷仁集王羲之寫太宗聖教序及高宗述聖記，爲時所重。政要：「元和十二年，詔築夾城，自雲韶門過芳林門西至修德坊，以通興福佛寺。」

〔大薦福寺〕在開化坊。寺院半以東，隋煬帝在藩舊宅。武德中，賜尚書左僕射蕭瑀而爲園。後瑀子鋭尚襄城公主，詔別營主第，主辭以姑婦異居，有乖禮則，因固陳請，乃取園地充主第，又辭公主棨戟，不欲異門，乃併施瑀之院門。襄城薨後，官市爲英王宅。文明元年，高宗崩後百日，立爲大獻福寺，度僧二百人以實之。天授元年，改爲薦福寺。中宗即位，大加營飾。自神龍以後，翻譯佛經，並於此寺。寺東院有放生池，周二百餘步，傳云即漢代洚池陂也。南至浮圖院，門北開，正與寺門隔街相對，景龍中宮人率錢所立。

〔楚國寺〕在進昌坊。本隋興道寺之地。大業七年，廢。高祖起義并州，第五子智雲在京，爲隋留守陰世師等所害，後追封爲楚哀王，因此立寺。水竹幽靜，類於慈恩。酉陽雜俎曰：「寺內楚哀王身金銅像，哀王繡襖半袖猶在。長慶中，賜織成雙鳳夾黃襖子，鎮在寺中。門內有放生池。大和中，賜白氈黃袴衫。」

〔招福寺〕在崇義坊。乾封二年，睿宗在藩立。本隋正覺寺。寺南北門額並睿宗所題。酉陽雜俎曰：「正覺寺，國初毀之，以其地立第賜諸王，睿宗在藩居之。乾封二年，移長寧公主佛堂，重建此寺。長安二年，內出等身金銅像一鋪，并九部樂、南北門額，上與岐、薛二王親送至寺，綵乘、象輿，羽衛四合，街中餘香，數日不散。景龍〔案〕當作景雲，此承宋志之誤。二年，詔寺中別建聖容院，是睿宗在青宮真容也。先天二年，敕出內庫錢二千萬、巧匠一千人重修之。寺在崇義坊。」

〔資聖寺〕在崇仁坊。本太尉趙國公長孫無忌宅。龍朔三年，爲文德皇后追福，立爲尼寺。咸亨四年，改爲僧寺。長安三年七月，火焚之，灰中得經數部，不損一字，百姓施捨，數日之間，所獲巨萬，遂營造如故。寺額中州刺史殷仲容所題，楷法端妙，京邑所稱。酉陽雜俎曰：「淨土院門外，相傳吳生一夕秉燭醉畫，就中戟手，視之惡駭。院門裏，盧稜伽畫。盧常學吳勢，吳亦傳以手訣，乃畫總持三門寺，方半，吳大賞之，謂人曰：『稜伽不得心訣，用思大苦，其能久乎？』果畫畢而卒。」

〔光宅寺〕在光宅坊。儀鳳二年，望氣者言此坊有異氣，勑令掘得石函，函內有佛舍利骨萬餘粒，遂立光宅寺。武太后始置七寶臺，因改寺額焉。酉陽雜俎曰：「寶臺甚顯，登之，四極眼界。其上層窗下尉遲畫，下層窗下吴道玄畫，皆非其得意也。丞相韋處厚自居內庭至相位，每歸輒至此塔焚香瞻禮。普賢堂，本天后梳洗堂。」

〔淨域寺〕在宣陽坊西南隅。隋文帝開皇五年立。恭帝禪位，止於此寺薨焉。酉陽雜俎曰：「本太穆皇后宅。寺僧云：『三階院門外是神堯皇帝射孔雀處。』佛殿內西座蕃神甚古質，貞元已前西蕃兩度盟，皆載此神立于壇而誓，相傳當時頗有靈。」按此寺興造與韋述記不同。

〔崇濟寺〕在昭國坊西南隅。本隋慈恩寺，開皇三年，魯郡夫人孫氏所立。貞觀二十三年，以尼寺與慈恩僧寺相近，而勝業坊甘露尼寺又比於崇濟僧寺，勑換所居焉。本弘字，神龍中改。酉陽雜俎曰：「寺內有天后織成蛟龍被、襖子及繡衣六事。」

〔玄法寺〕在安邑坊街之北。本隋禮部尚書張穎宅，開皇六年，立爲寺。酉陽雜俎曰：「安邑坊玄法寺者，本里人張穎宅。穎嘗供養一僧，僧念法華經爲業。積十餘年，張門人譖僧通其侍婢，因以他事殺之。僧死後，闔宅嘗聞經聲不絶。張尋知其寃，慙悔不及，因捨宅爲寺。」

〔寶應寺〕在道政坊。代宗實録與會要曰：「本王縉宅。縉爲相，溺於釋教，妻李氏，實妾也，大曆四年，以疾請捨宅爲寺。代宗嘉之，錫以題號。每有節度使至，輒諷令出錢助之。」酉陽雜俎曰：「韓幹，藍田人。少時常爲酒家送酒。王右丞兄弟未遇，每貰酒漫遊。幹嘗徵債於王家，戲畫地爲人馬。右丞精思丹青，奇其意趣，乃歲與錢二萬，令幹畫十餘年。今寺中釋梵天女，悉齊公妓小小等寫真也。寺彌勒殿卽齊公寢堂。」

〔青龍寺〕在新昌坊。本隋靈感寺，開皇二年立。文帝移都，徙掘城中陵墓，葬之郊野，因置此寺，故以靈感爲名。至武德四年，廢。龍朔二年，城陽公主復奏立爲觀音寺。初，公主疾甚，有蘇州僧法朗誦觀音經乞願，得愈，因名焉。景雲二年，改爲青龍寺。北枕高原，南望爽塏，爲登眺之美。

〔靜法寺〕在延康坊東南隅。隋開皇十年，左武侯大將軍陳國公竇抗所立。寺門拆抗宅棨戟門所造。西院有木浮圖，抗弟璡爲母成安公主建，重疊綺麗，崇一百五十尺，皆伐抗園梨木充用。其園本西魏大統寺，周武帝廢佛教，以其寺賜抗爲宅焉。

〔雲經寺〕在懷遠坊東南隅。本名光明寺，隋開皇四年，文帝爲沙門法經所立。時有延興寺僧曇延，因隋文賜以蠟燭，自然發焰，隋文奇之，將改所住寺爲光明寺，曇延請更立寺以廣其教，時此寺未制名，因以名焉。武太后初幸此寺，沙門宣政進大雲經，經中有女主之符，因改爲大雲經寺，遂令天下每州置一大雲經寺。此寺當中寶閣，崇百尺，時人謂之七寶臺。寺内有二浮圖，東西相值。東浮圖之北佛塔，號三絶塔，隋文帝所立，塔内有鄭法輪、田僧亮、楊契丹畫跡，及巧工韓伯通塑作佛像，故以三絶爲名。

〔總持寺〕在永陽坊。隋大業七年，煬帝爲文帝所立，初名大禪定寺，寺内制度與莊嚴寺正同。武德元年，改爲總持寺。莊嚴總持，卽隋文獻后宮中之號也。寺中常貢梨花蜜。景龍文館記曰：「隋主自立法號，稱總持，呼蕭后爲莊嚴，因以名寺。」

〔菩提寺〕在南平康坊。隋開皇二年，隴西公李敬道及僧惠英所奏立寺。酉陽雜俎曰：「寺之制度，鐘樓在東，惟此寺緣李右座宅在東，故建鐘樓於西。寺内有郭令玳瑁鞭及郭王夫人七寶帳。」大中六年，改爲保唐寺。

〔開元寺〕在府城草場街北，景風街南。中有大殿，乃祝聖萬壽戒壇。後殿，乃開元皇帝御容。兵後僅存北三門、戒壇、御容等殿，其餘堂殿并南三門皆摧毁。至元辛卯，瓊公講主重建南三門。其山亭、青龍、興國、定光、隆興、壽聖、泗州，皆開元房廊院也。

〔福昌寶塔院〕在其東。三門面西。其中覺皇大殿後法堂壁賢僧正畫，上懸祇應待詔畫，福昌寶塔碑額次後。五教三乘甚深。法藏東西觀音、大悲，盡平陽賈家雕造，皆巧絶一時。

兵後唯此院完全。

〔太平興國寺〕在府城九耀街。宋太平興國年建。寺摧頽。俗呼九耀寺。

〔香城寺〕在本府草場街，乃宋善感禪院。内有經藏。大元甲辰歲八月，火災焚毀，止存大悲殿、東殿、前三門。金剛乃汾州劉名塑，尚存。宋駙馬王詵題詩：「不到香城二十年，長松怪柏憶森然。身留絳闕鄉關杳，千里唯將夢寢傳。」

〔卧龍寺〕在本府草場街，宋龍泉院也。前三門乃汾州劉所塑，善神嚴毅，號爲奇絶。

〔安衆禪院〕在本府掖庭街。本寇萊公花圃熙熙亭，後捨爲寺。中有萊公祠堂，前立詩刻。俗呼西禪院。

〔崇聖禪院〕在府城水池街。中有毗盧閣，上有吴説書十方崇聖院額。兵後湮没。俗呼經塔寺。

〔香嚴禪院〕在水池街。宋時修建。正殿龍巖任詢君謀所書香嚴禪寺碑尚在。

〔廣教禪寺〕在指揮西街。宋時修造。舊有大鐘經樓，規置甚大。至辛卯，兵火焚盡。

〔天寧寺〕在指揮東街北。亦是大寺。中有李商隱三教贊、僧夢英篆書碑猶存。

〔慶壽寺〕在蓬萊坊街。西殿堂幸存。

〔資聖院〕在景風街南。舊名興國院，金國改資聖院。

〔仁王院〕在景風街北，乃薦福寺下院。中有臨壇大戒薦福寺德律師碑，唐韓擇木八分書，史惟則篆額，碑尚存。

〔開福寺〕在含光街西。宋日創建。至元十年，僧統王公重修。

〔杜光寺〕在城南杜光村。俗呼爲杜光寺，本唐義善寺，貞觀十九年建，蓋杜順禪師所生之地。順解華嚴經，著法界觀，居華嚴寺，證圓寂。大師坐化肉身，連環靈骨，葬樊川華嚴塔，至今呼樊川爲華嚴川。長興中，王仁裕題詩曰：「上爾高僧更不疑，夢乘龍駕落沉輝。寒暄暈映瑠璃殿，曉夜摧殘毳衲衣。金體幾生傳有漏，玉容三界自無非。莓苔滿院人稀到，松畔香臺野鶴飛。」

〔香積寺〕城南記張注曰：「乃唐永隆二年建。石像尚多。」太平興國三年，改爲開利寺。交水在香積寺之西南。舊有香積堰，水入城中，泚賊之亂，壞龍首、香積二堰，以治其流，龍首復流，香積堰廢。中有萬回塔塼，〔案〕當作塼塔。中裂。據記，沙門玄奘嘗遊西竺，有寺空一室，問其人，是僧方生中國，其號萬回，蓋自此而往者萬回矣。萬回言語悲喜不常如狂者，所爲多異，高宗延之禁中。中宗號之玄通大居士，封法靈公。玄宗爲營居室于醴泉里，後追贈司徒，封號國公。開元二十五年，萬回弟子妙門〔案〕疑當作沙門。還源建塔立碑。

〔澄襟院〕城南記：「唐左街僧録遍覺大師智慧輪之院也。在萬年縣孫村。」殿前後庭中有凌霄花、八柏樹。「引北巖泉，架竹落庭，注石盆，瑩澈可挹，使人不覺忘慮。」

〔華嚴寺〕在樊川孫村之西。有華嚴塔，有東閣，爲登眺遊勝之所。張茂中詩曰：「迢迢雲外寺，飛閣倚晴空。秋静門常閉，苔深路不通。寒山千里翠，霜木萬家紅。誰問林居士，幽窗生暮風。」孟郊登華嚴寺樓望南山贈林校書兄弟詩，有：「青蓮三居士，晝景真賞同。」

〔興教寺〕樊川興教寺，總章三年建。有玄奘、慈恩、西明三塔，三藏差高。蒲人胡子金詩曰：「白塔月移山宇影，青松風唱海潮音。」

〔龍泉寺〕城南記：「龍泉寺，直玉案之北。」孟郊詩云：「鳥飛不到處，僧房繞山巔。龍在水常碧，雨開山更鮮。步出白日上，坐倚清溪邊。地磽松桂短，石險道途偏。晚磬送歸客，數聲落遥天。」今龍池二塔尚在。

〔三像寺〕張注曰：「三像寺，開元建，倚北原，高數百尺。寺依坡刻三大像，故曰三像寺。」貞順皇后墓在彼，爲守墳寺。姚嗣宗題詩曰：「朝遊南山南，暮宿北岡北。安心虎豹穴，垂耳龍蛇谷。稻鋪韋曲碧，木鎖樊川黑。行盡大和鄉，似得非所得。」

〔圓光寺〕辨疑志曰：「長安城南六十里，終南山入谷五里，有惠炬寺。緣崖側上山，一十八里至峯，謂之靈應臺。臺上置塔，塔中觀音鐵像，是六軍散將安太清鑄造。應臺并下院九處，並在終南山上，俗呼爲南五臺。」

〔翠微寺〕本唐太和宮。貞觀二十一年，改翠微宮。後廢。元和中，改爲翠微寺。詩云：「翠微寺本翠微宮，樓閣亭臺幾十重。天子不來僧又去，樵夫時倒一株松。」

〔百塔興教禪院〕在長安城南御宿川梗梓谷口。本唐信行禪師塔院，唐大曆二年建。〔案〕宋志大曆六年建。慕信行者，皆窆於信行塔之左右，謂之百塔。

〔草堂禅寺〕長安志：「在御宿川圭峯下。本姚興草堂逍遥園，鳩摩羅什譯經是園，什死，焚之，其舌不壞，塔今存焉。其徒僧肇著肇論。唐圭峯禪師於此著禪源諸詮。」

〔重雲禪寺〕在御宿川圭峯直北。本五代王彦超捨宅爲寺。

〔靈感寺〕在長安縣御宿川灃河東岸江留村。唐宣律師修行持律處。有浄土壇，開四門八窗。景龍中建殿閣皆存。宋改爲大寧寺。

〔三會寺〕長安志云：「在長安縣宫張村。中有蒼頡造字臺。景龍中，中宗幸其寺。」有詩，羣臣唱和。

〔石甕寺〕兩京道記云：「本福嚴寺，在驪山華清宮東，半山下有石甕谷，故名之。」開元中造華清宮，餘材修繕佛殿，中有玉石像，幽州所進，精巧無比。叩之如磬，餘像皆楊惠之所塑，脱空像皆元伽兒製，能妙纖麗，曠劫無儔。紅樓在佛殿之西巖，下臨絶壁，樓中有玄宗題詩，真、草、八分，每體一篇，有王維畫山水兩壁。

〔保慶寺〕在萬年縣北通政坊。唐景龍中建。值五代焚毀盡，唯舍利塔歸然獨存。中統改元，僧録忠公率其徒重修，不數年，殿堂廊廡，塔之纏腰，煥然再新。

〔法壽尼寺〕在開化坊。隋開皇六年立。

〔資敬尼寺〕在永樂坊内横街之北。隋開皇三年，太保薛國公長孫覽爲其父立。

〔崇敬尼寺〕在靖安坊西南隅。本僧寺，隋文帝所立。大業中，廢。龍朔二年，高宗爲長女定安公主薨後改立爲尼寺。

〔修慈尼寺〕在勝業坊街北之西。本弘濟僧寺，隋開皇七年立。貞觀二十年，以與甘露尼寺相近，初自昭國坊换居之。

〔甘露尼寺〕同上。隋開皇五年立。

〔法雲尼寺〕在宣平坊西南隅。隋開皇三年，太傅鄖國公韋孝寬所立。初名法輪寺。睿宗升儲，改法雲寺。景龍二年，韋庶人改翊聖寺。景雲元年，復舊。

〔龍華尼寺〕在昇道坊西北隅。高宗立，尋廢。景龍二年，復置。

〔法界尼寺〕在豐樂坊西南隅。隋文獻皇后爲尼華暉、令容所立。有連階雙浮圖，各崇一百三十尺。

〔資善尼寺〕在安業坊西南隅。隋蘭陵公主捨宅立。

〔濟度尼寺〕在安業坊東南隅。隋太師申國公李穆之别宅，穆妻元氏立爲修善僧寺。其濟度尼寺本在崇德坊，永徽中置宫，乃徙於此。其額太子少詹事殷令名所題。

〔興聖尼寺〕在通義坊西南隅。高祖龍潛舊宅。武德元年，以爲通義宫。貞觀元年，立爲寺。

〔萬善尼寺〕在休祥坊東南隅。本在故城中，周宣帝大象二年置。開皇二年，移於此，盡度周氏皇后、嬪御以下千餘人爲尼以處之。

〔樂善尼寺〕在金城坊街南之東。本名舍衛寺，隋開皇六年，尉遲迥孫大師爲其祖所立。景龍元年，改爲温國寺。二年，又改爲樂善寺。

宫觀

〔太清宫〕在大寧坊。禮閣新儀曰：「開元二十九年，始詔兩京及諸州各置玄元皇帝廟一所，依道法醮。天寶元年正月，陳王府參軍田同秀上言，玄元皇帝降見于丹鳳門之通衢，以『天下太平，聖壽無疆』之言，傳於玄宗，仍告賜靈符尹喜之故宅。上遣使就桃林縣函谷關令尹臺西得之。於是置廟於大寧坊，東都於積善坊。九月，改廟爲太上玄元皇帝宫。二年正月，加號大聖祖。三月，勅西京改爲太清宫，東都爲太微宫，諸州爲紫極宫。十二載二月，加號大聖祖高上大道金闕玄元天皇大帝，每歲四時及臘，修朝獻之禮。」初建廟，取太白山白石爲真像，衮冕之服，當扆南向，玄宗、肅宗真容侍立於左右，皆朱衣朝服。宮垣之内，連接松竹，以像仙居。殿十二間，四柱，前後各兩階，東西各側階一。其宮正門曰瓊華，東門曰九靈，西門曰三清。御齋院在宮之東，公卿齋院在宮之西，道士雜居其間。天寶五載，詔刻石爲李林甫、陳希烈像，列侍於聖容之側，林甫犯事，又刻楊國忠之形，而磨瘞林甫之石，及希烈、國忠敗，又盡毁之。八載，立文宣王像，與四真人列侍左右。

〔唐昌觀〕在安業坊。劇談録曰：「觀有玉蘂花，花每發若瓊林瑶樹。元和中，春物方盛，車馬尋翫者相繼。忽一日，有女子年可十七八，衣緑繡衣，垂髻雙環，無簪珥之飾，容色婉娩，迥出於衆，從以三女冠、三小僕，僕皆丱髻黄衫，端麗無比，既下馬，以白角扇障面，直造花所，異香芬馥，聞於數十步之外。觀者疑出自宮掖，莫敢逼而視之。佇立良久，令小僕取花數枝而出，將乘馬，過謂黄冠者曰：『曩有玉峯之期，自此可以行矣。』時觀者如堵，或覺煙飛鶴唳，景物輝焕，舉轡百餘步，有輕風擁塵，隨之而去，須臾塵滅，望之已在半天，方悟神仙之遊。餘香不散經月餘。時嚴休復、元稹、劉禹錫、白居易俱有詩。休復曰：『終日齋心禱玉宸，魂銷眼冷未逢真，不如滿樹瓊瑶蘂，笑對藏花洞裏人。』又曰：『羽車潛下玉龜山，塵世何由覩蕣顔，唯有無情枝上雪，好風吹綴緑雲鬟。』元稹曰：『弄玉潛過玉樹時，不教青鳥出花枝，的應未有諸人覺，只是嚴郎卜得知。』劉禹錫曰：『玉女來看玉樹花，異香先引七香車，攀枝弄雪時回首，驚怪人間日易斜。』又曰：『雪蘂瓊枝滿院春，羽衣輕步不生塵。君平簾下徒相問，長伴吹簫別有人。』白居易曰：『嬴女偷乘鳳去時，洞中潛歇弄瓊枝，不緣啼鳥春饒舌，青瑣仙郎何得知。』〔二〕

〔玄都觀〕在崇業坊。隋開皇二年，自長安故城徙通道觀於此，改名玄都，東與大興善寺相比。初，宇文愷置都，以朱雀街南北盡郭有六條高坡象乾卦，故於九二置宮殿，以當帝主之居；九三立百司，以應君子之數；九五貴位，不欲常人居之，故置此觀及興善寺以鎮之。劉禹錫元和十年自朗州承召至京戲贈看花諸君子詩曰：「紫陌紅塵拂面來，無人不道看花回，玄都觀裏桃千樹，盡是劉郎去後栽。」又再遊玄都觀絕句曰：「余貞元二十一年爲屯田員外郎時，此觀未有花。是歲出牧連州，貶朗州司馬，居十年，召至京師，人人皆言有道士手植仙桃，滿觀如紅霞，遂有前篇，以志一時之事。旋又出牧，今十有四年，復爲主客郎中，重遊玄都，蕩然無復一樹，唯兔葵燕麥，動搖於春風耳。因再題二十八字，以俟後遊，時大和二年三月日。百畝中庭半是苔。桃花浄盡菜花開，種桃道士歸何處，前度劉郎今又來。」

〔興唐觀〕在長樂坊西南隅。本司農園地，開元十八年，造觀，其時有勅令速成之，遂拆興慶宫通乾殿造天尊殿，取大明宫乘雲閣造門屋樓，白蓮花殿造精思堂屋，拆甘泉殿造老君殿。元和八年，命中尉彭忠獻帥徒三百人修興唐觀，賜錢千萬，使壯其舊制。其觀北拒禁城，因是開複道，爲行幸之所。以内庫絹千疋、茶千斤，爲夫役之賜，莊宅錢五十萬、雜穀千石，充修醮之費。

〔乾元觀〕在長興坊。代宗實録曰：「大曆十三年七月，以涇原節度使馬璘宅作乾元觀，置道士四十九人。其地在皇城南長興里。」璘初創是宅，重價募天下巧工營繕，屋宇宏麗，冠絶當時，璘臨終獻之。代宗以其當王城形勝之地、牆宇新潔，遂命爲觀，以追遠之福，上資肅宗，加乾元觀之名。乾元，肅宗尊號也。然則與德宗録之言相戾。

〔白鹿觀〕新説曰：「在臨潼西南一十里驪山中。本驪山觀，中有老子昇天臺，有蟾井，賀蘭食肉芝得仙。唐高祖武德七年，幸温泉宫，傍觀川原，見白鹿，遂改觀曰白鹿。宋加封神德洞天，有白鹿書院，陳希夷所撰碑具載其詳。」

〔太玄觀〕兩京道記：「唐武德二年置，在驪山温泉宫畔。開元二十七年，以宫牆逼近，乃令諫議大夫道士尹愔徙之宫北一里。」

〔樓觀宗聖宫〕新説：「在盩厔縣東南三十五里。本尹喜宅也。樓觀内傳云：『周康王時，喜爲大夫，嘗於此結草爲樓，觀星望氣，見紫雲西邁，求爲函谷關令，遇老君，迎歸是第，説道德五千文授之。穆王西巡，爲召幽逸之人，置爲道士，相承至秦、漢，有道士居之。唐武德初，易名宗聖觀。宋端拱三年，詔改爲順天興國觀。』金季廢燬。大元撫定後，同塵真人李志柔重建，殿閣森列，復還舊觀。中統元年，朝命復改今名。」

〔太平興國宮〕新説曰：「在縣東三十里終南鎮。舊志曰清平鎮。翊聖傳曰終南鎮。其後又置終南縣。今乃罷縣，并入盩厔縣。宋太平興國二年建。翊聖保德傳云：『建隆初，翊聖真君降於盩厔張守真家，言於空中，神音清朗，令守真爲道士，授以九壇三劍之法，俾佐國拯民。太宗太平興國中，卜地築宮於終南鎮，遣中使出内幣作宮千柱，以妥景靈。每三元聖節，命使設醮，歲以爲常。茂木成林，飛鳥不敢棲止。』金末，廢於兵燼。大元開創後，純德妙成真人劉志源奉清和宗師命，率徒自澶淵來，篤意興復，經營締構，垂二十年，殿宇翬飛，道風復振。其修建視昔雖未全備，規橅宏麗，亦爲諸方琳宇之冠。」

〔清都觀〕在咸寧縣東永樂坊。隋開皇七年，道士孫昂爲文帝所重，常自問道，特爲立觀。本在永興坊，武德初，徙於此地。本隋寶勝寺。

〔回元觀〕在咸寧縣親仁坊。即安禄山舊宅，見津陽門詩。

〔太真觀〕在咸寧縣安邑坊。天寶五載，貴妃姊裴氏請捨宅置太真女觀。寶應元年，與肅明觀换名焉。

〔先天觀〕咸寧縣務本坊。景龍三年，韋庶人立爲翊聖女冠觀。景雲元年，改景雲觀。天寶八載，改爲龍興道士觀。至德三載，改先天觀。

〔華封觀〕在咸寧縣興寧坊。天寶六載，驃騎將軍高力士捨。

〔清虛觀〕在咸寧縣豐邑坊。隋開皇七年，文帝爲道士呂師玄所立。師玄辟穀練氣，故以清虛名之。

〔太一宮〕長安舊志云：「在府南七十里太一谷。漢武帝元封初，終南山巨谷間雲氣融結，隱然成象，帝勅於此建太一宮。种放作記，具道其詳。宮内亦有陳希夷所撰碑。」

〔重陽宮〕新說曰：「在終南縣劉蔣村。金正隆間，王祖師監甘河鎭酒，遇仙於此，掘活死人墓成道。時門人創建堂殿，號曰祖師菴。大元庚子，門徒道衆會葬祖師重陽眞人，重加興建，殿閣樓臺，燦然一新，爲關右之奇觀，名曰重陽宮。紫陽先生詩曰：『終南佳處小壺天，教起全眞自在僊。道紀宏開山色裏，通明高聳日華邊。南連地肺花浮水，西望經臺竹滿煙。最愛雲窗無事客，寂然心月照重玄。』」

〔遇僊宮〕新說曰：「在終南縣甘河鎭。昔重陽王祖師爲是鎭酒監，有披氈裘二先生索酒，日以爲常。一日，氈裘二先生邀祖師飲于甘河岸上，以瓢酌甘河之水，果良酒也，飲醉得道。門人於此建遇仙宮。商左山題詩曰：『子房志亡秦，曾進橋下履，佐漢開鴻基，屹然天一柱。要伴赤松遊，功成拂衣去，異人與異書，造物不輕付。重陽起全真，高視仍闊步，矯矯英雄姿，乘時或割據，妄跡復知非，收心活死墓。人傳入道初，二仙此相遇，于今終南下，殿閣凌烟霧。我經大患餘，一洗塵世慮，巾車儻西歸，擬借茆屋住。明月清風前，曳杖甘河路。』紫陽先生詩曰：『一飲甘河萬事休，喚回蝴蝶夢莊周。口傳鉛汞五篇訣，神馭雲龍八極遊。寰海玄風開羽客，遇仙清迹想氈裘。百年更有何人酌，人自無緣水自流。』」

〔玉清宮〕新說曰：「在府城掖庭街。本宋祐德觀。大元庚子重修，改爲玉清宮。」

〔靈應觀〕新說曰：「在府城市北街。宋迎祥觀。大元丙子，始改爲靈應觀。」

〔玄都宮〕新說曰：「在府城景風街金國軍營。兵後創建爲玄都觀。至元甲子後，修建三清、通明、大宗等殿，虛皇壇、遠近三門，榜曰玄都萬壽宮。」

〔玄都壇〕新說曰：「在終南山。漢武帝築。三秦記：『長安城南有谷通梁、漢者，號子午谷。』入谷五里有玄都壇。天寶年，元逸人，隱道士也，有神仙術，杜甫作詩以贈云：『故人昔隱東蒙峰，已佩含景蒼精龍。故人今居子午谷，獨在陰崖結茆屋。屋前太古玄都壇，青石漠漠常風寒。子規夜啼山石裂，王母晝下雲旗翻。情知此計誠長往，芝草琅玕日應長。鐵鎖高垂不可攀，致身福地何蕭爽。』」

〔玉虛觀〕新說曰：「在廣濟北蓬萊坊。乃唐北極真武廟也。有王坦之書真武殿額猶在。金朝勅賜玉虛觀。大元庚寅，道士崔志玉重修立碑。」

〔朝元觀〕新説曰：「在本府指揮街。本隋宇文愷封安平公祠堂，墓誌猶嵌于壁。金國勅賜朝元觀。」

〔永昌觀〕新説曰：「在廣濟街。本神農皇帝祠。金國勅賜永昌廟觀。」

〔延祥觀〕新説曰：「本太白現聖侯廟。元在春明門，韓建廢外郭築新城，移於此。金勅賜延祥觀。在府東南隅。紫陽詩曰：『長庚誰遣降精魂，氣應潛龍道自存。玄女式中消日月，春明門外轉乾坤。諸王決計戡多難，睿主應期卽至尊。天已歸心赤伏後，遺風猶記老人村。』」

〔嘉祥觀〕新説曰：「在府城東北隅。本城隍廟。金勅賜嘉祥觀。」

〔靈泉觀〕按明皇雜録：「貞觀六年，太宗幸驪山温泉，治湯所，改爲温泉宮。天寶四載，大加修飾，置會昌縣，百司邸第，改華清宮。玄宗每歲十月幸温湯，歲盡而歸。」至巢寇之亂，宮廢。晉天福六年，賜道士居之，勅賜靈泉觀。」

〔太古觀〕在崇仁坊。本唐玄真觀之地。至元乙亥歲，太古真人門弟潘道録創建景陽殿、北極殿、藥上、〔案〕疑當作藥王。靈官、齋厨，廊廡煥然一新，門枕清流，竹木鬱然，清幽可愛。不忘其祖，號曰太古觀。

〔昊天觀〕在保寧坊。貞觀初，爲晉王宅。顯慶元年，爲太宗追福，立爲觀，高宗御書額，并製歎道文。

〔萬安觀〕在平康坊。天寶七載，永穆公主出家置觀。其地本梁國公姚元崇宅。

〔嘉猷觀〕在平康坊。明皇御書金字額以賜，李林甫奏女爲觀主。觀中有精思院，王維、鄭虔、吴道子皆有畫壁。林甫死後，改爲道士觀，擇道術者居之。

〔咸宜觀〕在親仁坊西南隅。睿宗在藩之第，明皇升極於此。開元初，置昭成、肅明二皇后廟，謂之儀坤廟。睿宗升遐，昭成遷入太廟，而肅明留於此。開元二十一年，肅明皇后亦祔入太廟，遂爲肅明道士觀。寶應元年，咸宜公主入道，與太真觀换名焉。

〔宗道觀〕在永崇坊。本興信公主宅，賣與劍南節度使郭英乂，其後入官。大曆十二年，爲華陽公主追福，立爲觀。

〔新昌觀〕在崇業坊。天寶六載，新昌公主因駙馬都尉蕭衡卒，奏請度爲女冠，遂立此觀。

〔福唐觀〕在崇業坊。本新都公主宅。景雲元年，公主生子武仙官，出家爲道士，立觀。

〔開元觀〕在道德坊。本隋秦王浩宅。武后朝，置永昌縣。神龍元年，縣廢，遂爲長寧公主宅。景雲元年，置道士觀。開元五年，金仙公主居之，改爲女冠觀。十年，改爲開元觀。

〔昭成觀〕在頒政坊西北隅。本楊士達宅。咸亨元年，太平公主立爲太平觀。尋移於大業坊，改此觀爲太清觀，高宗御飛白書額。至垂拱三年，改爲魏國觀。載初元年，改爲大崇福觀，武太后又御飛白額。開元二十七年，爲昭成太后追福，改立此名。

〔九華觀〕在通義坊。開元二十八年，蔡國公主捨宅立。即李思訓宅。

〔玉芝觀〕在延福坊。本越王貞宅。後乾封縣權治於此。又爲新都公主宅，施爲新都寺。寺廢，乃爲鄎王府。天寶二年，立爲玉芝觀。

〔五通觀〕在安定坊東北隅。隋開皇八年，爲道士焦子順所立。子順能驅役鬼神，傳諸符籙，預告隋文膺命之應。及即位，拜順開府永安公，立觀，以五通爲名，旌其神術。

〔龍興觀〕在崇化坊東南隅。本名西華觀。貞觀五年，太子承乾有疾，勅道士秦英祈禱獲愈，遂立此觀。垂拱三年，以犯武太后祖諱，改爲金臺觀。神龍元年，又改爲中興觀。三年，改爲龍興觀。

〔玄真觀〕在崇仁坊西南隅。半以東本尚書左僕射申國公高士廉宅。西北隅本左金吾衛。神龍元年，併爲長寧公主第。東有山池別院，即舊東陽公主亭子。韋庶人敗，公主隨夫爲外官，遂奏請爲景龍觀，仍以中宗年號爲名。初欲出賣，官估木石當二千萬，山池仍不爲數。天寶十二載，改爲玄真觀。肅宗時，設百高座講。

〔翊唐觀〕在櫟陽縣粟邑鎮，有翊唐觀。舊圖經曰：「昔寇尊師舉家白日上昇。」

〔靈臺觀〕道里記曰：「臨潼縣零口鎮有靈臺觀。唐天寶中，供奉睦霞奏置。」

〔長生觀〕新說曰：「咸寧縣長陽坊有古之長生道院。金朝體玄大師李大方廣道奉勅投太一湫金龍玉簡，廻過長生道院，題詩云：『長陽鳳嶺可躋攀，道院臨高面好山。竹外煙霞清老眼，松軒藥圃豈人間。』兵後隳廢，唯有道堂。寂照大師白志素與弟道真大師高志隱見其地形高爽，南望玉案，北枕鳳栖，乃神仙棲真之所，興工修築，殿堂廊廡，咸接松竹，爲城南勝遊之所。長陽坊，今俗呼長勝坊。」

〔至德女冠觀〕在興道坊西南隅。隋開皇六年立。

〔太平女冠觀〕在大業坊東南隅。本徐王元禮宅。儀鳳二年，吐蕃入寇，求太平公主和親，不許，乃立此觀，公主出家爲女冠。初以頒政坊宅爲太平觀，尋徙於此，公主居之，其頒政坊觀改爲太清觀。公主後降薛紹，不復入觀。西有駙馬都尉楊慎交山池，本徐王元禮之池。

〔咸宜女冠觀〕在親仁坊西南隅。睿宗在藩之第，明皇升極於此。開元初，置昭成、肅明二皇后廟，謂之儀坤廟。睿宗升遐，昭成遷入太廟，而肅明留於此。開元二十一年，肅明皇后亦祔入太廟，遂爲肅明道士觀。寶應元年，咸宜公主入道，與太真觀換名焉。

〔金仙女冠觀〕在輔興坊東南隅。景雲元年，睿宗第八女西城公主、第九女昌隆公主並出家爲女冠，因立二觀。二年，西城改封金仙公主，昌隆改封玉真公主，所造觀便以金仙、玉真爲名。武宗會昌中，建御容殿於金仙觀，宰相李德裕爲贊。

〔玉真女冠觀〕在輔興坊西南隅。本工部尚書莘國公竇誕宅。武太后時，以其地爲崇先府。景雲二年，爲玉真公主作觀。此二觀南街東當皇城之安福門，西出京城之開遠門，車馬往來，實爲繁會。

〔三洞女冠觀〕在醴泉坊西南隅。本靈應道士觀，隋開皇七年立。貞觀二十二年，自永崇坊換所居於此。

廟祠

廟

〔周文王廟〕周地圖云：「文憲王廟，在長安縣西北五十里。」新說曰：「灃水與渭合處，屬咸陽縣元村，矩陰山，地形高爽，古廟猶存，松柏森然。」

〔周武王廟〕在咸陽縣西北五里。〔案〕宋志西五里。

〔周成王廟〕在咸陽縣西一十五里。

〔周康王廟〕在咸陽縣北七里。

〔秦始皇廟〕在臨潼縣東一十五里。新説曰：「始皇廟，在秦始皇陵北五里會德鄉，今石碑尚存。」

〔漢高祖廟〕關中記曰：「高廟在長安故城安門裏大道東。」又曰：「秦廟中鐘虡四枚，皆在高廟。」漢舊儀：「高廟鐘十枚，受十石，撞之聲聞百里。」三輔故事：「高廟四鐘，各重十二萬斤。」新説曰：「隋遷都，移漢高祖廟於皇城開福門外頒政坊。」有題詩曰：『白帝魂摧鬼母號，赤符從此王金刀，須知隆準承堯運，謾説重瞳是舜苗。門外山河非楚、漢，壁間冠劍尚蕭、曹。詩人抱筆渾無用，不及當年市井豪。』值金貞祐，兵焚毁。」

〔漢惠帝廟〕在長安故城高祖廟後。

〔文帝廟〕號顧城。

〔景帝廟〕號德陽。

〔武帝廟〕號龍淵。

〔昭帝廟〕號徘徊。

〔宣帝廟〕號樂遊。

〔元帝廟〕號長壽。

〔成帝廟〕號陽池。

〔唐高祖廟〕在三原縣東十八里唐朱村。新説曰：「金國拜唐爲祖，明昌年，重修廟號。」〔案〕疑當作廟貌。

〔唐太宗廟〕在醴泉縣。明昌修崇。至元二十年，火災。

〔肅宗廟〕在涇陽縣甘北鎮。

〔宣宗廟〕在雲陽縣西二十里。

〔後周太祖廟〕在富平縣西北一十三里。

宋開寶九年詔：「建已上廟縣，令、主簿勾當灑掃舍宇，摧毁當議勘斷。令吏部銓曹上往下任交割。」

〔太廟〕在皇城安上街東。其地本隋太府寺玉作坊。先天中，廢坊置廟。韋公肅禮閣新儀曰：「乾元元年，立中宗廟。寶應四年，遷神主於太廟。昭德皇后，永貞元年祔于太廟。」

今廢爲乾明尼寺。

〔四皓廟〕在終南山。唐元和八年重建。

〔現聖侯廟〕元在春明門外。天祐年，移于府城東南隅。人呼爲太白廟。

〔鄭餘慶廟〕元在九耀街。大元丙申年，移于北坡子街。俗呼爲鄭元和廟。

〔秦樗里公廟〕在府衙西畔，墓亦在此。唐獨孤寔撰墓誌，張誼書。公曰：「後當帝王之宮加我墓。」

〔杜祁公廟〕元在啓夏門外。天祐年移來安上門裏街西。今人呼爲嵇康廟。〔案〕鈔本廟下空缺一字。其家廟，城南記云：「在啓夏門外，咸通八年建石室猶存，俗謂杜相公讀書堂。石室人皆莫曉，乃奉安神主之室也。」宋都運張掞詩曰：「煙蕪啓夏門，杜氏廟猶存。四室有遺構，九原無餒魂。國書褒舊相，鄉社見諸孫。赫赫牧之筆，雄文垂後昆。」

〔汾陽王家廟〕新説曰：「今府城北榭乃故基，碑刻尚存。大元中統，商左山行臺陝西，見碑仆棘榛間，再立，題詩曰：「落日危亭獨倚欄，登臨聊博片時閑，天邊飛鳥望不極，陌上行人猶未還。莫損壯心思往事，且留老眼看青山，功名誰似汾陽老，萬字豐碑草棘間。」

〔唐鄭國公魏徵廟〕按舊長安志：「在昌樂坊。」

〔武安君廟〕在咸陽縣東五里。卽秦將白起也。

〔龍淵廟〕在興平北二十五里。〔案〕宋志二十四里。漢武帝廟也。

〔蕭相國廟〕在咸陽西三十里。

〔介子推廟〕在咸陽西北三十五里。

〔西平郡王先廟〕新説曰：「唐李晟官至太尉中書令，贈西平郡王，勅立廟於京師。今慈恩寺西南一里，貞元八年立廟碑尚存。」

〔金山順澤侯廟〕在藍田輞谷口。

〔旌儒廟〕新說曰：「旌儒廟，在臨潼西南十里旌儒鄉横坑村，至今有冢。唐天寶中，改爲旌儒鄉。」

〔段烈士廟〕三輔會要：「烈士段秀實廟，在臨潼縣斜口鎮南道西。廟西三里是墓，德宗御製神道碑，太子誦書丹。」碑尚存。

〔三皇廟〕在草場街南，西鄰文廟。元貞改元三月，安西王遣王府右常侍火失忒木兒、左常侍營古帶、中常侍李良弼，下教曰：「迺者醫藥提舉常慶祚建言，所賜安西府三皇廟基未克完就，宜令王相府給楮幣一萬緡，且諭陝西行省、陝右廉訪司、暨安西路戮力經營，又專令典藏司使王庭瑞、醫愈郎前陝西四川中興等路醫藥提點使司判官常慶祚咸董役尤事。」〔案〕疑當作竟事。大德元年春，正殿告成。

〔真武廟〕在廣濟街流泉坊。金改爲玉虛觀。

祠

〔廣惠公祠〕唐開成二年，册終南山爲廣惠公，命長安令杜造南山下置祠，在石鱉谷口，以季夏土王用事日致祭。

〔安平公祠〕在指揮街。新説曰：「隋宇文愷有遷城營建之功，封安平公，廟食於此。」

〔竹林大王祠〕新説曰：「宋寇萊公貶死雷州，喪還，過荆南公安縣，民懷公德，以竹插地，掛紙爲祭，焚之。後生笋成林，民以爲神，因立公祠，目其竹曰相公竹，其祠號竹林大王。傳來長安，於安上街立廟。李誠之有詩曰：『已枯斷竹再成林，天爲英賢眷獨深。仆木偃禾如不起，至今誰識大忠心。』」

〔寇萊公祠〕新説曰：「京兆掖庭街西寇萊公園亭，捨爲寺，號安衆禪院，中有丞相萊公祠。石刻題詩曰：『玉殿登科四十年，當時交友盡時賢，歲寒唯有君兼我，白髮猶持將相權。』向敏中和云：『九萬鵬程一日飛，與君同折月中枝。細思淳化持衡者，得到如今更有誰？』」

〔休屠神祠〕漢書：「雲陽縣有休屠、金人、徑路神祠三所，越巫⿰卵占⿰襄阝音穰。祠三所。」孟康曰：「⿰卵占，音辜磔之辜，越人祠也。屠，音除。」音義曰：「匈奴祭天處，本雲陽甘泉山下，秦奪其地後，徙休屠右地郡。」郊祀志曰：「徑路神祠，祭休屠王也。」

〔風后祠〕在藍田縣西南蚩尤嶺下。

〔露臺祠〕唐餘録云：「在昭應縣南三十里。」三秦記曰：「驪山顛有人祖廟，不齋戒而往，即風雨迷道，强即死之。」道里記曰：「到彼，即下視諸山，有羲、軒已降形。」唐王璵請於昭應縣南三十里驪山頂置大華山宮、靈臺、天池婆父祠。〔案〕舊唐書王璵傳置天華上宮露臺大地婆父。宋志置尺華上官露臺大地婆父祠　今置廟，塑伏羲、神農、黃帝三后，謂之三皇廟。又呼人祖廟，俗呼阿婆父廟。

〔義榮先生祠〕在咸寧縣韋曲村　新說曰：「先生姓武，諱天錫，字伯威，官至成和郎陝西等路醫學提舉。儒書無不讀，尤精於醫，愛民以仁，活人以惠。至於爲高塚以瘞殘骸，分儲積以食餓者，居官而辭醫學之祿，與地而葬誣己之讐，賣婢死於主而復其半資，失錢本而不質其子，易楮幣而不直其僞，車轢孫死而不罪其人，奴僕之老者良之，牛馬之死者瘞之，如是者甚多，有故延安總管李嘉議記備載，茲不復覼縷。先生長子彬，今以太醫承事西安王邸。次恭，業醫。次敬，安西路醫學教授，以奉祠事。」今附諸君挽章於后云。西溪王傳文子勉：「關中歷歷數名醫，尊宿皆推老伯威，雅道豈惟三輔重，高名素達九重知。方資砭劑爲司命，遽閟泉幽便息機。共道先生不死在，傳家幸有桂林枝。」方齋郭松年子堅：「齋柳功霑雨露深，一門椿桂自成林，祗將白業傳家世，不著黃金易道心。百祀盡依鵬化景，九臯猶想鶴遺音。欲搜懿行追私謚，直待春風共盍簪。」山木老人王利用國賓：「醫不通儒道未光，儒醫兼濟始爲良。武門三世陰功大，仙桂森然並蒂芳。」左山後人璫履符：「撫卷想音容，存亡瞬息中。醫名本儒行，堂扁憶秦風。傳幸〔案〕疑當作傳世。多賢裔，論交盡鉅公。德聽門振鼓，迹此見陰功。」洹水吴昉景初：「一夕長星墜碧空，三秦醫壘失元戎。撫心無愧天人際，種德元從藥餌中。馬〔案〕鈔本馬下脫一字，蓋是冢，事見本志馬冢條。不埋憂世恨，鳳毛又繼活人功。到今鄉里尊耆舊，過式新阡敬武公。」

類編長安志卷之六

山水

山

〔華山〕爾雅曰：「華山爲西嶽。」職方氏曰：「豫州，其山鎮曰華山。」華山記云：「山頂有池，生千葉蓮花，服之羽花，因曰華山。」西山記〔案〕記當作經。云：「太華之山，削成而四方，其高五千仞，其廣十里。」張説泰華碑云：「華山少陰用事，萬物生華，曰華山。前對華陽，後厭華陰，左抱桃林塞，右産藍田玉，少昊下都，蓐收別館。」山海經云：「山列三峰，名雄五嶽。」趙倁云：「華山記：〔案〕趙倁云華山記云云未詳出處，姑爲標點如此。箭筈峰上有穴，纔見天，攀緣自穴中而上，東峰有仙掌石月。」三峰記云：「華山雲臺上有石盆，可容水數斛，明瑩如玉，上古篆人莫識，俗呼爲玉女洗頭盆。」杜甫望嶽詩云：「西嶽崚嶒竦處尊，諸峰羅列似兒孫。安得仙人九節杖，柱到玉女洗頭盆。車箱入谷無多路，箭筈通天有一門。稍待秋風涼冷後，高尋白帝問真源。」韓愈古意云：「太華峰頭玉井蓮，開花十枝藕如船，冷比雪霜甘比蜜，一片入口沉痾痊。我欲求之不憚遠，青壁無路難夤緣。安得長梯上摘實，下種七澤根株連。」寇準云：「只有天在上，更無山與齊。」又云：「拔地三峰起，侵天萬仞高。」又曰：「雲間絕壁分三面，天下名山放一頭。」

〔終南山〕在咸寧縣南五十里，東自藍田縣界，西入縣界石鱉谷，以谷水與長安縣爲界，東西四十里。關中記曰：「終南山，一名中南，言在天中，居都之南也。」一名地肺山。漢東方朔曰：「終南山，天下之大阻也。其山多玉石、金銀、銅鐵、豫章、檀柘異類之物，不可勝原，此百工取給，萬姓所仰足也。」唐文宗詔曰：「每聞京師舊説，以爲終南山興雲，卽必有雨，若晴霽，雖密雲他至，竟夕不霑濡。宜命有司建立祠宇。」禹貢：「終南、惇物。」詩：「終南何有，有條有梅。」

〔太一山〕三秦記云：「在長安東南八十里太一谷。中有太一元君湫池。漢武帝元封二年，祀太一於此，建太一宮。」

〔太白山〕山海經云：「在武功南。」諺曰：「武功太白，去天三百。」周地圖曰：「太白山高，常有積雪，無草木，故曰太白。」

〔驪山〕三輔故事云：「在長安東北七十里，古之驪戎國也。」又舊長安志云：「在臨潼縣東南二里。驪戎來居此山，故以名。」按土地記曰：「卽藍田山也。温湯出山下，其陽多寶玉，其陰多黃金。」三秦記曰：「始皇作閣道至驪山八十里，人行橋上，車行橋下，今石柱猶存。山上立祠，名曰靈臺。」述征記曰：「長安東則驪山，西則白鹿原，北望雲陽，悉見山阜之形，而恒若雲霧之中。」天寶元年，更驪山曰會昌山。七載，又改曰昭應山，山神曰玄德公。水經曰：「浮胏山，蓋驪之麓，而有異名，一作胏浮。」

〔慶山〕在臨潼縣東南三十五里。唐垂拱二年踴出。譚賓録曰：「新豐縣因風雷，有慶山踴出，高二百尺。荆州人俞文俊詣闕上書曰：『臣聞天氣不和而寒暑併，人氣不和疣贅生，地氣不和而塠阜出。今陛下以女主處陽位，反易剛柔，故地氣隔塞，而山變爲災。陛下謂之慶山，臣以爲非慶也。』疏奏，天后大怒，流之嶺外。」兩京道里記曰：「慶山踴出，初六七尺，漸高至三百餘尺，〔案〕宋志百餘尺。居守以聞，百寮畢賀。給事中魏叔璘竊戲曰：『此平地生骨堆，何足慶。』或以上聞，坐賜死。識者謂叔璘翻語是被戮，故禍不及家，止身而已。」

〔雞頭山〕在鄠縣東南三十里。〔案〕宋志三十一里。十六國春秋曰：「苻生不能守長安，欲西上隴山，士卒散盡，遂入雞頭山，尋爲追兵所害。」

〔牛首山〕在鄠縣南二十五里，〔案〕宋志西南二十三里。南接終南山，在上林苑中。西京賦曰：「繞黄山而欵牛首。」山海經曰：「牛首之山，有鬼草，其葉如葵，赤莖，其秀如禾，服之使人不憂。」三輔黄圖曰：「甘泉宮中有牛首山。」

〔五牀山〕在鄠縣境。漢書曰：「鄠有五牀。」按近世僧院有在重雲山、紫閣山、雲際山、白雲山者，此並不載。

〔藍田山〕在藍田縣東南三十里。范子計然曰：「玉英出藍田。」一名覆車山。郭緣生述征記曰：「山形如覆車之象。其山出玉，亦名玉山。」後魏風土記曰：「山巔方二里，聖賢仙隱之處，劉雄鳴學道於此。下有神祠甚嚴，灞水之源出藍田谷。西又有尊盧氏冢，次北有女媧氏谷，則知此地是三皇舊居之所。」帝王世紀曰：「尊盧氏，赫胥氏後。」

〔金山〕關中記云：「在藍田縣南一十里。」

〔蕢山〕在藍田縣東南二十五里。蕢音蒯。

〔倒虎山〕一名玄象山。在覆車山北。苻堅時，王子年始隱于東陽谷，後避石季龍之亂，徙於此。

〔嶢山〕在藍田縣南二十里。

〔虎侯山〕在縣境。

〔七盤山〕在上縣南二十里。

〔王順山〕在上縣東南二十里。舊圖經曰：「昔道人王順隱此。」

〔阜兒山〕在藍田東六十里〔案〕宋志二十里。鄉俗所傳，嘗有一禽止此山，衆禽隨之，疑爲鳳也，因名鳳兒山，語訛作阜兒山。

〔九嵕山〕在醴泉縣西四十里。漢書地理志曰：「谷口縣，九嵕山在西。」四夷郡國縣道記曰：「九嵕山，東連仲山，西當涇水出焉，〔案〕宋志出處。高六百五十丈，周十五里。」唐太宗昭陵在其上。

〔武將山〕在上縣西北五十里。一名憑山。

〔芳山〕在上縣東北五十里。

〔覆甑山〕在上縣東北四十五里。

〔承陽山〕在上縣西北七十里。山有石泉，三輔黃圖所謂浪水。

〔無勞山〕在上縣西北六十里。

〔長陵山〕在乾祐縣東七十五里。

〔夢谷山〕在乾祐縣東南三十里。其山崇峻，常有雲起。

〔石驢山〕在縣西南一百八十里。山有石狀驢。

〔石馬山〕在上縣南三十里。山有石狀馬。

〔車輪山〕在縣南五里。

〔考山〕在上縣北七十里。

〔重崖山〕在上縣東五里。

〔靈臺山〕在渭南縣東南三十五里。

〔倒獸山〕一名玄象山，在渭南縣東南三十七里。十六國春秋曰：「王嘉，字子年，隱於東陽谷，鑿崖穴而居，弟子傳業者數百人，亦皆穴處。石季龍兵亂，棄其徒衆，至于長安，潛隱終南山，結菴廬而止。門人聞而復隨之，乃遷於倒獸山。」卽此山也。

〔豐山〕在蒲城縣西北三十里。一名蘇愚山。

〔金粟山〕在蒲城縣東北二十里。

〔白堂山〕在上縣東北三十五里。舊圖經曰：「山之前，秦白起立寨之所，因以爲名。」

〔不羣山〕在上縣東北白堂山南。舊圖經曰：「諸山纍纍，峰巒相接，唯此山孤迥，因以爲名，俗謂之孤山。」

〔金熾山〕在上縣西北二十里。

〔堯山〕亦名浮山，在上縣北二十里。舊圖經曰：「昔堯時，洪水爲災，諸山盡没，唯此山若浮，因以爲名。」

〔重山〕在堯山前。舊圖經曰：「以其與堯山有重疊之象，故號曰重山。」

〔銅斗山〕在上縣西北四十里。

〔馬家山〕〔案〕宋志馬冢山。在上縣西北五十里。

〔梁山〕在奉天縣北十里。卽禹貢所謂「壺口治梁及岐」。又古公亶父踰梁山至於岐下，及秦立梁山宮，皆此山也。

〔垝丘毁反。山〕在好畤縣。

〔石門山〕在上縣西一十五里美川鄉。

〔牛耳山〕在華原縣北六十里。

〔風孔山〕在上縣東五里。

〔安君山〕在上縣東五里。

〔樹子山〕在縣北四十里。

〔石皐山〕在上縣北四十里。

〔把樓山〕在上縣北四十五里。

〔土門山〕在上縣東南四里。水經注曰：「宜君水東南出土門山西。」

〔三石山〕在上縣北六十八里。

〔玉女山〕在上縣西北六十里。

〔鑑山〕異聞録：「在上縣。東崖石夜放光明如鑑。」後唐同光年，改華原縣爲耀州。

〔荊山〕在富平縣西南二十里。今名握陵原。〔案〕宋志掘陵原。尚書曰：「荊、岐既旅。」又曰：「導汧及岐，至於荊山。」孔安國曰：「荊在岐東，非荊州之荊也。」方輿記曰：「昔黄帝鑄鼎於此山。」帝王世紀：「禹鑄鼎於荊山，在馮翊懷德之地。」今山下有荊渠。

〔壇山〕在上縣西北三十里。

〔天乳山〕在上縣西北二十五里。兩峰相對類乳形。

〔堯門山〕在三原縣西北三十二里。

〔嵯峨山〕一名巀嶭山，在雲陽縣東北十里，東西二十五里，南北二十里。漢書：「巀嶭山在池陽縣北。」師古曰：「俗呼嵯峨山是也。音截嶭。」雲陽宮記曰：「東有慈峨山。」蓋又名慈峨。四夷郡縣記曰：「山頂有雲起卽雨，人以爲候。昔黄帝鑄鼎於此山。」

〔小仲山〕〔案〕宋志仲山，無小字。在上縣西北四十里。史記：「漢武帝獲寶鼎於汾陰，迎鼎至甘泉從行，上薦之，至中山晏温，如淳曰：「三輔謂日出清濟爲晏晏而温也。」有黄雲蓋焉。」徐廣云：「關中有中山，非冀州者也。」雲陽宮記曰：「宮南三十里，有仲山，未詳古之何山，山有竹箭生焉，俗傳高祖兄仲所居。今山有仲子廟，積旱祈之，圍此射獵，則風雨暴至，廟有一泉，未嘗水竭。」

〔甘泉山〕一名石鼓原，俗云磨石嶺，在上縣西北九十里，周六十里。關中記曰：「甘泉宮在甘泉山上。漢書：『單于烽候以應甘泉。』即此山也。」

〔文王山〕在同官縣西四十里。

〔馬欄山〕在上縣北。

〔三泉山〕在上縣東南三十二里。

〔白馬山〕在上縣西北。

〔女回山〕在縣境。

〔頻山〕在美原縣北一十八里。秦將王翦此縣人。

〔石疊山〕在上縣北一十五里。

〔萬斛山〕在縣東北二十里。

〔金粟山〕在上縣北一十五里。

〔玉鏡山〕在上縣西北一十里。

〔明月山〕在上縣西北二十里。其山夜望之朦朧似月，故號云。

〔秦嶺山〕山海經：「秦嶺，乃天下之大阻也。」三秦記：「秦嶺，東起商、洛，西盡汧、隴，東西八百里，嶺根水北流入渭，號爲八百里秦川。」

〔岐山〕周地圖云：「在鳳翔東北五十里。山下有周公邸、文憲王廟，中有潤德泉。」

〔吴山〕方輿記云：「在汧陽縣，乃華山亞嶽。」

〔崆峒山〕春秋元命包曰：「朝那有崆峒山，上有軒轅黄帝謁廣成子問道宫。」

〔六盤山〕周地圖：「六盤山，高秦川一百八十里，南接崆峒，北連斷頭山至黄河。」

水

〔涇水〕水經注：「導源安定朝那西笄頭山，東過涇、邠至仲山，出谷口，入秦川長陵，東合于渭。」

〔渭水〕水經注：「出鳥鼠同穴山，東經南安、天水、略陽、秦川，至華陰、弘農，合黄河。」

〔灞河〕水經注：「出商山、秦嶺，北出倒回谷，經藍田，本名滋水，秦穆公改爲霸水，過陵會滻水，北合于渭。」

〔滻水〕水經注：「出南山大谷、湯谷、庫谷，北合荆谷水，西北至光泰門，合于灞。」

〔灃水〕水經注：「灃水，出南山灃谷，北流至長安縣西北堰頭元村周文王廟，西合于渭。」

〔鎬水〕按長安圖，本南山石鱉谷水，至香積寺與坈河交，謂之交河，西北入石巷口，灌昆明池，北入古鎬京，謂之鎬水，又北經滮池，西北合于豐。」

〔澇水〕山海經：「鄠縣南牛首山，澇水出焉。」水經注：「澇水，出澇谷鄠縣，北至澇店，合于渭。」

〔潏水〕水經注：「出西義谷、太一谷，經樊川、杜曲、韋曲，至下杜城，爲漕河，北經三橋，合于渭。」潏今名泬，一作沈。

〔黑水〕禹貢：「黑水、西河惟雍州。」水經注：「出南山黑水谷司竹監，北合于渭。」

〔甘水〕水經注：「甘水，出南山甘谷。尚書：『啓與有扈戰于甘之野。』至甘河鎮，北合于渭。」

〔福水〕即交水也。水經注曰：「上承樊川、御宿諸水，出咸寧縣南山石壁谷，〔案〕宋志同。當作石鱉谷。南三十里與直谷水合，亦名子午谷水。」

〔庫谷澗水〕北流二十五里，合採谷水，下流入荆谷水，號滻水，下流二十五里，合霸水，號霸水，北流二里，入渭。

〔採谷水〕來自藍田縣界，西北流三十里，入咸寧縣界，二十里，合採谷，爲滻水，北流四十里，入霸水。

〔石門谷水〕來自藍田縣，北流一十里入縣界，合採谷水，北流一十五里，合庫谷水，爲滻水。

〔荆谷水〕一名荆溪，來自藍田縣，至康村，入咸寧縣界，西流流三十里〔案〕宋志二十里。出谷，至平川，合庫谷、採谷、石門水，爲荊谷水，一名滻水。兩京道里記曰：「荊溪，本名長水，後秦姚興避諱改焉。」

〔義谷水〕自咸寧縣界由乾祐縣下流，入山一百里，至谷口，西北流二十里，合錫谷、羊谷水，入坑河，西流一十五里，入長安縣界。

〔郊谷水〕北流一十里，合錫谷水，自谷口北流一十里，爲坑河，入長安縣分界，流三十里，合豐水。

〔石鱉谷水〕北流一十五里，復西流一十里，入長安縣界。

〔漕水〕由咸寧縣界坑河分水，約五里，西流。已上並屬咸寧縣。

〔滮池水〕出長安縣西北二十里。

〔戲水〕水經注曰：「源出驪山。」

〔坑谷水〕在縣南二十七里，自咸寧縣界，流經縣五里，合交水。

〔梗梓谷水〕出南山，北流，合成國渠，又西北，豹林谷水入焉，又西北流，至縣東南三十里，入交水。

〔豹林谷水〕出南山，北流三里，有竹谷水自南來會，又北流二里，有子午谷水東來會，自此以下，亦謂之子午谷水。圖經：「豹林谷水、子午谷水並合入郊河。」

〔龍驟谷水〕合郊河。

〔太河谷水〕合郊河。

〔灃谷水〕合灃河。已上並屬長安縣。

〔祥谷水〕合豐水。

〔白谷水〕合豐水。已上屬咸陽縣。

〔斜水〕漢書：「出衙領山，北至郿，入渭。」水經曰：「出武功縣西南衙領山，北歷斜谷，過五丈原東，原在縣西十餘里，水出武功縣，亦謂之武功水。諸葛亮表遣虎步監孟琰據武功水東，司馬懿因水出騎萬人來攻琰營，亮作車橋，懿見橋畢成，便引兵退。」

〔褒水〕漢書：「亦出衙領山，至南鄭，入沔。」

〔武亭水〕北自好時縣來，至縣南立節渡，合渭水。

〔白水〕本名雍水，亦曰圍川水，西自扶風縣界，來至縣，合武亭水。

〔莫谷水〕水經注曰：「莫谷水，南經美陽縣，與中亭川水相合。」舊圖經曰：「自奉天縣界一十里流至縣，東北合武亭水。」十道志曰：「三時原莫谷水，南經武功縣北。」

〔雍水〕十道志曰：「俗名白水，亦曰圍川水，西北自扶風縣界流入。」

〔温泉水〕出太一山。其水沸湧如湯。水經注：「杜彥達曰：『可治百病，世清則疾愈，世濁則無驗。』其水下合溪流，北注渭。」已上並屬武功縣。

〔泠水〕在臨潼縣東三十五里，來自渭南縣界，亦曰百丈水。水經注曰：「泠水，出肺浮山，歷陰盤、新豐兩原之間，北流注于渭。」

〔陰盤城河水〕在縣東北一十四里，出縣北楊村社。

〔魚池水〕在秦始皇陵東北五里，周四里。水經曰：「泉出麗山，本導源北流，始皇葬於山北，水過而曲行，東注北轉。初造陵，取土其地，污深水積成池，謂之魚池。」

〔市谷水〕〔案〕宋志酋谷水。在縣東三十里，流入渭。已上並屬臨潼縣。

〔高觀谷水〕在鄠縣東南三十里，闊三步，深一尺，其底並碎砂石。北流入長安縣界，合豐水。

〔太平谷水〕在縣東南三十里，闊七步，深二尺，其底並碎砂石。北流入長安縣界，合豐水。十道志曰：「一名林谷水，卽清水〔案〕宋志清渠水。之上流也。源出終南山。」

〔檀谷水〕十道志曰：「長樂渠之上流也。源出縣南終南山檀谷。」

〔甘谷水〕在縣西南二十三里，〔案〕宋志二十二里。闊三步，深一尺，其底並碎砂石。北流入興平縣界，合渭水。

〔耿谷水〕在縣西南三十里，闊三步，深一尺，其底並碎砂石。北流入興平縣界，合渭水。

〔扈陽谷水〕十道志曰：「一名扈水，又名馬腹陂水。」水經注曰：「扈水，上承扈陽池。」已上並屬鄠縣。

〔金谷水〕出藍田縣西南終南山之金谷。水經注曰：「水東北流，注滻水，又北流，歷藍田川，北注于霸。」

〔劉谷水〕一名泥水，出縣東南劉谷。水經注曰：「水出藍田山之東谷，俗謂之劉谷，西北與石門水合。」

〔銅谷水〕出縣東銅谷。水經注曰：「石門谷東有銅谷水，合輞谷水，西注泥水。」

〔白馬谷水〕出縣東白馬谷，南流經縣南，又西北流入霸水。

〔白牛谷水〕出縣西北白牛谷，西南流入霸水。

〔圍谷水〕又有岐谷水，出縣西南岐谷，南流入霸水。

〔狗枷東川水〕出縣西南終南山。水經注曰：「上有狗枷堡。秦襄公時有天狗來，下有賊，則狗吠之，一堡無患，故川得名焉。」又曰：「狗枷東川水，出南山之石門谷，次東有孟谷，次東有大谷，次東有雀谷，次東有土門谷，五水合而西北流，歷風涼原東。」爲一大水，入萬年縣界。

〔荆谷水〕自白鹿原東流，入咸寧縣唐村界。

〔輞谷水〕出南山輞谷，北流入霸水。

〔藍谷水〕南自秦嶺，西流經藍關、藍橋，過王順山下，出藍谷，西北流入霸水。

〔傾谷水〕自秦嶺出，南流入霸水。

〔採谷水〕自秦嶺出，北流三十里，入咸寧縣界。

〔石門谷水〕自秦嶺出，北流三十里，入咸寧界。

〔庫谷水〕自南山出，北流入咸寧界，合滻水。

〔蓼子澗〕在縣南三里，出南山，西北流，合輞谷水，入霸水。已上並屬藍田縣。

〔五丈河〕在櫟陽西南，今涸。〔案〕此處當有屬櫟陽縣四字。

〔泎水〕在乾祐縣東五里，出咸寧界秦嶺下，流入金州洵陽縣界。

〔蘊水〕在縣西南七里，出考山，下流入泎河。

〔洵河水〕在縣西南一百里，出咸寧縣、長安兩縣界秦嶺下，南流，經縣入金州洵陽縣界。已上屬乾祐縣。

〔酋水〕出渭南縣西南石樓山。水經注曰：「酋水，出倒獸山。」

〔南總五水〕單流北注，經秦步高宮東，歷新豐原東，而北經步壽宮西，又北入渭。〔案〕此條與上酋水條全用宋志，宋志實聯屬爲一條，自酋水出倒獸山至又北入渭悉引水經注舊文，南總五水者，謂酋水南總五水，非別有水曰南總五水也。本志以南總五水爲水名，別列條目，大誤。

〔東陽谷水〕出縣東南廣鄉原北。

〔西陽谷水〕出縣東南廣鄉原北。

〔杜化谷水〕出縣西南。

〔零谷水〕出縣西。已上屬渭南縣。

〔芒水〕水經注曰：「出南山芒谷，逕玉女房，水側山際，有石室，世謂之玉女房。又北逕縣之竹圃，中分爲二水，漢孺子詔：『翟義作亂於東，霍鴻負倚盩厔芒竹。』師古曰：『芒竹，在盩厔南界，芒水之曲，而多竹林也，即今司竹園是其地矣。芒音亡。』一水東北爲枝，一水北流注渭。」

〔韓水〕在縣北三十里，出終南山蒲澗，北流二十五里，入渭。

〔沙河水〕在縣東二里，自終南山，北流經縣界三十五里，入渭。

〔曲河水〕在縣西五里，其水亂泉水合之，北流入渭。

〔田谷河水〕在縣東南三十五里，出終南山下，北流入黑水河。水經注有田溪水，疑是此。已上屬盩厔縣。

〔莫谷水〕在縣南五里，自永壽縣麻亭嶺，流經縣三十里，西南入武功縣界。已上屬奉天縣。

〔漆水〕自華原東北同官縣界來，經縣一十五里，南流入富平縣界，合沮水，俗名石川水。周太王去豳，度漆，踰梁山，止岐下。故詩曰：「自土漆、沮。」又曰：「率西水滸，至於岐下。」尚書曰：「導渭，自鳥鼠同穴，東會于灃，又東會于涇，又東過漆、沮，入于河。」孔安國曰：「漆、沮，一名洛水，出馮翊北。」正義曰：「雍州漆水，出扶風漆西。沮，則不知所出。」山海經曰：「涇、渭合流三百里，清濁不相雜，東合漆沮水，至漳津，入于河。」又曰：「渝次之山，漆水出焉，北流至于渭。」水經注曰：「渭水，東過華陰縣北，洛水入焉。闞駰以爲漆沮之水。」

〔沮水〕自縣西北邠州界來，經縣九十五里，南流，合漆水，入富平縣界石川河。

〔澗谷水〕來自縣西北孝義鄉焦呰村，南流七十里，入三原縣界。

〔濁谷河水〕自縣西北孝義鄉大海村來，經縣四十五里，南流入三原縣界。已上屬華原縣。

〔澤多泉水〕在富平縣西一十三里永潤鄉〔案〕宋志永閏鄉，本志亦多作永閏鄉。温泉村，東入薄臺川，三十里，東南入漆沮河，溉民田。〔案〕此處當有屬富平縣四字。

〔冶谷河水〕自縣西北淳化縣界來，經嵯峨、武康、青龍等鄉，溉民田。

〔五龍谷水〕水經注曰：「出雲陽宫西南。」〔案〕此處當有已上屬雲陽縣五字。

〔同官川水〕在縣北五十里，自坊州宜君縣界來，經縣，南流入華原縣界。水經注曰：「同官水，出殺祤城東北，而西南經同官川，謂之同官水。」

〔雷平川水〕在縣西北五十里，入同官川水。

〔烏遲河水〕在縣東二十五里，入蒲城縣界。

〔漢井泉水〕在縣東北三十里，南合入烏遲川水。

〔大石盤川水〕在縣東北五十里馬欄山北，東流入坊州宜春縣界。已上屬同官縣。

川谷

川

〔御宿川〕在咸寧縣西南四十里。楊雄羽獵序曰：「武帝開上林，東南至御宿川。」孟康注曰：「爲諸離宮別觀，禁御不得使人往來遊觀，止宿其中，故曰御宿川。」漢元后傳：「夏遊籞宿。」師古曰：「籞宿苑，在長安城南，今之御宿川是也。」

〔樊川〕一名後寬川，在咸寧縣南三十五里。十道志曰：「其地卽杜陵之樊鄉。漢高祖至櫟陽，以將軍樊噲灌廢丘功最，賜噲食邑於此，故曰樊川。」

〔高望川〕在武功縣東二十里。〔案〕宋志二十五里。

〔北虜川〕在富平縣北五里。

〔薄臺川〕在富平縣南五里。

〔滈川〕在長安東南三十里。地理志：「滈川，即滻川也。」

谷

〔義谷〕在咸寧縣東南八十里。

〔錫谷〕在縣東南六十里。

〔羊谷〕在縣東南六十里。

〔炭谷〕在縣南六十里。

〔郊谷〕在縣東南六十里。

〔竹谷〕在縣南六十里。方輿記曰：「竹水，俗謂之赤水，出于媚谷。」

〔石鱉谷〕在縣西南五十五里。〔案〕宋志五十里。

〔荆谷〕在縣南〔案〕宋志東南。二十五里。已上屬咸寧縣。

〔坑儒谷〕在臨潼縣西南五里。秦始皇坑儒於驪山下，故名坑儒鄉。

〔傾谷〕在藍田縣東五十里。

〔同谷〕在傾谷之西。

〔倒回谷〕在縣東南五十里。灞水上源出此谷，谷內通商州洛南縣界。

〔藍谷〕在縣東南二十里。

〔採谷〕在縣西南三十里。

〔輞谷〕在縣西南〔案〕宋志縣南。二十里。

〔石門谷〕在縣西南四十里。

〔庫谷〕在縣西南五十里。谷有關。已上屬藍田縣。

〔甘谷〕在醴泉縣西八十里。

〔泥泉谷〕在縣西北三十里。

〔石泉谷〕在縣西北六十里。

〔波水谷〕在縣北七十里。

〔承陽山兩水谷〕本雨水谷據宋志及本志目改。在縣西七十里。

〔豆盧谷〕在縣西北八十里。

〔黑狗谷〕在縣西北九十里。

〔巴谷〕在縣西北九十里。

〔白水谷〕在縣西北一百里。已上屬醴泉縣。

〔黄狗谷〕在渭南縣南三十里。〔案〕此處當有屬渭南縣四字。

〔良將谷〕一名白堂谷，在蒲城縣東北三十里。

〔炭谷〕在縣西北二十里。此谷出炭。

〔佛空谷〕在縣西北三十五里。谷内有佛空院。唐會昌五年廢。

〔白馬谷〕在縣西北四十五里。

〔洛水谷〕在縣東五十里。〔案〕此處當有已上屬蒲城縣六字。

〔韋谷〕在盩厔縣西南三十里。

〔倉谷〕在縣西南二十五里。

〔底保谷〕在縣西南三十里。

〔故縣谷〕在縣西二十五里。

〔強弩谷〕在縣西南二十五里。

〔西洛谷〕在縣南三十里。

〔韓谷〕在縣東南二十五里。

〔黄谷〕在縣東南二十五里。

〔田谷〕在縣東三十里。

〔牛貴谷〕在縣東南三十五里。

〔赤谷〕在縣東南三十五里。

〔壇谷〕在東南三十七里。

〔洛谷〕在縣南三十里。已上屬盩厔縣。

〔清水谷〕在華原縣西三十五里石門鄉。十道志：「一名鬼谷。晉太康地記：『扶風池陽縣有鬼谷先生所居。』今按此地卽池陽之境。又司馬彪曰：『鬼谷在嵩山。』虞喜志林：『在隴關。』裴秀雍州記：『在池陽。』未知孰是？」〔案〕此處當有屬華原縣四字。

泉渠

泉

〔馬跑泉〕在縣西二十五里。

〔要册泉〕在縣北八里。

〔下村泉〕在縣西北一十五里。

〔李村泉〕在縣西北一十里。已上屬咸陽縣。

〔玉女泉〕在興平縣東南。

〔史家泉〕在縣北楊妃冢西。

〔板橋泉〕在縣西北一十七里，深百尺，流入白渠。

〔龍泉〕亦名温泉，又名姜子泉，在縣西一十七里，周數十步，深不可測。

〔涇龍泉〕新泉相去十餘步，在縣西一十七里，周數十步。

〔馬嵬泉〕在縣西二十里，周數十步，深百尺。

〔靈寶泉〕在縣東南二十里，周數十步，深不可測。舊圖經曰：「漢帝時邊詔得靈寶符于此泉，後祈請有應，因名之。」

〔醴泉〕在縣東南二十里，周數十步，深不可測。舊圖經曰：「醴泉，在扶風鄉。唐貞觀十二年，自然湧出，其味如醴，飲之疾愈。」已上屬醴泉縣。〔案〕當作已上屬興平縣。

〔灥澄泉〕在臨潼縣西南五里。灥，徒緣切，雨而泉出也。

〔鳴犢泉〕在縣西北十里獨孤村，東西二泉，相隔一里。俗云：「東泉一牛犢沒於泉底，牛母悲鳴，其犢西泉而出，從號曰鳴犢泉。」

〔温泉〕在縣南一百五十步驪山之西北。雍州圖曰：「温湯，在新豐界温谷，即温泉也。」三秦記曰：「驪山湯，舊說以三牲祭，乃得入，可以去疾消病，不爾，即爛人肉。俗云：『始皇與神女戲，不以禮，神女唾之，則生瘡，始皇怖謝，神女爲出温泉而洗除，後人因以爲驗。」漢武帝故事曰：「驪山湯，初，始皇砌石起宇。至漢武，又加修飾焉。」張衡賦序曰：「余適驪山，觀温泉，浴神井，嘉洪澤之普施。」十道志曰：「今按泉有三所。其一處卽皇堂石井，周武帝天和四年，大冢宰宇文護所造。隋文帝開皇三年，又修屋宇，列樹松柏千株餘。唐貞觀十八年，詔左屯衛大將軍姜行本、將作少匠閻立德營建宮殿、御湯，名湯泉宮。太宗因幸製碑。咸亨二年，名温泉宮。天寶六載，改爲華清宮，驪山上下，益治湯井爲池，臺殿環列山谷，明皇歲幸焉。又築會昌城，卽於湯所置百司及公卿邸第焉。華清宮北向。正門曰津陽門，東面曰開陽門，西面曰望京門，南面曰昭陽門。津陽門之東曰瑶光樓，其南曰飛霜殿。御湯九龍殿在飛霜殿之南，亦名蓮花湯。明皇雜録曰：「玄宗幸華清宮，新廣湯，制作寵麗。安禄山於范陽以白玉爲魚龍鳧雁，仍以石梁及石蓮花以獻，雕鏤巧妙，殆非人功。上大悦，命陳湯中，仍以石梁横亘湯上，而蓮花纔出於水際。上因幸華清宮，至其所，解衣將入，而魚龍鳧雁皆若奮鱗舉翼，狀欲飛動，上甚恐，遽命撤去。而蓮花今猶存焉。」又曰：「宮内除供奉兩湯外，而内外更有湯十六所。長湯每賜諸嬪御，其修廣與諸湯不侔。次西曰太子湯，又次西少陽湯，又次西曰尚食湯，又次西宜春湯，又次西長湯。」十六所今唯太子、少陽二湯存焉。玉女殿，今名星辰湯。南有玉女殿，北有虚閣，閣下卽湯泉，二玉石甕，湯所出也。七聖殿，在宮中。宜春亭，重明閣，長生殿，集靈臺，朝元閣，老君殿，鐘樓，明珠殿，笋殿，觀風樓，鬭雞殿，按歌臺，毬場，連理木，飲鹿槽，丹霞泉，羯鼓樓。禄山亂後，天子罕復遊幸。唐末遂皆圮廢。晉天福中，改爲靈泉觀，賜道士居之。已上屬臨潼縣。

〔没豬泉〕在鄠縣東南。其源澄湛，俗傳昔有野豬，没而爲泉。圖經曰：「按説文：『豬亦瀦也，水所停曰豬。』尚書禹貢曰：『大野既豬。』亦曰：『彭蠡既豬。』『滎波既豬。』皆由水所停爾。又曰：『黑水、西河爲雍州。終南、惇物，至於鳥鼠，原隰底績，至於豬野。』今鄠縣實終南之隈。没，汨没也。蓋泉澤即水所停爾，俗而神之非也。」今傍有禹廟。〔案〕此處當有屬鄠縣三字。

〔咽瓠泉〕在藍田縣西〔案〕宋志縣西北。一十五里，舊圖經曰：「唐李筌於此遇驪山老母，説陰符經，傳教既畢，令筌取水，筌乃携瓠就泉汲水，已失老母，因名咽瓠泉。」

〔桂泉〕在藍田縣東北四十里。泉畔舊有桂一根。唐武德六年，寧民令顔昶引南山水入京城。〔案〕此處當有已上屬藍田縣六字。

〔梁泉〕在渭南縣東南一百五步。

〔甘泉〕在縣城内。

〔姜泉〕在縣城内。唐陸贄爲尉，有詩曰：「遶街流渺渺，夾砌樹陰陰。」蓋縣城内多引流泉。

已上屬渭南縣。

〔白龍泉〕在盩厔縣東北一里。玄宗幸蜀，潛告符應，封土主白龍大王，立廟。

〔永女泉〕在縣西南五里。

〔没底泉〕在縣北一里，北三里入渭。已上屬盩厔縣。

〔鹹泉〕在富平縣東南五里。

〔白馬泉〕在富平縣東一十里。〔案〕此處當有已上屬富平縣六字。

〔鄭泉〕在雲陽縣西四十里。雲陽宫記曰：「漢鄭朴，字子真，隱於谷口，高節不屈，耕於巖石之下，名震京師。時人因子真所居，名爲鄭泉。」

〔金泉〕雲陽宫記：「入冶谷二十里，有百里槐樹，北有泉出數穴，清澈無底。」雍州記曰：「有人飲此泉水，見有金色從山中照水，往取得金，故名金泉。」〔案〕此處當有已上屬雲陽縣六字。

〔亭子泉〕在同官縣東一里。

〔柏榆泉〕在同官西南一里。〔案〕此處當有已上屬同官縣六字。

〔哭泉〕新説曰：「哭泉，在宜君山。杞梁妻孟姜女負夫骨，哭不止，有泉湧出，水作哭聲，號曰哭泉。左山詩曰：『一脉寒泉凛且清，涓涓猶似哭〔案〕鈔本哭下脱一字，蓋是夫。聲。長城費盡生民力，千載惟成節婦名。』」

〔湧珠泉〕新説曰：「湧珠泉，在員莊半崖，一泓汪洋，周匝三十步，其水從底湧出如珠璣，大小不等，至水面而散，晝夜不止，號曰湧珠泉，又曰珍珠泉。王清卿詩云：『竹徑蓮塘小有天，過橋直到湧珠泉。主人不識煙霞客，興盡山陰訪戴船。』

〔鳴犢泉〕新說曰：「咸寧縣東南六十里有鳴犢泉。俗云：『因犢跑鳴而得泉，因置鳴犢鎮。』武帝獵于鳴犢之西原，卽此地。」

〔温泉〕在武功縣，出太一山。其水沸湧如湯。

〔石門湯泉〕在藍田縣西南四十里石門谷口。舊圖經曰：「唐初有吳僧止于此，大雪，其地雪融不積，僧曰：『必温泉也。』掘之，果有湯泉湧出。遂置舍兩區，凡有病者，浴多痊損。後有白魚之瑞，復神女頻降，遂立玉女堂於湯測。明皇時，賜名大興湯院。」

〔聖女泉〕舊圖經云：「在長安縣西二十五里。平地泉湧出爲池，周二十步。」

渠

〔龍首渠〕一名滻水渠。漢書曰：「穿渠得龍骨，故名龍首。」隋開皇三年，自府城東南三十里馬頭埪堰滻水西北流，至陳秋橋，枝分爲二渠，一北流，經長樂坡西北，灌凝碧、積翠，西北入大明宮後，灌太液池。五季後渠涸。宋大中祥符七年九月九日，龍圖直學士尚書工部郎中知永興府陳堯咨奏引龍首渠入城。勅堯咨：「省所奏『永興軍城井泉大半鹹苦，居民不堪食，州臣親相度城東二里有水渠曰龍首，其水清泠甘洌，可五六十人，開渠引注入城，散流廛閈，出納城濠，闔城盡食甘水，皆感聖恩』事，具悉。卿幹用適時，精心率職，方類于藩之任，尤賢治劇之才。而能相厥土之高，畢究斯民利病，靡煩庶役，潛導迅流，直貫城闉，俯因廛閈，既蕩邪而難老，亦播以無窮，刬龍首之清渠，實唐京兆之舊跡，克修廢墜，深副倚毗。閱乃奏章，遽兹推美，具於難尚，不捨寤興，故兹獎諭，想宜知悉。夏熱，卿比平安好，遣書指不多及。十五日。」至元甲子，賽平章復引水入城中。至元十年，復開五季後涸渠，自長樂坡西北流入王城，一渠西流，灌興慶池，經勝業坊西京城，經少府、錢監、都水監、青蓮堂，西入熙熙臺，西入城濠。今渠廢，水不復入京城。

〔黃渠〕自南山東義谷堰水，上少陵原，至杜陵南，分爲二渠，一灌鮑陂，一北流曲江。新說曰：「唐文宗時，黃渠已涸。帝讀杜詩，有意復興，大和九年，發神策軍掘黃渠，淘曲江。今黃渠水上少陵原，東流入滻川。」

〔清明渠〕隋開皇年，引潏水西北流，入城，又東流至安樂坊之西南隅，屈而北流，經宣義、太平等九坊之西，東流入皇城大社，又東至含光門街，屈而北流，經尚食局東，又北流經將作監、內侍省，又北流入宮城。

〔永通渠〕隋開皇四年開，起縣西北渭水興城堰。初名富渠，仁壽四年，改。

〔漕渠〕唐天寶二年，京兆尹韓朝宗引渭水，入金光門，置潭于西市，以貯材木。大曆元年，尹黎幹自南山谷口開漕渠，抵景風、延喜門，入苑，以運南山薪炭。已上屬長安縣。

〔興成渠〕在咸陽縣西十八里。唐李石爲相，奏咸陽令韓遼治之，東建永豐倉。自秦、漢以來，疏鑿爲漕渠，起咸陽，抵潼關，三百里無車輓之勞。其後堙廢。自此復之。

〔明渠〕〔案〕宋志清渠。漢時渠也。水經注曰：「在長樂宫、桂宫之間。」

〔漆渠〕在縣西南二十里。舊自縣之坑河分水，經縣界二十里入漕河。漢書曰：「漢穿渠，通漆水，故曰漆渠。」括地志曰：「胡亥將運南山之漆，而開此渠。」

〔永安渠〕隋開皇三年，引交水西北流，入城，經大通、信義、永安、延福、崇賢、延康六坊之西，又經西市之東北，流經布政、頒政、輔興、崇德四坊，及興福寺之西，又北入芳林園，又北入苑，注之于渭。已上屬咸陽縣。

〔成國渠〕在興平縣北一里。自武功縣界流入縣界，凡六十里，溉田二百四十頃，東流入咸陽界，卽古白渠也。水經注曰：「成國故渠，故魏左僕射衛臻征蜀所開也。上承汧水於陳倉，東過郿及武功、槐里縣。」唐李石記：「咸通十三年夏四月戊子，京兆奏六門堰畢。其渠合韋川、莫谷、香谷、武安四水，溉武功、興平、咸陽、高陵等縣田四萬餘頃。〔案〕宋志二萬餘頃。俗號爲白渠，其利與涇、白相上下。又曰成國渠，見漢書地理志。元魏時，僕射衛臻征蜀，復開以溉田。大統十三年，魏始築堰，置六斗門，以節水。貞觀中，役九州夫匠，沉鐵牛、鐵劍以禦魑魅，始就其功。永徽四年，右僕射于志寧治之，尋決。聖曆中，勅稷州刺史張知騫修焉，始引安武水。久視元年，副西京留守雍州長史薛季昶得許公雅法，〔案〕宋志許公稚。縛土牛以殺水勢，春官郎中薛稷刻石敍之。咸通十一年七月，咸陽縣民薄逵等上言：『六門淤塞，緣渠之地，二十年不得水耕耨，而其官歲以水籍爲稅，請假錢二萬八千九百八十貫，爲修堰工作之費，候水通流，追利户錢以還。』京兆府爲之奏，乃詔借內藏錢以充，命中使董其役事，又令本縣官專之。既訖役，凡用錢萬七千緡。」今涸。

〔昇原渠〕在縣南一十五里。西自武功縣流入縣界，凡六十里，溉田七千餘頃，東流入咸陽。其原出汧水，自鳳翔虢縣城西北原，流至武亭，合流數里，西南至六門堰東成國渠合流，西南出縣界。以其昇原而流，故名之。唐垂拱初運岐、隴木。今涸。

〔普濟渠〕在縣南一十里。自武功縣流入縣界，凡六十里，溉田七千餘頃，東流入咸陽。今涸。已上屬興平縣。

〔五泉渠〕十道志云：「西自岐州扶風縣界，流入渠，經三時原上，東流經武功縣西南，去縣一十二里。隋文帝葬原上，因絕此水，又東合成國渠。」〔案〕此處當有屬武功縣四字。

〔白渠〕在涇陽西北六十里，堰涇水入焉。西自雲陽縣界來，東入高陵縣界。十道志曰：「太白、中白、南白，謂之三白渠也。渠上斗門四十八，三限口，在縣東北分南北三渠處。〔案〕此處當有屬涇陽縣四字。

〔五渠〕在櫟陽縣。其水自洪門分入高陵縣，北下並入渭水。中白渠從北第一，斗門七。析波渠第五，斗門二。中南渠第三，斗門七。高望渠第四，斗門二。偶南渠第五，在北原之南，斗門一。〔案〕此處當有屬櫟陽縣四字。

〔白鹵泄渠〕在蒲城縣南四十里白鹵鹽池，連東入沮水，闊五十尺，深二丈。蓋鹵水汎漲流注，故曰鹵渠。〔案〕此處當有屬蒲城縣四字。

〔韋谷渠〕在盩厔縣西南三十五里。自南山流下，至青化店。

〔靈軹渠〕在盩厔縣界。漢武帝穿。〔案〕此處當有已上屬盩厔縣六字。

〔鄭國渠〕在富平縣南二十里。史記曰：「秦既有事山東，欲兼并諸侯，諸侯益懼。韓惠王聞秦之好興利，欲罷之，毋令東伐，乃使水工鄭國間說秦，令鑿涇水，自中山西邸瓠口爲渠，並北山，東注洛，三百餘里，欲以溉田。中作而覺，秦欲殺鄭國，鄭國曰：『始臣爲間，然渠成，亦秦之利也。臣與韓延數年之命，秦開萬世之利也。』王以爲然，卒使就渠。渠成，注填閼之水，溉澤鹵之地，四萬餘頃，收皆畝一鍾，於是關中爲沃野，無凶年，秦以富强，卒併諸侯。因命曰鄭國渠。」

〔三白渠〕亦名北白渠，又名太白渠。十道志云：「涇水自洪口堰水，至涇陽縣北十里，分爲三限，太白、中白、南白，謂之三白渠。」舊長安志云：「在富平縣南二十里。」漢書：『武帝太始二年，趙中大夫白公奏復穿渠，引涇水，首起谷口，尾入櫟陽，注渭，中袤二百里，溉田四千五百餘頃，因名曰白渠。民得其饒，歌之曰：『田於何所，池陽谷口，鄭國有前，白渠起後，舉臿爲雲，決渠爲雨，涇水一石，其泥數斗，且溉且糞，長我禾黍，衣食京師，億萬之口。』按白渠，西自三原縣界，流經縣，溉脾陽、大澤、豐潤三鄉民田四十里，有斗門一十五所，其水東入漆沮河。唐永徽六年，雍州長史長孫祥奏言：『往日鄭、白渠溉田四萬餘頃，今爲富僧、大賈，競造碾磑，止溉一萬許頃。』於是高宗令分檢渠上碾磑，皆毁撤之。未幾，所毁皆復。廣德二年，尚書工部侍郎李栖筠復陳其弊，代宗亦命拆去私碾磑七千餘所。歲餘，栖筠出常州，私制如初。至大曆中，水利所及，纔六千二百餘頃。」

〔堰武渠〕在縣西北四十五里義林鄉。來自華原縣界，流經縣，溉民田八里。

〔白馬渠〕在縣西北四十里義林鄉信義村。引漆沮河水，溉民田一十五里。

〔長澤渠〕在縣西北三十里義林鄉西陽村。引漆沮河水，溉民田一十五里。

〔高望渠〕在縣西北二十五里義林鄉閻村。引漆沮河水，溉民田三里。

〔文昌渠〕在縣西北一十七里永閏鄉。自義林鄉引漆沮河水，溉民田一十里。〔案〕宋志一十五里。

〔石水渠〕在縣西北二十五里。引漆沮河水，溉民田一十里。

〔永濟渠〕在縣西北二十五里，引漆沮河水，溉民田二十里。〔案〕宋志一十二里。

〔懷德渠〕在縣西南一十二里薄臺川。引澤多泉水，溉民田十里。

〔陽渠〕在縣西南二十八里。引漆沮河水，溉民田一十五里。

〔直城渠〕在縣西南二十里。引漆沮河水，溉民田二十里。已上屬富平縣。

〔六輔渠〕漢書：「元鼎六年，兒寬爲左內史，奏請穿六輔渠，以益溉鄭國旁高卬之田。」圖經曰：「此則於鄭國渠上流南岸，更開六道小渠，以輔助溉灌耳。」今雲陽、三原兩縣界，此渠尚存，鄉人名六渠，亦號輔渠。屬三原縣。

〔香積渠〕隋開皇三年，築京城，引香積渠水，自赤欄橋，經第五橋，西北入京城。

陂澤

陂

〔永安陂〕在咸寧縣西南二十五里，周七里。十道志曰：「秦葬皇子，起冢陂北原上，因名皇子陂。隋文帝改。」

〔豐潤陂〕在咸寧縣東北二十五里，周六里。三輔舊事曰：「後周太祖名爲中都陂。隋文帝改。」

〔洛女陂〕在咸寧縣東十五里。三輔舊事曰：「洛女塚南有洛陂，俗號洛女陂。」〔案〕此處當有已上屬咸寧縣六字。

〔雁鶩陂〕〔案〕宋志雁鶩陂。廟記曰：「在鎬池北，地方六頃，承昆明池下流。」

〔河池陂〕水經注曰：「昆明故渠，上承昆明池而東，經河池陂而北。亦曰女觀陂。」已上屬長安縣。

〔蘭池陂〕卽秦之蘭池也，在咸陽縣東二十五里。

〔周氏陂〕周十三里。舊圖經曰：「漢周勃冢在此。其子亞夫有功，遂賜此陂，故地以氏稱之。」長安圖曰：「周氏曲，咸陽縣東南三十里。」李善曰：「今名周氏陂。陂南一里，有漢蘭池宮。」已上屬咸陽縣。

〔渼陂〕在鄠縣西五里，出終南山諸谷，合朝一作胡。公泉爲陂。十道志曰：「有五味陂。陂魚甚美，因誤名之。本屬奉天。」又說文曰：「渼陂，在京兆鄠縣。其周一十四里，北流入澇水。」唐寶曆二年，勅渼陂令、尚食使收管，不得雜人採捕，其水任百姓溉灌，勿令廢碾磑之用。文宗初，詔並還府縣。〔案〕此處當有屬鄠縣三字。

〔清泉陂〕在櫟陽縣西南十里。多水族之利。〔案〕此處當有屬櫟陽縣四字。

〔龍泉陂〕在涇陽南三里，周六里。多蒲魚之利。〔案〕此處當有屬涇陽縣四字。

澤

〔野韭澤〕卽漢牛首池也，在咸陽縣西北三十八里。

〔馬牧澤〕在興平縣東南二十里，南北廣四里，東西二十一里。

〔八部澤〕在鄠縣東南一十八里，周五十里。

〔煮鹽澤〕在櫟陽縣南一十五里。澤多鹽鹵，苻秦時於此煮鹽。周二十里。

〔焦穫澤〕一作藪。在涇陽縣北，一名瓠口。爾雅：「十藪，周有焦穫。」郭璞曰：「今扶風池陽縣瓠中是也。」詩曰：「玁狁匪茹，整居焦穫。」謂此也。史記：「鄭國鑿涇水，自仲山西邸瓠口爲渠。」水經注曰：「涇水，東南流，經瓠口。」

〔王尚澤〕在渭南縣西一十五里。

〔望仙澤〕在縣東南三十七里，周一十里。雍州記曰：「在盩厔縣東南。」周地圖記曰：「望仙宮南澤中，有石盤龍兩所，鱗甲動有雲氣，聲如鳴鐘。」水經注曰：「槐里東漏水，又北歷葦圃西，亦謂之仙澤。」

〔仙遊澤〕在盩厔縣東南一十五里，周一十三里。〔案〕宋志一十二里。

〔鹽池澤〕在富平縣東南二十五里，周二十里。

潭泊　井附

潭

〔仙遊潭〕在富平縣南三十里，闊二丈。其水黑色，相傳號五龍潭，每歲降中使，投金龍。

泊

〔百頃泊〕在興平縣西二十五里，周一十六里。

〔宋泊〕在縣西二十里，〔案〕宋志二十一里。周二十四里。〔案〕宋志十四里。

〔曲泊〕在興平縣西南一十五里。已上屬興平縣。

〔流金泊〕在雲陽縣東北一十里。

井附

〔浪井〕在興平縣耿祠鄉。唐貞元五年，自然湧出，有疾者飲之皆得愈，遠近汲取，朝夕如市。

〔喝吽井〕〔案〕宋志渴牛井。在臨潼縣東北上七里官道側。井傍有還道縈繞，及于水次。

類編長安志卷之七

橋渡

橋

〔灞橋〕方輿記曰：「漢灞橋，在古長安城灞城門東二十里灞店。南北兩橋，以通新豐道。漢人送客，至此贈別，謂之銷魂橋，王莽改爲長存橋。唐灞陵橋，在京兆通化門東二十五里，近漢文帝灞陵，謂之灞陵橋，孟浩然騎驢處，隋開皇三年造，唐隆二年仍舊。」〔案〕宋志唐隆二年仍舊所爲南北兩橋。然唐景龍四年六月壬午中宗卒，甲申改元唐隆，丁亥韋后立殤帝，庚子相王卽睿宗殺韋后，甲辰睿宗廢殤帝自立，七月己巳改元景雲，是唐隆初無二年。疑宋志原作唐永隆二年，宋時刊本卽脫永字。唐、宋迄今，有司課民材木，爲輿梁以濟，十月橋成，三月拆毀。至我大元，堂邑劉斌修爲石橋。初，灞水適秋夏之交，霖潦漲溢，波濤洶湧，舟楫不能通，漂没行人，不可殫紀，常病涉客。中統癸亥，會斌旅秦，還至灞上，值秋雨泛漲，同行之車凡三，漲息，斌車前導，僅達岸次，渡者人畜幾溺，斬靷獲免，其殿者隨流漂沒，不知所在。斌遂誓修石梁，歸，詢親辭妻，家事悉委其弟，曰：「若石橋不成，永不東歸。」至元三年，結廬灞岸，先架木梁，以濟不通，斌能於匠石、工梓，鍛冶、斲輪，靡有不解，以素藝供其所費。至〔案〕鈔本至下空缺四字。落成，凡一十五虹，長八十餘步，闊二十四尺，中分三軌，傍翼兩欄，華表柱標於東西，忖留神鎮於南北，海獸盤踞于砌石，狻猊蹲伏于闌杆，鯨頭噴浪，鰲首吞雲，築隄五里，栽柳萬株，遊人肩摩轂擊，爲長安之壯觀。名達宸聰，親承顧問，寵賜優渥，勅建豐碑，安西王錫以白金四笏以勞之，可謂功不徒施矣！斌爲人清癯多力，智略巧思，人不能出其右，多藝，能自營石梁，日夜不息，手足胼胝，心勦形瘵，雖祁寒暑雨，而不輟其工，遇患難齟齬，而不改其志，前後歷三十寒暑，鄉關隔二千餘里，不爲妻孥掛懷，持空拳，孜孜勉勉，以成曠古所無之功，受知於九重，垂名於千載，可謂有志之君子矣！

中渭橋〕舊名横橋，又名三橋。三輔故事：「秦始皇造。」元和郡縣志：「始皇作離宮於渭水南北，以象天宮，渭水貫都，以象天漢，横橋南渡，以法牽牛。渭水南有長樂宮，渭水北有咸陽宮，欲通二宮之間，故造此橋。廣六丈，南北三百八十步，六十八間，七百五十柱，二百二十二梁。橋之南北有隄，繳立石柱。〔案〕水經注、宋志激立。柱南京兆主之，柱北馮翊主之，有令、丞各領徒一千五百人。」橋在咸陽東南二十里。

〔東渭橋〕地理志云：「去京城東北五十里。」三秦記：「漢之東渭橋，漢高帝造，以通櫟陽道。」

〔西渭橋〕漢書：「武帝建元三年，初作便橋於長安西北二十里，跨渭水，以趨茂陵。」今之西橋，唐謂之咸陽橋。杜甫詩：「車轔轔，馬蕭蕭，塵埃不見咸陽橋。」乃此也。

〔石橋〕在興平縣西二十里馬嵬店。

〔酋橋〕在渭南縣東五里。橋架酋水，因名之。

〔飲馬橋〕長安圖經：「漢時，七里渠有飲馬橋，滕公馬塚在飲馬橋北三里。」〔案〕宋志南三里。

〔望仙橋〕天寶遺事：「明皇歲幸華清宮。其門北向，外有左右朝堂，門北相對，有望仙橋，橋北有講武殿。」

〔五橋〕唐地理記：「唐禁苑內，有青城、龍鱗、栖雲、凝碧、上陽等五橋。」每月各着衛士五人守把，見開元格式律令事類。

〔下馬橋〕政要：「長慶元年，東內苑毀東下馬橋及總監屋，入其地以廣鞠場。」

〔龍橋〕新説曰：「三原縣西南三十里，有清治谷水。橫截大路，先有木橋，正隆年，有龍鬭毁其橋，後人增修橋樓，謂之龍橋鎮。元貞二年，移三原縣事入龍橋。」

渡

〔橫灞店渡〕在咸寧縣東南二十五里。入藍田路。

〔渭橋渡〕在咸寧縣東北二十里。

〔光泰門渡〕在咸寧縣東三十里。入高陵耀州路。

〔中橋渭水渡〕在長安縣北二十六里。

〔嘉麥渭水渡〕在長安縣北二十六里。

〔段留渭水渡〕在長安縣東北二十六里。

〔北灃店灃水渡〕在長安縣西四十里。

〔南灃店灃水渡〕在長安縣西四十五里。

〔安劉渡〕在咸陽縣東三十五里。

〔兩寺渡〕在咸陽縣西一十五里。淳化三年廢。

〔龍光渡〕〔案〕宋志龍宮渡。在興平縣西南三十五里渭水上。

〔名光渡〕在醴泉縣東北三十五里。

〔涇甘渡〕在醴泉縣東北三十里。

〔渭水渡七〕西抵高陵縣，東至下邽縣，屬櫟陽縣。

田王渡　田家渡　周夏渡　聖力渡　萬安渡　耿渡　孟渡

〔石川河渡二〕並在櫟陽縣東。

橋渡　粟邑渡

〔涇水渡九〕屬涇陽縣。

百光渡　寧甘渡　涇甘渡，並縣西。　臨涇渡，縣西北。　睦城渡，縣西南。　劉洪渡，縣南。　張茹渡〔案〕宋志張茄渡。　郭渡　孫渡，並縣東南。

原丘

原

〔白鹿原〕在滻水東，灞水南，東西六十里，南北五十里。三秦記：「周平王東遷，見白鹿於此原，以是得名。」舊說：「在咸寧縣東南二十里，自藍田縣界至滻水川，盡東西一十五里，南接終南，北至霸川，盡南北一十里，亦謂之霸上。」

〔少陵原〕在今咸寧縣南四十里，南接終南，北至滻水，西屈曲六十里，入長安縣界，即漢鴻固原也。宣帝許后葬司馬村，冢比杜陵差小，號曰小陵，以杜陵大故也，語訛爲少陵。杜甫稱少陵野老。杜曲在其傍。

〔樂遊原〕在咸寧縣南八里，曲江池東北，秦宜春苑也。漢宣帝起樂遊廟，在唐京城内高處。每正月晦日、上巳、重九，京城士女咸此登賞祓禊。任氏、鄭生相遇之地。

〔畢原〕在咸寧縣西南二十八里。

〔高陽原〕在長安縣西南二十里。

〔細柳原〕在長安縣西南三十三里。

〔矩陰原〕〔案〕宋志短陰原。在咸陽縣西南二十里。

〔咸陽原〕在渭水北，九嵕山南，俱陽之地，謂之咸陽原。郡縣圖志云：「周之畢、郢，漢之長、平，南北數十里，東西二三百里，無川澤陂泊，井深五十丈。周文、武、周公、漢帝王諸臣，並在東西原上起陵冢。」閑閑老人詩曰：「渭水橋邊不見人，摩挲高冢石麒麟，千秋萬古功名骨，盡作咸陽原上塵。」

〔始平原〕在興平縣北一里，〔案〕宋志二十里。東西五十里，南北八里，東入咸陽界，西入武功界。三秦記曰：「長安城北，有始平原數百里。其人井汲巢居，井深五十丈。漢時亦謂之北芒巖。」西京雜記曰：「茂陵富人袁廣漢，藏鏹巨萬，家僮九百人。於北芒巖築園，東西四里，南北三里，激流注其内，構石爲山，高十餘丈，連延數里，養白鸚鵡、紫鴛鴦、旄牛、青兕。廣漢後有罪誅，没入官爲園，鳥獸草木皆徙植上林苑。」又曰：「何武葬于北芒龍坂。」〔案〕西京雜記北邙山薄龍坂。宋志北芒龍薄坂。

〔三時原〕在武功縣西南二十里，崇五十丈，西入扶風縣界。

〔上武亭川東原〕至興平縣西界，三十五里。

〔上武亭川西原〕至鳳翔府扶風縣東界，一十一里三百二步。

〔鳳皇原〕在臨潼縣東一十五里。後漢延光二年，鳳皇集新豐，卽此原也。亦驪山之別麓。唐韋嗣立構別廬於驪山鳳皇原鸚鵡谷，有重崖洞壑，飛流瀑水。中宗臨幸，改爲清虛原幽棲谷。唐書曰：「新豐鸚鵡谷，水清，代傳云：『此水清，天下平。』開皇之初，暫清尋濁，至是而復清。」

〔風涼原〕在藍田縣西南四十五里，南接石門山，北入萬年縣界。遁甲開山圖曰：「驪山之西川，有阜名曰風涼原，亦雍州之福地，卽魄山之陰也。」水經注曰：「狗枷川水有二原，西川水出魄山之研盤谷，〔案〕今本水經注斫槃谷，宋志斫盤谷。與苦谷二水合，而東北流風涼原。」

〔石安原〕在涇陽縣西南七里，崇二十丈，東西三十八里，南入咸陽縣界。崔鴻前秦録曰：「苻健攻張琚于宜秋，還，登石安原而歎曰：『美哉！斯原也。』悵然有終焉之志。」

〔奉政原〕在高陵縣南一十一里，東西長三十里，南北闊三里。

〔鹿苑原〕在高陵縣西南三十里，東西長一十五里，南北闊一里。三輔黄圖曰：「安陵有果園，名鹿苑。」

〔廣鄉原〕在渭南縣東南一十里。水經注曰：「東陽水、西陽水，並南出廣鄉原北垂。」

〔新豐原〕一名清原，在渭南縣西南二十里。水經注曰：「泠水，歷陰盤、新豐二原之間。」案今泠水經此原之右。

〔蟠龍神原〕在蒲城縣西三十里。舊圖經曰：「唐明皇遊幸，見原上雲霧中有黄龍之狀，於下得石，狀似蟠龍，以其地爲龍樂鄉。」今其石尚存。

〔羊蹄原〕在富平縣東南三十里。

〔中華原〕在富平縣南二十里。〔案〕宋志三十里。

〔北虜原〕在富平縣西北一十里。

〔天齊原〕在三原縣西北二十里，連嶻嶭山，上有天齊祠。清水谷河自縣西北華原縣界來，經縣西南，入白渠，東溉民田。十道志曰：「一名鬼谷。」

〔鳳棲原〕在少陵原北，接洪固原。柳宗元爲伯姒誌曰：「葬于萬年之鳳棲原。」長安志：「少陵西且三十里，皆鳳棲原也。」

〔龍首原〕三秦記：「龍首原，起自南山東義谷滻水西岸，至長樂坡西北，屈曲至長安古城，六七十里，皆龍首原。隋、唐宮殿，皆依此原。」

〔神禾原〕在御宿川北樊川之原，東西三四十里。劇談録曰：「晉天福六年，生禾一穗，重六斤，故號爲神禾原。」

〔銅人原〕在灞陵東北一十五里，蓟子訓與老父摩挲銅狄處。

丘

〔尖丘〕在長安縣西北一十五里。今謂之尖丘社。

關塞

關

雍録云：「自華而虢，自虢而陝，自陝而河南，中間千里，古立關塞者凡三所：由長安東一百八十里，出華州華陰縣東，則唐潼關也。自潼關東二百里，至陝州靈寶縣，則秦函谷關也。自靈寶縣三百餘里，至河南府新安縣，則漢函谷關也。關者，明有門扉，晨夜啓閉，以禁往來暴客。其爲阨塞者凡二：曰桃林，曰殽山。」並列如左。

〔秦函谷關〕在陝州靈寶縣南十里。靈寶，乃漢之弘農縣也。路在谷中，深險如函，故以爲名。東西四十里，絶崖壁立，巖上松柏，陰谷中嘗不見天日。關去長安四百里。日入則閉，雞鳴而開。東則殽山，西至潼津，通名函谷，實爲天險。

〔漢函谷關〕在河南新安縣之東，蓋漢世楊僕移秦函谷關而立於此也，比秦舊則東三百七里。〔案〕雍錄三百七十八里。楊僕，宜陽人，漢武時數立大功。家宜陽，其地在函谷關外，恥其家不在關内，乞關而東，武帝允焉，僕以家僮築立關隘，爲漢函谷關，移在新安縣。靈寶秦關則廢矣。

〔唐潼關〕在華陰縣東北華山之北。通典曰：「本名衝關，言黄河向南流，衝激華山之東，故以爲名。後因關西一里有潼水，因名關。」曹大家音姑。賦云：「涉黄巷以濟潼。」至唐於此立關。

〔子午關〕在長安縣南一百里。漢書曰：「平帝元始五年，王莽通子午道，因置關。」今廢。

〔藍田關〕在藍田縣東南九十八里，卽秦嶢關也。漢書曰：「趙高遣將將兵距嶢關。沛公引兵繞嶢關，踰蕢山，擊秦軍大破之。」後周明帝武成元年，徙青泥故城側，改曰青泥關。武帝建德三年，改曰藍田關，因縣爲名。煬帝大業元年，徙復舊所，卽今關是。

〔駱谷關〕在盩厔縣西南一百二十里。唐武德七年，開駱谷道以通梁州，在今關北九里。貞觀四年，徙於此。

〔關中〕續漢書云：「東有函關，西有隴關，南有子午關，北有盧關，東南有嶢關，西南有二里關，西北有蕭關。在諸關之中，故曰關中。」

塞

〔桃林塞〕春秋時晉詹嘉處桃林之塞。三秦記：「塞在長安東四百里。」虢之閿鄉矣。縣東南十里有桃源，古之桃林，周武王放牛之地。函谷間皆阨東河、山，故云塞耳。

〔崤塞〕名三崤山，又名嶔崟山。春秋時秦將襲鄭，蹇叔哭送子曰：「晉人禦師必崤。」東崤至西崤三十五里。東崤長坂數里，峻阜絕澗。西崤全是石坂，長三十里，險不異東崤。二崤皆在秦關之東，漢關之西也。

鎮聚

鎮

〔鳴犢鎮〕在咸寧縣南六十里。鎮西原下有鳴犢泉，故名。

〔灞橋鎮〕在咸寧縣東二十五里。〔案〕宋志二十里。

〔渭橋鎮〕在咸寧縣東四十里。

〔義谷鎮〕在咸寧縣南八十里。入乾祐路，俗曰谷口鎮。

〔莎城鎮〕在咸寧縣。唐昭宗乾寧二年，繇啓夏門出居之。今廢。

〔杜角鎮〕〔案〕宋志社角鎮。在長安縣南四十五里。又有西杜角。

〔秦渡鎮〕〔案〕宋志秦社鎮。在長安縣西南灃水西四十里。入鄠縣路。

〔中橋鎮〕在咸陽縣東二十五里。

〔零口鎮〕在臨潼縣東四十里。〔案〕宋志四十五里。

〔甘泉鎮〕在鄠縣西北三十里。

〔醴泉鎮〕在醴泉縣城內。

〔北醴泉鎮〕在醴泉縣北二十里。按今有甘北鎮，疑是此。

〔櫟陽鎮〕在郭下。

〔粟邑鎮〕在櫟陽縣東北三十四里石川河東。莽曰粟城。

〔涇陽鎮〕在涇陽縣城西街北。

〔臨涇鎮〕在涇陽縣西北宜善鄉。白渠貫其中。

〔高陵鎮〕在高陵縣城內。

〔渭橋鎮〕在高陵縣南一十八里。

〔毗沙鎮〕在高陵縣西南一十八里。

〔歸安鎮〕在乾祐縣南一百二十里。

〔渭南鎮〕在渭南縣郭下。

〔赤水鎮〕在渭南縣東一十五里。

〔堠子鎮〕在渭南縣西南，與藍田縣接境。以南山多虎，故立斥堠於此。

〔蒲城鎮〕在蒲城縣內。

〔荆姚鎮〕在蒲城西南三十里。

〔車渡鎮〕在蒲城縣東南五十里。

〔常樂鎭〕在蒲城縣東南四十里。
〔漢帝鎭〕在蒲城縣東南一十八里。
〔薛禄鎭〕在奉天縣東。
〔寧谷鎭〕在華原縣西北八十里。
〔棘店鎭〕在富平縣南二十里。
〔孟店鎭〕在雲陽縣東北一十里。
〔梨園鎭〕在雲陽縣金龜鄉。王褒雲陽宮記曰：「車箱坂下有梨園，漢武築之，大一頃，樹數百株，青翠繁密，望之如車蓋。」鎭因名之。唐李克用以并師討邠、岐，駐軍梨園寨。淳化四年，建爲淳化縣，以雲陽、金龜、平泉、古鼎三鄉，仍析山後甘延、温豐、威遠三鄉屬焉。
〔黄堡鎭〕在同官縣南三十里。

聚

〔千人聚〕皇覽曰：「衛思后葬咸寧縣城東南桐柏園，今千人聚是。」關中記曰：「宣帝父曰悼皇考，母曰悼夫人，墓曰奉明園。衛皇后曰思后，以倡優雜伎千人樂思后園，今所謂千人鄉者是。」

〔謝聚〕關中記曰:「在始皇陵北十餘里。」

堡寨

堡

〔尚可堡〕在藍田縣東。今存。

〔明市堡〕在藍田縣西南四十里。

〔雞子堡〕在藍田縣北四十里,土坡狀如雞子,因以爲名。

〔黄櫨堡〕在藍田縣北三十里。以上三堡今廢。

〔雨金堡〕在富平縣東南三十里,周八百步,東有雨金泊。史記:「秦獻公十八年,雨金櫟陽。」後因名堡。按其地古櫟陽縣界也。

〔王侯堡〕在富平縣西北四十五里。

〔避難堡〕在蒲城東北八十里。

寨

〔晉穆公寨〕在沮水東岸，相去五里。屬蒲城縣。

〔晉太子虛糧寨〕在蒲城縣東北六十五里沮水西岸。史記晉世家曰：「晉穆侯四年，娶齊女姜氏爲夫人。七年，伐條，生太子仇。」杜預曰：「條，晉地。」漢地理志：「懷德縣。」禹貢：「北條、荆山在南。」按今朝邑縣西南有懷德故城，卽古條近焉。虛糧，史傳無聞。

〔白起寨〕在蒲城縣東北三十里。

〔崆峒山寨〕在盩厔縣南九十五里。

〔羅開山寨〕在盩厔縣南六十五里。

〔解保寨〕在盩厔縣東北三十里。

驛郵

驛

〔太寧驛〕在咸寧縣城東草市，東至昭應驛四十六里，去〔案〕宋志西至。秦川驛四里。

〔滋水驛〕在咸寧縣東北三十里。兩京道里記曰：「隋開皇十六年置。」

〔長樂驛〕在咸寧縣東十五里長樂坡下。兩京道里記曰：「聖曆元年勅：『滋水驛去都亭驛路遠，馬多死損，中間置長樂驛。』」東去滋水驛一十三里，西去都亭驛一十三里。

〔臨皐驛〕在長安縣西北一十里開遠門外。今廢。

〔陶化驛〕在咸陽縣郭下，東去府四十里，西去興平四十五里。

〔臨皐驛〕在咸陽縣東南二十里。

〔温泉驛〕在咸陽縣西二十里。今廢。

〔槐里驛〕在興平縣郭下，東至咸陽驛四十五里，西至武功驛六十五里。

〔馬嵬驛〕在興平縣西二十里。今廢。

〔昌亭驛〕在臨潼縣西南五十步，東至華州渭南縣驛八十里，西至府秦川驛五十里，南至藍田驛七十里，北至櫟陽縣三十五里。

〔戲水驛〕兩京道里記曰：「大業六年置，在戲水店。」

〔鄠縣驛〕在縣北門内，東北至本府秦川驛七十里，西至盩厔縣驛七十里。

〔青泥驛〕在藍田縣郭下。

〔藍田驛〕在縣西北二十五里。

〔韓公堆驛〕在藍田縣南二十五里。〔案〕宋志三十五里。

〔藍橋驛〕在藍田縣東南四十里。

〔藿平驛〕在藍田縣南五十五里。

〔醴泉驛〕在醴泉縣西門内，東南至咸陽驛四十五里，西北至乾州奉天驛七十里。今廢。

〔迎冬驛〕在涇陽縣廣吉鄉。十道志曰：「舊池陽縣城，俗名迎冬城。」城中有尹吉甫碑。後爲驛。今廢。

〔神皐驛〕在高陵縣北一百五十步。今廢。

〔渭南驛〕在渭南縣郭内，東至華州佑順館三十四里，西至臨潼縣驛六十二里，南至商州洛南縣，秦嶺爲界，無堠館，北至燿州富平縣驛七十里。

〔東陽驛〕在渭南縣東一十三里。兩京道里記曰：「西魏大統十四年置，在東陽谷側，因以爲名。」

〔杜化驛〕在渭南縣西一十三里。兩京道里記曰：「亦大統十四年置，在杜化川。」二驛今廢。

〔昌寧驛〕在蒲城縣城内。

〔通智驛〕在蒲城縣西北景陵下，去縣二十里。

〔堯山驛〕在蒲城縣北光陵下，去縣一十里。

〔孝城驛〕在蒲城縣東北泰陵下，去縣三十里。
〔豐山驛〕在蒲城縣北橋陵下，去縣三十里。
〔盩厔驛〕在縣城内，東至鄠縣驛七十里，南至終南山櫻桃驛四十五里。
〔櫻桃驛〕至三交驛五十五里。
〔三交驛〕至林關驛四十五里。
〔林關驛〕至洋州真符縣大望驛七十五里。已上三驛，並屬盩厔縣。
〔奉天縣驛〕在縣南三百步，東南至興平縣驛七十里，北至永壽縣麻亭驛八十里。
〔泥陽驛〕在華原縣子城内，西至富平縣驛五十里，西北至寧谷鎮驛八十里。
〔寧谷驛〕在華原縣西北八十里寧谷鎮，西北至邠州一百里。〔案〕宋志二百里。
〔秦川驛〕在今安西府城内西北城角。

郵

〔杜郵〕在咸陽縣東北二十里渭水北。
〔曲郵〕在咸陽縣境。漢書：「高帝征鯨布，張良送至曲郵。」

坡坂 坳附

坡

〔長樂坡〕在咸寧縣東北一十里，即滻水之西岸。十道志曰：「舊名滻坂。隋文帝惡之，改曰長樂坡，蓋漢長樂宮在其西北。」李長源詩曰：「細柳斜連長樂坡，故宮今日重經過。一時人物傷公議，萬里雲山入浩歌。白髮歸來幾人在，青門依舊少年多。誰憐季子貂裘弊，辛苦燈前讀揣摩。」

〔開元坡〕劇談録：「唐京城興慶池西，乃明皇爲王時故宅，後廢爲開元坡。」元稹詩曰：「開元坡下日初斜，拜掃歸來走鈿車。可惜數枝紅艷好，不知今夜落誰家。」

〔金鑾坡〕雍録云：「在含元殿，龍首山之北坡上，有金鑾殿，故號爲金鑾坡。」

〔故市坡〕雍録云：「在京城西，乃舊之西市。後市廢，有坡，號爲故市坡。」

〔草場坡〕新説曰：「在朱雀門外。乃舊之草市，有坡，故號曰草場坡。」

〔龍首坡〕新説曰：「京兆城北玄武門外有龍首坡，上出京三稜，俗呼爲三稜坡。」

〔烟脂坡〕新説曰：「在宣平坊南。開元、天寶間，皆妓館倡女所居。商左山詩曰：『少陵野老吞聲哭，不到烟脂、翡翠坡。』
〔翡翠坡〕新説曰：「翡翠坡，在蝦蟇陵下，亦是妓館所居。李長源詩曰：『薄遊却憶開元日，常逐春風醉兩坡。』」
〔胡城坡〕在渭南縣南一十五里，東西一十五里，南北接山三十里。
〔侯柳坡〕〔案〕本志目侯柳坡，宋志柳侯坡。在渭南縣東南一十五里，東西一十里，南北接山三十里。
〔粘羝坡〕〔案〕宋志羝羖坡。在渭南縣西南二十里，東西三十里，南北接山三十里。
〔緈坡〕在藍田縣東南。通典曰：「七盤十二緈，乃藍關之險路也。」

坂

〔長平坂〕在涇陽縣西南五十里，俗名睦城坂。東方朔記曰：「漢武上甘泉，至長平坂上馳道，有蟲盤而覆地，赤如生肝狀，頭目口鼻耳齒盡具，先驅旄頭馳還以聞。方朔從上在後車，上使往視之，還對曰：『怪也。』上曰：『何謂？』對曰：『秦始皇拘繫無罪，幽殺無辜，衆庶恨怨，憤氣之所生也。是地，必秦之故獄處也。』詔丞相公孫弘按地圖，果秦獄也。上曰：『善！當何以去之？』朔曰：『積憂者得酒而忘。致酒其上以消糜。』以酒澆之，果消。上大笑曰：『東方生真先生也！』賜帛百疋。自此之後，屬車載酒。」

〔鴻門坂〕在臨潼縣東十七里，漢舊大道北下坂口名也。關中記曰：「鴻門，在始皇陵北十里新豐縣，漢書沛公會項羽處。」又文帝登灞陵，指新豐路示慎夫人曰：「此是北走邯鄲道也。」又亭尉呵李廣處。續漢書郡國志：「新豐縣東有鴻門亭。」

〔安幕坳〕兩京道里記曰：「相傳漢高祖幸新豐，安營幕於此。」

堆堰

堆

〔高望堆〕長安圖曰：「在延興門南八里。」潘岳西征賦曰：「憑高望之陽隈。」

〔桓公堆〕在藍田縣南二十五里。晉書：「桓温伐苻健，遣苻雄等拒温於秋思堆，後因名桓公堆。」

〔蜯蛤堆〕在渭南縣南二十里，崇三十尺，周二百步。

〔孟家堆〕在渭南縣南六十里，崇一百尺，周四百步。

〔灰堆〕在渭南縣西南五里，崇三十尺，周一百步。

〔木屐堆〕四，在蒲城縣東偏南五十里沮水之岸。舊說：「夏禹治水至此，屐下弃泥，積之成塠。」各周二里，崇一百尺。

〔八公堆〕在富平縣東南二十五里。其塠兩畔各有一小谷，象八字，中心有塠，象公字，因以爲名。

〔萬户堆〕在富平縣西三十里。

〔黄金堆〕在富平縣北二十里。

堰

〔石闥堨〕在長安縣西南三十二里。水經注曰：「交水，西至石堨，漢武帝元狩三年，穿昆明池所造。」

〔六門堰〕在武功。十道志曰：「西魏文帝大統十三年置，六斗門節水，因名之。」

〔山陽堰〕在蒲城縣北一十里。舊圖經曰：「爲置陵寢，修此堰。」

〔龍門堰〕在富平縣南二十里。

〔石川堰〕在富平縣南二十里。

〔常平堰〕在富平縣東南二十五里。

故城闕

城

〔漢長安故城〕在今京兆城西北二十里。漢書：「高帝七年，長樂宮成，自櫟陽徙都之。」惠帝元年正月，城長安城，佀北斗形，故曰北斗城。隋文帝見城摧毀，於龍首山南創起大興城。後改長安舊城爲楊廣城，語訛爲楊家城。

〔隋大興城〕隋書：「文帝開皇二年六月十八日，漢故城之東南屬杜縣，周之京兆郡萬年縣界，創築大興城。三年正月十八日，移入新邑。」唐增築之。

〔霸陵故城〕在咸寧縣東北二十五里霸水之東。十三州志曰：「秦襄王所葬芷陽也。漢文帝更名霸陵。莽曰水章。」郡國志曰：「在通化門東二十里。秦襄王葬於其坂，謂之霸上。其城即秦繆公所築。」

〔南陵故城〕在咸寧縣東南二十四里白鹿原上。漢文帝七年置，屬京兆尹。漢舊儀曰：「薄太后葬之所，亦謂之南霸陵。」

〔杜陵故城〕在咸寧縣東南一十五里。漢宣帝以杜東原上爲初陵，置縣曰杜陵，而造杜縣爲下杜城。王莽改此杜陵曰饒安。

〔長陵故城〕在長安縣東北四十里。一本云二十里。漢高帝置，而南去長陵三里。莽曰長平。晉省。

〔安陵故城〕漢惠帝置，周之程邑也。周書曰：「惟王季宅于程。」惠帝陵在焉。莽曰嘉平。

〔陽陵故城〕在長安縣東北四十里。故弋陽縣，漢景帝更名，屬左馮翊，東至景帝陽陵二里。莽曰渭陽。魏省。

〔平陵故城〕在長安縣西北十八里。漢昭帝置，昭帝平陵在焉，屬右扶風，在故城北二里。莽曰廣利。魏黄初中，改爲始平縣。苻秦徙縣於茂陵故城，此城遂廢。郡國記曰：「平陵城與茂陵城相去二里。」

〔阿城〕地理志：「在長安西二十里，卽秦阿房宫城也，東西北三面有牆，南面無牆，周五里一百四十步，崇八丈。」

〔蕭城〕長安志云：「去長安北五十里長平坂上。高帝以蕭何有功，賜之食邑，周三里，號曰蕭城。」

〔咸陽故城〕在今咸陽縣東二十里。史記：「咸陽，本周王季所都。孝公二十一年，城咸陽，自汧、隴徙都焉。」秦自孝公、惠文、悼武、昭襄、莊襄、始皇、胡亥並都之，徙天下豪富十三萬以實咸陽。項羽屠咸陽，燔宮室，火不滅者三月。

〔唐故縣城〕在渭河北杜郵館西，城崇一丈五尺。

〔槐里故城〕卽犬丘城，在興平縣東南一十里，周十二里，崇二丈五尺。晉太康中始平郡治也。

〔茂陵故城〕在興平縣東北一十九里，周三里。三輔舊事曰：「武帝於槐里茂鄉徙户六萬一千，置茂陵縣，屬右扶風。」

〔文學城〕在興平縣東一十里，崇二丈五。今謂之故縣城。

〔武學城〕在興平縣東一十里，崇二丈五尺，與文學城相接。二城並秦章邯築。

〔樊噲城〕在興平縣南一十里，崇二丈。西京記曰：「漢王襲雍，章邯敗走廢丘城，命將軍樊噲圍之，於城西築臺以望之。」今縣西南有武延臺，疑是焉。人呼爲樊噲城。

〔馬嵬故城〕在興平縣西北二十三里。孫景安征途記曰：「馬嵬，人名，於此築城以避難，未詳何代人。姚萇時，扶風王驎以數千人保馬嵬故城。」

〔故斄城〕一名武功城，在今武功縣西南二十里。古有邰國，堯封后稷於邰。周平王東遷，以其地賜秦。襄公作四十一縣，斄其一也。

〔美陽故城〕在武功縣西七里。漢書曰：「屬右扶風。」注：「周太王所邑。」有高泉宮，秦宣太后所起。後魏太和十一年廢。

〔驪戎故城〕在臨潼縣東二十四里，殷、周時驪戎故城也。在驪山上，城高一丈五尺，周回四望。

〔幽王城〕一名幽王壘，在臨潼縣東南戲水上，城高八尺，周二百八十步。國語曰：「幽王滅于戲。」蘇林曰：「戲，邑名也。在新豐縣東南三十里戲亭是也。」史記曰：「褒姒不好笑。幽王爲烽燧、大鼓，有寇至，舉烽火，諸侯悉至，至而無寇，褒姒乃大笑。幽王欲悦之，爲數舉烽火，其後不信諸侯，諸侯益不至。犬戎共攻幽王，幽王舉烽火徵兵，兵莫至，遂殺幽王驪山下。」

〔新豐故城〕在臨潼縣東北十八里。

〔昌陵故城〕漢成帝鴻嘉元年，以新豐戲鄉爲昌陵縣。

〔鄠縣故城〕在今鄠縣北二里，卽漢鄠城也，周四里。縣枕終南山，豐、鎬二水合流入渭，山水之勝，甲於秦中。

〔藍田故城〕在藍田縣西三十里。

〔白鹿故城〕在藍田縣西一十里。

〔周玉山城〕在藍田縣東二十五里。

〔唐玉山故城〕在藍田縣東四十三里。有萬金堡。

〔寧民故城〕在藍田縣西南三十二里。

〔青泥城〕在藍田縣南七里。案嶢柳城，亦謂之青泥城，卽今縣是也，未詳復有此城。

〔思鄉城〕一名柳城，在縣東南三十三里。舊說：「宋武帝入關，築城於此，南人思鄉，因名之。」又以城傍多柳，故曰柳城。

〔古櫟陽城〕在今櫟陽縣北，東西五里，南北三里。

〔胡縣城〕在涇陽縣西南角。

〔高陵故城〕在今高陵縣西南，周二里。

〔渭南故城〕在今渭南縣城北，周一里餘二百八十步，崇一丈。括地志曰：「渭南故城，在縣治東南四里。西魏文帝大統十六年築。」

〔古倉保城〕〔案〕宋志右倉堡城。在渭南縣東三里。

〔張堡城〕在渭南縣東南三十里。

〔嚴堡城〕在渭南縣西南三十五里。

〔青原堡城〕在渭南縣西南二十五里。

〔姚堡城〕在渭南縣南二十里。

〔胡城〕在渭南縣南十里。舊説：「匈奴休屠王部落降漢，築此城以居，因名胡城。」

〔重泉故城〕在蒲城縣南五十里。

〔蒲城〕在今蒲城縣東三十里。

〔故同州城〕卽漢祋祤城。

〔賈城〕在蒲城縣西南一十八里，古之賈國。左氏傳謂「芮伯、梁伯、賈伯伐曲沃」是。

〔晉城〕在蒲城縣東南五十里，未詳所出。

〔魯王宮城〕在蒲城縣西南四十里。

〔終南故城〕郡國記曰：「卽漢盩厔城也。」

〔宜壽城〕在盩厔縣西一里。隋有宜壽宮，疑置此城。

〔五郡城〕在盩厔縣東南三十里，周三里。舊説：「有義兄弟五人共居此城。」不詳建立。

〔漢好畤故城〕在奉天縣東北七里岑陽鄉，周二里五十步，崇三丈。

〔唐好畤故城〕在縣西北六里。

〔祋祤故城〕在華原縣東北一里。

〔懷德故城〕在富平縣西一十五里，周三里。漢書：「懷德縣屬左馮翊。」禹貢：「北條、荆山在南。」下有强梁原，洛水東南入渭。雍州龗。莽曰德驩。

〔秦穆公城〕在富平縣南三十里，南面、西面崇一丈五尺，東面、北面無牆。

〔直市城〕在富平縣西南一十五里。

〔渭城〕漢書：「渭城，古咸陽也。漢元鼎三年，改爲渭城縣。」俗呼中橋。

〔陰盤城〕漢書云：「在鄠縣東北一十四里故城東門外。」去昭應縣十五里。漢靈帝改封段熲陰盤侯，即此是。陰盤城高一丈三尺，南北各三百一十步。

闕

〔冀闕〕史記曰：「秦孝公十二年，先以咸陽築冀闕，自汧、隴徙都之。」

〔東闕〕漢書：「高帝七年，蕭何立闕於未央前殿。」「文帝七年七月，未央宮東闕罘浮。罳思。災。」如淳曰：「東闕與其兩旁罘罳皆災。」師古曰：「罘罳，爲連闕曲閣也，以覆重刻垣墉之處，其形罘罳。一曰：屏也。」

〔北闕〕漢書：「未央殿雖南向，而上書奏事謁見之徒，皆詣北闕，公車司馬，亦在北焉，是則以北闕爲正門。而又有東門、東闕。至於西、南兩面，無門闕矣。蓋蕭何初立宮以厭勝之術，理宜然乎？」

〔蒼龍闕〕關中記：「漢未央宮東有蒼龍闕。」

〔白虎闕〕廟記曰：「未央宮有白虎闕、止車門。」

〔玄武闕〕漢宮殿疏：「未央宮北有玄武闕，所謂北闕也。闕中有閶闔門。」

〔鳳闕〕宮殿疏曰：「建章宮東鳳闕高二十餘丈。」師古曰：「闕闉上有銅鳳。」關中記曰：「建章宮圓闕，臨北道，鳳在上，號曰鳳闕。」繁欽鳳闕賦序：「秦、漢規模，廓焉泯毀，唯建章鳳闕，聳然獨存，雖非象魏之制，亦一代之巨觀也。」

〔折風闕〕三輔故事：「建章宮有東折風闕，高二十丈。」

〔嶕嶢闕〕廟記曰：「建章宮有嶕嶢闕。」薛綜注：「次門女闕也，在圓闕門內二百步。」

〔西闕〕漢宮殿疏：「長樂宮有西闕。」劉屈氂傳：「太子敺四市人，至長樂西闕下，逢丞相軍，合戰。」

〔西嶽石闕〕銘云：「永和元年五月癸丑朔六日戊午，弘農太守常山元氏張勳爲西嶽華山作石闕，高二丈二尺。」其後爲韻語，文詞頗怪，又多假借，時有難曉處。永和，漢順帝、晉穆帝皆有此號，穆帝時華陰不屬晉，此碑蓋漢刻也。

古跡

古跡

〔坑儒谷〕在臨潼縣西南五里驪山半原。舊長安志云：「秦始皇坑儒於驪山下，故名坑儒鄉。漢書注：『師古曰：今新豐縣温湯之處，號愍儒鄉。温湯西南三里有馬谷，谷之西岸有阬，古老相傳以爲秦阬儒處也。衛宏詔定古文官書序云：秦既焚書，患苦天下不從所改更法，而諸生到者拜爲郎，前後七百人，乃密令冬種瓜於驪山阬谷中，温處瓜實成，詔博士、諸生説之，人人不同，乃命就視之，爲伏機，諸生、賢儒皆至焉，方相難決，因發機，從上填之以土，皆壓，終乃無聲。此則閔儒之地，其不謬矣。』唐天寶中，改爲旌儒鄉，立旌儒廟，賈至作碑。」

〔祋祤〕上丁活，丁外反，下音詡。長安志云：「華原縣，本漢祋祤縣之地。説文云：『祋，殳也，從殳，示聲。』或説：『城郭市里，高懸羊皮，不當入而欲入者，暫下以驚牛馬，曰祋，故從殳示。』詩云：『何戈與祋。』故龍圖學士趙師民守耀州，以爲祋祤字從示，悉祭神求福之意，疑秦地尚武，以轟兵得名，非書見也。宣帝神爵二年，鳳皇集祋祤故城。」

〔新豐〕漢書曰：「高祖七年，置新豐縣。」應劭曰：「太上皇思東歸。於是高祖改築城寺街里，以象豐，徙豐民居之，故號新豐。」三輔故事曰：「太上皇不樂宮中，思慕鄉里。高祖徙豐、沛屠兒、酤酒、賣餅、商人，立爲新豐。」西京雜記：「高祖作新豐，移舊社，街巷物色如故。士女老幼相携路首，亦各識其家。放犬羊雞鴨於通衢，亦各識其主。匠人胡寬所作也。移者各喜其似，競以賞贈，致累百金。」別本曰：「太上皇居深宮，不樂。因左右問其故，以平生所好，皆屠販少年，酤酒賣餅，鬬雞蹴踘，以此爲樂。高祖乃作新豐，徙諸故人實之，太上皇乃悅。」今臨潼東十五里新豐鎮是也。

〔廢丘〕本周犬丘之地。帝王世紀：「周懿王二年，王室大衰，自鎬徙都於犬丘。」秦名廢丘。項羽滅秦，封章邯爲雍王，都廢丘。高帝三年，改爲槐里縣。唐至德初，改爲興平。

〔好畤〕古漢縣，屬右扶風。孟康曰：「畤，音止，神靈之所依止也。」以雍州積高明之隩，故立畤以郊祀上帝及諸神。今縣東南四十三里奉天縣界，有好畤故城。

〔軹道〕在長安東十三里。漢元年，秦王子嬰素車白馬以降沛公。蘇林曰：「軹道，亭名。」在霸城觀西四里。漢時有白蛾飛自東郭門，經軹道，入苑內。按許氏說文：「軹，車輪小穿也。」在車道傍降也。

〔司竹監〕按長安地理志：「盩厔縣東三十里，有司竹監。」穆天子傳云：「天子西征，至玄池，奏廣樂三日，是曰樂池，乃植之以竹。」史記：「司竹都尉治其園，周百里，以供國用。」唐置監丞掌之。

〔細柳〕在昆明池南，今柳市是也。師古曰：「匈奴傳云：『置三將軍，細柳、棘門、霸上。』」三輔故事：「周亞夫軍於細柳，今石徼是也。」又名石徼，通交水，入昆明池。

〔棘門〕在咸陽東北十八里。漢文帝六年，徐厲爲將軍，次棘門。孟康曰：「秦時宮門也。」

〔灞上〕在通化門東三十里灞河西岸，謂之灞上。漢王元年十月，沛公至灞上，子嬰降。文帝六年，宗正劉禮爲將軍，次灞上。

〔谷口〕在醴泉縣。本漢谷口縣。在九嵕山東仲山西，當涇水出山之處，故謂之谷口。今縣東四十里谷口城是也。後魏武帝於谷口置温秀、寧夷二護軍。隋開皇三年，改寧夷爲醴泉縣。

〔蓮勺〕在蒲城縣西北三十里，漢蓮勺縣也。漢宣帝微時，常困於蓮勺鹵中。如淳曰：「爲人困辱也。」

〔瓠口〕爾雅：「十藪，周有焦穫。」郭璞曰：「今在扶風池陽瓠中是也。」關中記：「鄭國鑿涇水，自仲山西邸瓠口爲渠。」水經注曰：「涇水，南流經於瓠口。」

〔鼎湖〕在藍田縣東玉山，有秦鼎湖、萬全等宮。開耀三年，詔新造涼宮爲萬全宮。

〔五丈原〕在斜谷口。諸葛亮遣孟琰據五丈原，司馬懿出萬馬來攻琰營，亮作車橋，懿見橋垂成，列兵而退。

〔馬嵬〕在興平縣西二十里。天寶四載，〔案〕當作天寶十五載。禄山陷長安，玄宗幸蜀，六軍不發，馬踐楊妃處。杜佺詩云：「楊柳依依水拍堤，春晴茆屋燕争泥，海棠正好東風惡，狼籍殘紅襯馬蹄。」僖宗亦幸蜀，回過馬嵬，復題詩曰：「馬嵬楊柳緑依依，又見鑾輿幸蜀歸。泉下阿環應有語，這迴你更罪楊妃！」

〔習仙臺〕在興平縣東北十六里，崇二十丈。三輔黄圖曰：「漢武帝李夫人墓，在茂陵西北習仙臺。」

〔石鱉〕長安志云：「在京兆城南六十里終南山石鱉谷。口有大白圓石，如三間屋大，前後有二大石當攔壓之，以此呼爲石鱉谷。萬年、長安以此谷爲界，谷東屬萬年縣，谷西屬長安縣。北抵皇城承天門，謂之天門界。」

〔廣運潭〕明皇雜録：「天寶元年，韋堅爲陜郡太守水陸運使。以漢有運渠，起關，西抵長安，引山東租賦，及隋常治之。堅爲使，雍渭爲堰，絶霸、滻，而東注永豐倉下，與渭合。初，滻水苑左有望春樓，堅於樓下鑿爲潭而運漕，一年而成。明皇昇樓，詔羣臣臨觀，名潭曰廣運。」寶曆中，勅太倉：「廣運潭今後令司農寺收管。」

〔丈八溝〕城南記：「京兆西南一十五里，有丈八溝，乃漕河岸最深處，長楊高柳，蓮塘花圃，竹徑稻塍，爲勝遊之地，號曰丈八溝。」杜甫陪公子攜妓納涼詩曰：「落日放船好，輕風生浪遲。竹深留客處，荷靜納涼時。公子調氷水，佳人雪藕絲。片雲頭上黑，應是雨催詩。」

〔龍尾道〕在大明宮含元殿前。乃登殿之道也。賈黃中談録曰：「含元殿前龍尾道，凡詰曲七轉，高四十丈。自丹鳳門北望之，宛若龍尾，下垂於地。元會朝者，仰觀玉座，如在雲漢之上。」

〔四馬務〕在興平縣東南二十里。從東第一曰飛龍務，次大馬務，次小馬務，次羊澤務，凡地三百七十一頃，南渡渭河。慶曆中，爲營田，尋罷之。其後民占佃，簿籍亡散，不復歸於有司。

〔獅子圈〕在建章宮西南。

〔虎圈〕漢宮殿疏曰：「獅子圈、彘圈、虎圈，武帝造。秦虎圈，西去長安十五里，周匝三十五步。」

〔獸圈〕列士傳：「秦王召魏公子無忌，無忌不行，於是朱亥奉璧一雙詣秦王，王怒，置於獸圈中，亥瞋視獸，眥血濺於獸面，皆不敢動。」

〔狼圈〕蘇林曰：「秦故狼圈，廣八十步，長二十步，西去長安二十五里。」

〔郿塢〕後漢董卓傳：「卓爲太師，築塢於郿，高厚七尺，號萬歲城。及王允殺卓及卓子于市，卓素充肥，守尸吏置燃火於卓臍中。」今藏金郿塢故基尚存。

〔蟾井〕摭遺曰：「驪山白鹿觀有蟾井，中有一金色三足蝦蟇在井中。賀蘭先生見此，肉芝也，烹而食之，白日上昇。傍有昇天臺。」

〔御井〕長安志：「善和坊，有井水甘美，以供内厨。開元中，日以駱駝馱入内，以給六宮，謂之御井。」

〔冰井〕城南記：「長安城南八十里，有太一玉案山。有詩云：『霧簷玉案射波瀾，石井冰凝六月寒。』其間有冰井，深數丈，水落井中，結冰，經暑不消，長安不藏冰，每夏於此井取冰，謂之冰井。」

〔玉漿〕藍田縣東玉山下有玉漿石井，深丈餘。井中本無水，人患病疾，孝子順孫求漿者，虔誠禱請，懸瓶井中，志心者經宿玉漿滿瓶，引出，色白，其味甘，飲之愈痼疾。

〔石甕〕新說曰：「華清宮東驪山半腰有石甕寺。下溝底有天然石甕，以貯飛泉。寺僧於飛樓中懸轆轤，引脩綆千餘尺，以汲甕泉，出於紅樓喬木之杪。開元中，玄宗於樓中題詩，真、草、八分，每篇一體。」

〔銅盤〕漢官儀：「武帝作承露銅盤。」蘇林曰：「仙人以手掌盤，承甘露。」三輔故事：「建章宮承露盤，高二十丈，七圍大，以銅爲之，上有仙人掌，承露，和玉屑飲之。」西京賦曰：「立脩莖之仙掌，承雲表之清露，屑瓊蘂以朝飧，必性命之可度。」

〔銅狄〕關中記：「秦鑄銅狄十二，董卓毀以鑄錢，餘二枚，魏明帝欲徙詣洛陽，到霸城東，不可去，棄大道南銅人原。」水經注曰：「城東之人見薊子訓與一老翁摩挲銅狄，曰：『正見鑄此時，今近五百年矣。』」

〔銅雀〕漢官儀：「建章宮闕上有銅雀。」班固西都賦曰：「璧門之鳳闕，上觚稜而棲金爵。」卽銅雀也。 古歌云：「長安城西雙圓闕，上有一雙金雀宿，一鳴五穀生，再鳴五穀熟。」

〔很石〕新説曰：「在臨潼縣東秦始皇陵東北一里。石形似龜，高一丈八尺，周一十五步。有諸人留題。 湛朴詩曰：『桀、紂大無端，始皇相並肩。很石猶然在，惡名千萬年。』」十六國春秋曰：「秦始皇修陵，於渭北諸山運石，故歌曰：『運石甘泉口，渭水爲不流，千人唱，萬人相鉤。』」很石半埋於土。 至元十年，山東劉斌斵而修灞陵石橋，用畢。」

〔石鼓〕周地圖：「岐陽石鼓，其數十，乃周宣王獵碣，史籀大篆。」舊在岐陽石鼓村，後移入鳳翔府宣聖廟。 政和年，輦在汴京大和殿。

〔石麒麟〕水經注曰：「南山耿谷北，長楊、五柞兩宮之間，有青梧觀，下有石麒麟二枚，刊其脇爲文字，是秦始皇墓上物。 頭高一丈三尺，東邊左脚折處赤如血，父老相傳謂有神，皆含血屬筋焉。」

〔石鯨魚〕三輔舊事：「昆明池中，刻石鯨魚十數枚，各長三丈。每遇風雷水漲，常鳴吼，鬣尾皆動。」杜甫詩曰：「石鯨鱗甲動秋風。」

〔落星石〕新說曰：「興平縣東闕道北有落星石，黃白色，高五尺，其形如甕。上刊：「周時有星如火，落於縣西南皇甫村污池中，化爲石。」韓琮題詩曰：『的的墮芊芊，蒼茫不記年。幾逢疑虎將，應逐飯牛仙。擇地依蘭畹，題詩間錦箋。何時成五色，卻上女媧天。』」

〔織女石〕新說曰：「漢昆明池，今爲陸地。有織女石，身長丈餘，土埋至膝，豎髮，戟手怒目。土人屋而祭之，號爲石婆神廟。唐童翰卿題詩曰：『一片昆明石，千秋織女名。見人虛脉脉，依水更盈盈。苔作輕衣色，波爲促杼聲。岸雲連鬢濕，沙月對眉生。有臉蓮同笑，無心鳥不驚。還如明鏡裏，形影兩分明。』」

〔試官石〕新說曰：「元在鄠縣銀李家花園中。大元庚子歲，太傅移剌公輦來府城街後街闕王廟前。青黑色，狀如碾砑石，四尺高，五六尺長，闊二尺五，上有舊釘入鐵釘三二百枚。相傳清官釘入，濫官釘不入，號曰清官石，亦名試官石。」

類編長安志卷之八

山陵冢墓

山陵

〔漢太上皇陵〕按高祖十年，太上皇崩，葬萬年縣。師古曰：「三輔黃圖曰：『高祖初居櫟陽，故太上皇因在櫟陽。及崩，葬其北原，起萬年邑，置長、丞。』」已下並屬今咸寧縣。

〔薄太后陵〕在咸寧縣東南三十五里白鹿原上。兩京道里記曰：「陵高一十四丈，周回一里六十步，〔案〕宋志三里六十步。去道五里，謂之南陵。」

〔文帝霸陵〕在京兆通化門東四十里白鹿原北鳳凰觜下。漢書：「治霸陵，皆瓦器，不以金銀銅錫爲飾，因其山，不起墳。」新說曰：「至元辛卯秋，霸水衝開霸陵外羨門，吹出石板五百餘片。」

〔宣帝杜陵〕在萬年縣東南一十五里洪固原上。

〔唐明皇貞順武皇后敬陵〕在縣東四十里少陵原長勝坊。明皇御書碑猶存。

〔武宗母宣懿韋太后福陵〕在縣東四十里〔案〕宋志二十五里。滻水東原鷁子嶺上。

〔懿宗母元昭晁太后慶陵〕在縣東二十五里霸陵東王家莊。

〔僖宗母惠安王太后壽陵〕在縣東北二十五里東陵鄉硯瓦里。

〔昭宗母恭憲王太后安陵〕在縣東二十五里東陵鄉霸水東原上。

〔靖恭太子陵〕在見子西原。中宗常幸見子陵獵。今按灞橋近東三里有大陵鄉，俗語訛呼爲建子陵。

〔昭靖太子陵〕在細柳北原。

〔唐息隱太子陵〕在長安縣華林鄉。已下屬長安縣。

〔恭懿太子陵〕在縣高陽原。

〔周文王陵〕在咸陽縣北一十五里。尚書曰：「周公薨，成王葬于畢。」注曰：「不敢臣周公，故使近文、武之墓。」按長安舊志：「西周之陵，文王、武王、成王、康王、穆王、恭王，並葬于咸陽原上。」三輔故事：「文、武、周公皆葬于畢原。」孟子曰：「文王生於岐周，卒于畢郢。」漢書劉向傳曰：「文、武、周公葬于畢。」師古曰：「畢陌，在長安西北四十里。」畢，即咸陽原也。三禮圖云：「先王葬其中，以左右爲昭穆。」文王葬于郢，子孫皆就而葬之，即以文王居中央，以武王爲昭居左，成王爲穆居右，康王爲昭居左，昭王爲穆居右，穆王爲昭居左，恭王爲穆居右，以下子孫，夾處東西而葬。已下並咸陽縣。

〔漢高祖長陵〕在縣東三十五里。黄圖云：「長陵城周七里百八十步，因爲殿垣，門西出，及便殿、掖庭諸官寺皆在中。」是卽就陵爲城，非止謂邑居也。皇甫謐曰：「長陵山，東西廣一百二十步，高十三丈，在渭水北，去漢長安城三十五里。」關中記曰：「長陵城，有南、北、西三面，東無城也。陪陵葬者皆在東。徙關東大族萬家，以爲陵邑。長陵令秩千石，其諸陵皆六百石。」

〔呂后陵〕在高祖陵東。史記外戚世家曰：「高后合葬長陵。」注曰：「漢帝后同塋則爲合葬，不合陵也。諸陵皆如此。」

〔惠帝安陵〕在縣東三十五里。元和郡縣圖志：「在縣東北二十里。」臣瓚曰：「在長安北三十五里。」三輔黄圖曰：「去長陵十里。」關中記曰：「徙關東倡優樂人五千户以爲陵邑，善爲啁戲，故俗稱安陵啁也。」四皓祠，在陵西。張敖冢，在陵東三十里。冢上有五嶽之象，今人謂之五角冢。

〔景帝陽陵〕在縣東十五里。元和郡縣圖志：「在縣東四十里。」漢書：「景帝五年，作陽陵邑。後三年，葬陽陵。」臣瓚曰：「在長安東北四十五里。」帝王世紀曰：「陽陵山，方百二十步，高四十丈。」

〔昭帝平陵〕在縣東北一十三里。漢書：「帝初作壽陵，制令流水而已，石槨廣一丈二尺，長二丈五尺，無得起墳，陵東北作廡，長三丈五尺，外爲小厨，裁足祠祀，萬年之後，掃地而祭。」臣瓚曰：「在長安西北七十里。」漢書曰：「平陵肥牛亭地，賜張禹爲冢塋。」

〔元帝渭陵〕在縣東北一十二里。〔案〕宋志一十三里。臣瓚曰：「在長安北五十六里。」王莽傳：「遣使壞渭陵園門罘罳，曰：『無使民復思漢。』」

〔成帝延陵〕在縣西北一十五里。漢書：「成帝葬延陵，在扶風，去長安六十二里。」關中記曰：「延陵，在長安西北四十里渭陵之東，延鄉之地也。成帝起延陵，城邑以成，而言事者以爲不便，乃更造昌陵，在霸城東二十里，運沙渭濱，取東山土，東山土與粟同價，所費巨億，數年，而陵不成。谷永等奏：『昌陵，積土爲高，樟材猶在實土之上，浮土之下，非永年之基。延鄉之地，居高臨下，道貫二州二十餘縣，宜還就延鄉。』乃遣衛尉淳于長行視，長奏宜如永等議，乃徙延陵，而徒將作大匠解萬年於燉煌。」

〔哀帝義陵〕在縣西八里。漢書臣瓚曰：「義陵，在右扶風，去長安四十六里。」

〔平帝康陵〕在縣西二十五里。漢書臣瓚曰：「在長安北六十里。」舊圖經曰：「其陵在縣與平原口。」

〔漢傅太后廢陵〕水經注曰：「在霸城西北。王莽奏毁陵。」今其處積土猶高，世謂之增塀，亦謂之增埠。按塀字字書不載。

〔唐代祖元皇帝興寧陵〕在縣東三十五里五雲鄉，周五里，石人馬猶存。

〔承天皇帝順陵〕在縣東北二十五里長陵鄉，周二里。

〔順陵〕在縣東北三十里。唐武后追尊其母曰孝明皇后，號順陵。

〔漢武帝茂陵〕在興平縣東北一十七里。關中記曰：「漢諸陵皆高一十二丈，方一百二十步。唯茂陵高一十四丈，方百四十步。徙民置縣凡七，長陵、茂陵萬户，五陵各五千户。」漢武故事曰：「帝見形，謂陵令薛平曰：『吾雖失勢，猶爲女君，奈何令吏卒上吾陵上磨刀劍乎！自今已後可禁之。』平頓首謝，因不見，推問陵旁，果有方石，可以爲礪，吏卒嘗盜磨刀劍。霍光欲斬之，張安世曰：『神道芒昧，不宜爲法。』乃止。」故阮公詠懷詩曰：「失勢在須臾，帶劍上吾陵。」

〔秦始皇陵〕在臨潼縣東一十五里驪山北畔原。史記：「始皇初卽位，穿治酈山。及并天下，天下徒送七十餘萬人，穿三泉，下銅一作錮，鑄塞也。而致椁，宮觀、百姓、奇器、珍怪徙藏滿之。令匠作機弩矢，有所穿近者輒射之。以水銀爲百川、江河、大海，機相灌輸。上具天文，下具地理。以人魚骨人魚似鮎，四脚。膏爲燭，度不滅者久之。二世曰：『先帝後宮非有子者，出焉不宜。』皆令從死，死者甚衆。　葬既已下，或言工匠爲機藏皆知之，藏重卽泄，大事畢，已藏閉中羨，下外羨門，盡閉工匠，藏者無復出者。樹草木以象山。」漢書劉向傳：「秦始皇帝葬於酈山之阿，下錮三泉，上崇山墳，其高五十餘丈，周回五里有餘。石椁爲游館，人膏爲燈燭，水銀爲江海，黃金爲鳧雁，珍寶之藏，機械之變，棺椁之麗，宮館之盛，不可勝原。　又多殺宮人，生薶工匠，計以萬數。　天下苦其役而反之，驪山之作未成，而周章百萬之師至其下矣。　項籍燔其宮室營宇，往者咸見發掘。　其後牧兒亡羊，羊入其鑿，牧者持火照求羊，失火燒其臧椁。　自古至今，葬未有盛如始皇者也，數年之間，外被項籍之災，內離牧豎之禍，豈不哀哉！　是故，德彌厚者葬彌薄，知愈深者葬愈微。　無德寡知，其葬愈厚，丘隴彌高，宮廟甚麗，有掘必速。　由是觀之，明暗之效，葬之吉凶，昭然可見矣。」賈山傳曰：「始皇死葬乎驪山，吏徒數十萬人，曠日十年，下徹三泉，合采金石，冶銅錮其內，漆塗其外，被以珠玉，飾以翡翠，中成觀游，上成山林。　爲葬薶之侈至於此，使其後世曾不得蓬顆蔽冢而託葬焉。」古史考曰：「秦始皇使刑徒七十萬人作驪山北，山石爲碣。」水經曰：「項羽入關，發之，以三十萬人，三十日運物不能窮。　關東盜賊銷槨取銅。牧人取羊燒之，火延千日不能滅。」郡國志曰：「始皇陵有銀蠶金雁，以多奇物，故俗云秦王地市。」關中記曰：「秦始皇陵在驪山之北，高數十丈，周六里，今在陰平縣界〔案〕當作陰盤，此承宋志之誤。此陵雖高大，不足以消六十萬人積年之功，其用功力，或隱不見。不見者，驪山水泉本北流，北流者被障，使東西流。又此土無石，於渭北諸山，運取大石。故其歌曰：『運石甘泉口，渭水爲不流。千人一唱，萬人相鉤。』今陵下餘石大如廬土屋，其消功力，皆此類也。」三輔故事曰：「始皇陵，周七百步，以明珠爲日月，魚膏爲脂燭，金銀爲鳧雁，金蠶三十箔，四門施徼，奢侈太過。六年之間，爲項籍所發。」兩京道里記曰：「陵高一千二百四十尺，内院周五里，外院周十一里。俗呼當陵南嶺尖峯作望峯，言築陵望此爲準。」

已下並在咸陽縣。〔案〕當作已下並在臨潼縣。

〔唐奉天皇帝齊陵〕在縣東一十六里旌儒鄉新豐店南道西二里。

〔唐文敬太子惠昭太子二陵〕在縣東一十五里新豐鎮西。

〔恭哀太子陵〕在縣境。

〔莊恪太子莊恪陵〕在驪山北原。

〔古華胥氏陵〕在藍田縣西三十里。

〔唐太宗昭陵〕在醴泉縣西北六十里九嵕山，白鹿、長樂、瑶臺三鄉界古逢蒲村，下宫去陵一十八里，封内周一百二十里。陪葬諸王七，公主二十一，妃嬪八，宰相一十三，丞郎三品五十三，功臣大將軍以下六十四。所乘六駿石像在陵後。

〔漢太上皇陵〕在櫟陽東北廿五里。郡國縣道記曰：「高帝葬太上皇於櫟陽北原。其陵在東者太上皇，在西者昭靈后也。」

〔後魏孝武帝孝陵〕在渭南縣東南二十二里廣鄉原，陵崇六丈，周一百二步，石人虎尚存。

〔唐睿宗橋陵〕在蒲城縣西北二十里〔案〕宋志三十里。豐山宣化鄉積善村，封内四十里。陪葬太子三，公主三。

〔玄宗泰陵〕在蒲城縣東北三十里金粟山懷仁鄉敬母村，〔案〕宋志散母村。封内七十六里，下宫去陵五里。陪葬一。

〔憲宗景陵〕在蒲城縣東北一十三里金熾山豐陽鄉吴村，封内四十里。陪葬妃后三。

〔穆宗光陵〕在蒲城縣北二十里堯山西案嶺寧康鄉普濟、延興二村，封内四十里，下宫去陵五里。陪葬后二。

〔讓皇帝惠陵〕在蒲城縣西北一十里豐陽鄉胡村，封内一十里。陪葬諸王三，公主三。

〔唐高宗乾陵〕與武皇后合葬，在奉天縣西北五里梁山鄉丈八、青仁、埪子三村界，周八十里，有于闐國所進無字碑。陪葬太子、諸王五，公主一。

〔僖宗靖陵〕在奉天縣東北一十五里岑陽鄉雞子堆，封内四十里，下宫去陵五里，與乾陵相接，隔豹谷。

〔西魏文帝陵〕在富平縣東南二十五里。

〔後周文帝成陵〕在富平縣西北一十三里。

〔唐中宗定陵〕在富平縣西北一十五里龍泉山周文鄉郭門村。封内四十里，下宮去陵五里。陪葬太子一，公主五。

〔代宗元陵〕在富平縣西北三十里檀山永閏鄉王村，封内四十里，下宮去陵五里。

〔順宗豐陵〕在富平縣東北三十五里金甕山通關鄉修善、義周、公孫三村，封内四十里，下宮去陵五里。

〔文宗章陵〕在富平縣西北二十里天乳山永閏鄉洪波村，封内四十五里，下宮去陵三里。陪葬一，楊賢妃。

〔懿宗簡陵〕在富平縣西北四十里紫金山會善、永閏兩鄉范村，封内四十里，下宮去陵七里。

〔景皇帝永康陵〕在三原縣西北一十八里豐原、萬壽兩鄉大澹村，封内二十五里。

〔高祖獻陵〕在三原縣東一十八里龍池鄉唐朱村，封内三十里，下宮去陵五里。陪葬諸王一十六，公主一，功臣六。

〔敬宗莊陵〕在三原縣西北五里太平鄉胡村，封内四十里，下宮去陵八里。陪葬一，悼懷太子。

〔武宗端陵〕在三原縣東一十里神泉鄉騰張村，封內四十里，下宮去陵四里。陪葬一，王賢妃。

〔漢昭帝趙太后雲陵〕在雲陽縣南。漢書：「鉤弋趙婕妤，昭帝母也。」史記曰：「鉤弋夫人死雲陽，暴風揚塵。」三秦記曰：「鉤弋夫人居甘泉宮，三年不反，遂卽葬之，名曰思合墓。昭帝卽位，追尊爲皇太后，發卒二萬人起雲陽，陵邑三千户。」雲陽記曰：「鉤弋夫人從至甘泉而卒，尸香聞十餘里，葬雲陽。武帝思之，爲起通靈臺於甘泉宮，有一青鳥，集臺上往來，至宣帝乃止。」

〔唐德宗崇陵〕在雲陽縣北一十五里嵯峨鄉化青，封內四十里，下宮去陵五里。

〔宣宗貞陵〕在雲陽縣西北四十里小王山谷口鄉鄧村，封內一百二十里，下宮去陵一十里。

〔肅宗建陵〕在醴泉縣東北一十八里武將山修文鄉劉村，四十里，〔案〕四十里上脱封內二字。下宮去陵五里。陪葬功臣一，尚父汾陽王郭子儀。

〔周幽王陵〕在臨潼縣二十五里〔案〕宋志東北二十五里。戲水鎮南原上。

〔漢許后小陵〕城南記：「在咸寧縣司馬村。」其陵比杜陵差小，謂之小陵。長安方語以小爲少，故曰少陵。

〔秦莊襄王壽陵〕兩京道里記：「在通化門東二里。」皇覽曰：「是呂不韋冢。」三輔舊事云：「是子楚母冢。」皆非也。其冢制度廣大，豈人臣所宜。據韋述兩京記，則秦襄王壽陵也。蓋不韋，始皇之父，而始皇，襄王之子，以此致惑也。俗呼爲韓信冢也。

〔隋文帝泰陵〕在武功縣西南二十里三時原。

〔宇文陵〕在好時縣東一十五里。

〔吳妃陵〕在好時縣西北二十里明月山下。

冢

〔賈大夫冢〕在蒲城縣西南一十八里。春秋左氏傳昭二十八年曰：「昔賈大夫惡，娶妻而美，三年不言不笑。御以如臯，射雉獲之，其妻始笑而言。」杜預注曰：「賈國之大夫。惡，亦醜也。」今縣有賈城，卽古之賈國。後漢王阜，字代公，爲重泉令。時大旱，收奪强吏，按察豪猾，由是澍雨，有鸞集縣屋，爲雅樂，應聲而舞，旬日方去，其化感如此。〔案〕後漢王阜云云，宋志別爲一條，此誤連賈大夫冢下。

〔荆軻冢〕在藍田縣西北三十里。

〔燕子冢〕在藍田縣東八里。漢書曰：「臨江閔王榮，景帝太子。廢爲臨江王，坐侵廟壖地，爲官上徵。榮將行，祖於江陵北門，既上車，軸折車廢。江陵父老流涕竊言曰：『吾王不反矣！」縈至，詣中尉，簿責訊王，王恐，自殺。葬藍田，有數萬燕子銜土置冢上，百姓憐之。」世名燕子冢。

〔賀若婦冢〕在藍田縣西南一十五里。婦，縣人也。姑有疾，刲股肉奉姑，疾遂愈。府縣以聞，勑旌表門閭，名其鄉爲節婦鄉。舊不載歲月，疑唐事。

〔馬冢〕漢滕公夏侯嬰冢也。東臨霸水。郡國志曰：「滕公乘馬至此，馬跼地，悲鳴，因掘地得石槨，銘曰：『佳城鬱鬱，三千年見白日，吁嗟滕公居此室。』公曰：『天也！吾死即安此。』」冢在咸寧縣飲馬橋南。時人謂之馬冢。長安圖曰：「漢時七里渠有飲馬橋，夏侯嬰冢在橋南三里。」

墓

〔邴吉墓〕在咸寧縣南二十里杜陵南，俗呼堨冢。

〔蕭望之墓〕在咸寧縣東南五里古城春明門外道南。

〔唐杜如晦墓〕在咸寧縣南三十里司馬村。

〔顏師古墓〕在咸寧縣南二十里。

〔王君㚟墓〕在咸寧縣東界滋水驛東道北。兩京道里記曰：『君㚟，開元中任涼州都督，死王事，招魂葬此，張說爲碑。」

〔渾瑊墓〕在咸寧縣西南一十五里。

〔樗里子墓〕在長安縣東北長安故城中。史記：「樗里子，秦惠王之弟也。昭王七年卒，葬于渭南章臺之東，謂人曰：『後百歲，當有天子之宮夾我墓也。』至漢興，長樂宮在其東，未央宮在其西，武庫正直其墓。秦人諺曰：『力則任鄙，智則樗里。』」

〔周太公墓〕在咸陽縣東北二十五里。〔案〕宋志東二十五里。周尚父齊太公也。鄭玄曰：「太公受封，留爲太師。五世之後乃葬齊。」

〔周公墓〕在咸陽縣北一十五里。〔案〕宋志東北三十里。

〔漢蕭何墓〕在咸陽縣東北三十七里。

〔曹參墓〕在咸陽縣東北三十五里。

〔張良墓〕在咸陽縣東北三十六里。漢書：「留侯陪葬長陵。」與高祖陵相去五里。

〔揚雄墓〕按雄冢牒曰：「子雲以天鳳五年卒，陪葬安陵阪上，弟子鉅鹿侯芭負土作墳，號曰玄冢。」

〔李夫人墓〕亦名習仙臺，崇二十丈，周二百六十步，在興平縣東北十六里。三輔黄圖曰：「李夫人墓，東西五十步，南北六十步，高八丈，茂陵西北一里。俗名英陵。」水經注曰：

「李夫人冢，形三成，世謂之英陵。」

〔霍去病墓〕在興平縣東北十九里，崇二丈。漢書曰：「去病爲驃騎將軍大司馬冠軍侯。元狩六年，薨。上悼之，發屬國玄甲軍陳自長安至茂陵，爲冢象祁連山。」師古曰：「在茂陵旁，冢上有豎石，冢前有石人馬者是。」

〔衞青墓〕在興平縣東北十五里，崇二丈。漢書曰：「青爲大將軍大司馬長平侯，尚平陽主。元封五年，薨。與主合葬，起冢象廬山云。」師古曰：「在茂陵東，次去病冢之西，相併者是。」

〔蘇武墓〕在武功縣北一十里義門鄉。按郡國志：「在好畤縣東三十里，里名守節鄉。」與此地里相接。

〔秦始皇太子扶蘇墓〕在臨潼東南三十四里，墓崇九尺。

〔後漢馮衍墓〕在臨潼縣東十四里，墓崇二丈。

〔唐贈太尉段秀實墓〕在臨潼縣西十五里斜口鎭西南姚村。

〔僧一行葬塔〕在臨潼縣銅人原。明皇幸温湯，過其塔前，駐馬徘徊。明皇八分書碑尚存。

〔漢陳平墓〕在鄠縣南十里陳平莊。

〔後秦二主墓〕姚萇、姚興。在高陵縣東一十三里。

〔唐西平王李晟墓〕在高陵縣東南一十里。墓前有柳公權正書神道碑。

〔周柱下史老子墓〕在盩厔縣東南樓觀。水經注曰：「就水，北經大陵西，俗謂之老子墓。按老子爲周柱下史，適西戎，於此有冢，事非經證。然莊子曰：『老聃死，秦失弔之，三號而出。』有冢可也。」

〔商妲己墓〕在奉天縣西五里莫谷西半崖坡内。

〔王翦墓〕在富平縣東二十七里。

〔唐李光弼墓〕在富平縣西四十里。

〔秦相范雎墓〕在邠州宜祿縣東道北。

〔漢周勃墓〕在長陵南周曲灣原上。周曲，乃勃之食邑。

〔漢樊噲墓〕在樊川南原上。樊鄉，乃噲食邑。

〔韓信墓〕在古長安城東三十里新店。墓前有小廟，多題詩。來俌詩曰：「楚、漢争雄日，將軍亦奮揚。一時分去就，兩處係興亡。幸得逢真主，何須求假王。惜乎高鳥盡，曾不免弓藏。」

〔撥川王墓〕城南記：「萬年縣韋曲北原上，有撥川王論弓仁墓。弓仁，吐蕃贊普族也，世相贊普，戎言宰相曰論，以爲氏。聖曆二年，統吐蕃七千帳歸唐，累有戰功。死贈撥川王。」

〔唐郭敬之墓〕在咸寧縣郭莊。敬之，子儀父也。碑尚存。

〔李抱玉墓〕在長安縣杜永村。顔真卿書碑猶存。

紀異

紀異

〔梓樹〕異聞錄：「秦文公時，雍南山有大梓樹，文公伐之，輒有大風雨，樹復生合不斷。有一人病，夜往山中，聞有鬼語樹神曰：『秦若使人被髮，以朱絲繞樹伐汝，汝得不憂否？』以事聞。文公如其言伐樹，樹斷，中有一青牛出，走入灃水。復出，使騎擊之，牛復入水不出。」

〔忖留神〕長安志：「中渭橋，本名橫橋」云云。水經注曰：「秦始皇造橋，鐵鐓重不勝，故刻石作力士孟賁等像，祭之，鐓乃可移動也。橋之北首，壘石水中，舊有忖留神像。此神嘗與魯班語，班令其人出，忖留神曰：『我貌醜，卿善圖物容，我不能出。』班於是拱手，與之言曰：『出頭見我。』忖留乃出首，班於是以足畫地，忖留覺之，便還沒水。故置像於水中，唯背已上立水中。〔案〕水經注立水上。其後魏武帝重造忖留之像，因乘馬見之驚，又命下之。」

〔山鬼〕史記：「秦始皇帝三十六年，使者從關東來，夜過華陰，見素車白馬，從華山上下，持璧與客曰：『爲我遺鎬池君。』因言曰：『明年祖龍死。』使者問其故，因忽不見。使者奉璧以聞，始皇默言曰：『山鬼不過知一歲事。』退言曰：『祖龍者，人之先也。』使御府視璧，乃二十八年行渡江所沉璧也。」蘇林曰：「祖者，始也。龍者，人君象。謂始皇。」明年果崩。

〔石雞〕地理志：「寶雞山有山雞、石雞，雜處而不相别。秦趙高燒其山，其山雞皆飛去，而石雞不去。其石雞晨鳴三十里，謂之寶雞。」

〔哭泉〕新説曰：「在坊州宜君縣。世傳杞梁築長城不回，其妻孟姜與夫送寒衣。尋夫不見，繞城而哭，日夜不止，城土忽崩，見枯骸。姜齧指出血，誓曰：『是吾夫者，血入骨。』其血果入骨。負骨而歸哭，至宜君止宿，哭甚哀，忽有泉湧出，其水聲音如哭，號曰哭泉。至今猶在。商左山行臺陝西，經過題詩曰：『人之有大倫，爰自夫婦始，剛柔若乾坤，動止亦如此，兩姓以義合，兩義路人耳。孟姜杞梁妻，貞節世無比，從夫知有天，無天有遄死，一心心不移，慟哭哭不止，城土爲之崩，泉湧出地底，至誠人能盡，感應存是理。世衰恩義薄，對面若千里，胡爲貧家婦，慕嫁富家子，富家恨嫁晚，貧家已爲恥，狡謀工蠱惑，巧笑藏險詖，靜者復主動，亦鮮不及矣。此泉宜君山，長城餘舊址，歎息無古人，哭聲如在耳，會當悲烈婦，閨人作模軌，陵谷有變更，不竭哭泉水。』」

〔御衣舞〕漢宫殿儀疏曰：「惠帝七年正月，高皇廟中御衣自篋中出，舞於殿上，久而自下。」

〔藻簾〕幽明録：「漢武帝與近臣宴未央殿，方噉黍臛，忽聞空中人語曰：『老臣自訴。』尋不見。忽㮄上一老翁八九寸，而下，柱杖僂步而前。帝問之，老翁稽首不言，但仰視殿，俯指帝足，忽然不見。東方朔曰：『此名藻簾，乃水木之精。夏巢於林，冬潛於河。陛下興造宮殿，斬伐其居，故來訴耳。』

〔積憂〕事見坡坂條。

〔磨刀劍〕事見山陵條。

〔劫灰〕關中記：「昆明池，漢武帝習水戰。堯治水，停船於此地。蓋堯時已有汙池，漢武因而深廣耳。」曹毗志怪曰：「漢武鑿昆明池，極深，悉是黑灰，無復土。舉朝不解，以問東方朔，朔曰：『臣愚不足以知之，可試問西域胡。』帝以朔不知，難以劾問。至後漢明帝時，外國道人來洛陽，有憶方朔言者，試以武帝時灰黑問之，胡人曰：『經云：天地大刼將盡，則劫燒。此劫燒之餘灰。』乃知朔言有旨。」

〔報珠〕三秦記：「昆明池畔有靈沼，名神池。有人釣大魚，繩絶，魚帶鉤而去。其魚夢於武帝，求去其鉤。明日，帝遊池上，見大魚啣鉤，豈非昨所夢乎？帝取魚，去其鉤而放之。間三日，帝復遊，池濱得明月珠一雙，帝曰：『豈魚之報邪？』」

〔忍寒暑〕三輔黃圖：「上林苑，有昆明觀，武帝所置。」桓譚新論曰：「元帝被病，遠求方士，漢中送道士王仲都。詔問所由，對曰：『能忍寒暑。』乃以隆冬盛寒日，令袒，載駟馬車，於上林昆明池上環水而馳，御者厚衣狐裘，寒顫，而仲都獨無變色，卧于池觀上，暉然自若。夏大暑日，使曝坐，環以火十爐，不言熱，而身不汗。」

〔天狗星〕耆舊傳：「漢武帝祀甘泉，至涇橋，有女子浴於涇水，乳長七尺，上怪，遣問之，女曰：『帝後第七車知我。』時侍中倪寬在第七車，對曰：『天狗星，主祭祀。齋戒不潔，則天狗女人星見。』」

〔椽化龍鳳〕漢書：「武帝元封二年，作甘泉宮通天臺。」師古曰：「言此臺上通天漢。」漢舊儀：「通天臺，高三十丈，望雲氣悉皆下，去長安三百里，望見長安城。」元鳳間，臺自毁，椽木皆化爲龍鳳，隨風雨飛去。

〔蜚廉銅馬〕漢書：「元封二年，長安作蜚廉館。」應劭曰：「蜚廉，神禽，能致風氣。」晉灼曰：蜚廉，身似鹿，頭似爵，有角而蛇尾，文如豹文。」明帝永平五年，至長安迎取蜚廉、銅馬，置西門外平樂館。董卓悉銷以爲錢。

〔尸香〕列仙傳曰：「鉤弋夫人，齊人，姓趙。少好清淨，卧病六年，右手拳，飲食少。望氣者云：『東北有貴人。』推而得之，召到，姿色甚佳，武帝反其手，得玉鉤，而手尋展，遂生昭帝。後武帝害之，及殯，尸香。昭帝卽位，更葬之，棺空，但有絲履。」

〔授五行洪範〕漢宮殿疏云：「天禄麒麟閣，蕭何造，以藏秘書、處賢才也。」成帝時，劉向校書天禄閣，專精覃思。夜，老人著黄衣，植青藜杖，進，見向暗中誦書，吹杖端，煙然，因以見向，授五行洪範之文。恐詞說繁廣，忘之，乃裂紳以記其言。至曙而去，問姓名，曰：「我是太一之精，天帝聞卯金之子，有博學者，下而觀焉。」乃出懷中竹牒，有天文地圖之書，「余略授子焉。」

〔茅狗〕列仙傳：「呼子先者，漢中闕下師也。壽百餘歲，臨去，呼酒家嫗云：『急妝，〔案〕當從列仙傳急裝。當與嫗共應中陵王。』今夜有人持茅狗來，先持一與酒家嫗，得俱騎，乃化爲龍，上華山。」

〔斄亭鬼〕後漢書：「王忳，字少林。除郿令，上官，至斄亭驛，亭長曰：『亭有鬼，數殺過客，不可宿也。』忳曰：『仁勝凶邪，德除不祥，何鬼之避。』即入亭止宿。夜聞女子稱冤之聲，忳曰：『何枉狀，可前來求理。』女曰：『無衣不敢進。』忳乃投衣與之，女子乃前，訴曰：『妾夫爲涪令，之官，過宿此亭，亭長無狀，枉殺妾家十餘口，埋在樓下，悉盜取財貨。』忳問亭長姓名，女子曰：『卽今門下游徼者也。』忳曰：『汝何故數殺過客？』對曰：『妾不得白日自訴，每夜陳冤，客輒眠，不見應，不勝感恚，故殺之。』忳曰：『當爲汝理冤，勿復害良善也。』因解衣於地，忽然不見。旦召游徼詰問，具伏罪，卽收繫，及同謀十餘人，悉伏辜，遣吏送其葬歸鄉里。於是亭遂清。」

〔鸞歌舞〕後漢列傳：「王阜，字代公，重泉令，今蒲城縣也。時大旱，阜收奪姦吏，按察豪猾，由是澍雨，有鸞集縣屋，爲雅樂，應聲而舞，旬日方去，其德化感如此。」

〔銅龍吐酒〕十六國春秋曰：「苻堅建元十七年春正月，懸珠簾於正殿，以朝羣臣。宮宇、車乘、器物，悉以珠璣、琅玕、奇寶、珍怪飾之。殿上有金玉欄、金博山。轆轤交龍，負於井上。庭中有銅龍，長二丈，樽，容三十石，正旦大會，龍從上中受酒，口吐之於樽中。」

〔屐長七尺〕十六國春秋：「苻健皇始四年十月，大雨，蒲津監寇登於河中得一屐，長七尺，人跡稱之，指長尺餘，文深一寸。健歎曰：『覆載之間，何謂不有。』」

〔長樂宮鬼〕兩京道里記：「望春亭，去京城十一里，東臨滻水。隋文帝初置，以作送客亭，後改望春宮。煬帝改爲長樂宮。大業初，夜見太子勇領徒十人，各持兵器，問楊廣何在，帝懼，走長樂宮，文武宿衞不知乘輿所在，比明，移仗此宮。煬帝遂幸洛陽，終大業不敢都長安。」

〔慶山〕事見慶山條。

〔玉魚〕西京雜記：「長安大明宮宣政殿，每夜見數騎，衣鮮麗，遊其間，高宗使巫祝劉明奴問其所由，鬼云：『我是漢楚王戊太子，死葬于此。』明奴按漢書：『戊與七國反，誅死，無後，得有子葬於此？』鬼曰：『我當時入朝，以路遠不從坐。後病死，天子於此葬我。漢書自有遺誤耳。』明奴因請與之改葬，鬼喜曰：『我昔日亦是近屬，今在天子宮內，出入不安，改卜極爲幸甚。今在殿東北，入地丈餘。我死時，天子歛我玉魚一雙，今猶在未朽，以此相送。』明奴以事奏聞，因改葬苑外，及發掘，玉魚宛然見在。其事遂絕。」

〔僊方〕唐史：「天寶四載，西域胡僧請於昆明池結壇祈雨，七日，縮水數尺。有老人夜請宣律師求救，曰：『弟子乃昆明池龍也。胡僧欺天求雨，利吾腦，命在朝夕。』律曰：『貧道持律，可求孫先生去。』老人至孫思邈，邈曰：『我聞昆明池有僊方，若傳，吾救汝。』龍曰：『此方上帝不許妄傳，今急，固毋吝。』俄頃捧方而至，孫曰：『汝還，無慮。』胡僧及至，池水漲溢如故。胡僧羞恚而死。」

〔魚龍飛動〕事見温泉條。

〔黑氣〕明皇十七事：「開元八年，明皇幸温泉。乘輿入城，有黑氣自城東北角起，倏忽滿城，從官皆相失。上策馬踰城，赴宮路，下至渭川，雲氣稍解。侍臣分散，尋求乘輿所在，既謁見，悲喜迸涕。上亦悵然自還宮，數日不出。翰林學士通事舍人王翰作答客問上之，詞曰：『龍躍湯泉雲漸回，雲飛香殿氣還來，龍潛龍見雲皆應，天道常然何問哉！』」

〔舞馬〕明皇雜録：「天寶中，嘗令教舞馬四百蹄，目之曰某家驕。每宴樂，其曲謂之傾杯樂。馬聞其曲，奮首鼓尾動脚，無不應節，啣杯上壽。禄山亂後，馬散人間，田承嗣得之。一日，軍中大饗，馬聞而舞，承嗣以妖殺之。」

〔澄水帛〕事見堂宅條。

〔桐汗〕事見寺條。

〔烏鼠同穴〕長安志：「渭水，出烏鼠同穴山。」按山海經云：「烏鼠同穴山，在隴西。山有烏、鼠同穴，烏名鵌，鼠名鼵，鼵如家鼠而尾短，穿地入數尺，鼠在内、烏在外而共處。」孔安國傳：「烏、鼠共爲雌雄。」

〔鬼市〕長安志：「務本坊，在安上門外之東，與道坊相對。務本坊西門，蓋鬼市也。或風雨瞑晦，聞喧聚之聲。秋冬夜，多聞賣乾柴，云是枯樹精也。或月夜聞吟云：『天街鼓絶行人歇，九衢茫茫空有月。』又：『九衢生人何勞勞，長安土盡槐根高。』」

〔龍行成山〕三秦記曰：「龍首山，長六十里，頭入渭水，尾達樊川，頭高二十丈，尾漸下可六七丈，土黑不毛。昔有黑龍從南山出，飲渭水，其行道因成土山。」括地志：「今按山首在漢長安城中，及營宫殿，咸以堙平，其餘今長安古城東南龍首山是也。」

〔社樹〕舊經圖曰：「董龍，盩厔縣人。家貧，衆祭社，衆逐出之，龍以泥造飯於社樹而祭之。後穿地得黄金，因大富。名其樹爲董龍社樹。」

〔乾湫〕城南記：「在咸寧縣神禾原興盛坊。舊有湫池，一夜龍移去南山太一谷。」退之詩曰：「天昏地黑蛟龍移，雷驚電擊雌雄隨。清泉百丈化爲土，魚鱉枯死吁可悲。」退之太一湫詩曰：「嗟龍獨何智，出入鬼神間，不知誰爲助，若執造化關，厭處平地水，巢居插天山，列峯如攢指，石盂仰環環。」

〔蟠龍石〕郡縣志：「蒲城縣南三十里有蟠龍鄉。」舊經圖曰：「唐明皇遊幸，見原上雲霧中黄龍蟠屈之象，落於地，化爲石，似蟠龍，以其地爲蟠龍鄉。今石猶存。」

〔飛魚〕太平廣記：「長安、鄠郊牛首山有澇河，其水有飛魚。人入水，魚皆飛出，網之。魚似鮒，有翅，可療痔疾。」

〔仙蛻骨〕地理志：「在蒲城北二十里，有堯山神祠。」宋大中祥符年，大旱，蒲城尹馮舜臣禱雨於堯山神，曰：「若獲甘雨，重修廟貌。」雨既霑足，舜臣割己俸料，人工重修其廟。地基隘狹，後展右崖，鑿丈餘，石中見仙人骨，枕肱而卧，乃移徙出，東巖安置，號爲僊蛻巖。有人打脛骨折，亦有髓眼。

〔仙蛻石〕新說曰：「在三川驛中，今見有。其石磷砌，長三丈餘，中闊尺餘，狀類梭形，上有印入脊骨節大小十餘，及兩脇骨，紋纖細，雖鐫鎮不能及，各深一二分許，其上猶有骨餘。安西路儒學教授鹿溪賈鹹，至元甲午秋初，應安西王召，過此，題其詩曰：「北平太守酒半醮，怪石飲羽精入神。達磨西來住少室，面壁九年遺其真。乃知志意一堅定，出入金石猶逡巡。至人守己亦大事，良由授之父母身。烏鳶奪得與螻蟻，終爲臭腐同埃塵。以柔破堅出一意，全骸蛻入荒山垠。水間星月自長夜，鏡中花柳常青春。至今石朽骨不朽，摩挲刻畫寒磷礥。顏回坐忘尚未省，子綦嗒喪無居隣。仙人仙去幾千載，勝事尚覺驚西秦。欲令造物反汝性命與妻子，汝應聞之怒且顰。我來弔古三嘆息，愛之慕之不可親，北邙回首一大笑，纍纍高塚何其新。』」

辨惑

辨惑

〔蝦蟇陵〕本下馬陵。新説曰：「興慶池南烟脂坡大道東有蝦蟇陵。景龍文館記曰：『乃漢董仲舒墓，文士過之，皆下馬，謂之下馬陵。俗謂蝦蟇陵。』琵琶行云：『家在蝦蟇陵下住。』下馬陵是也。」

〔韓信冢〕本莊襄王壽陵。新説曰：「高帝七年，呂后斬韓信於長樂宮中室，葬于霸城門東三十里新店，墓極小。此冢在唐長安城通化門外二里，制度廣大，非人臣之所。據長安志注：『乃秦始皇父莊襄王壽陵。或曰呂不韋冢，蓋不韋，始皇之父，以此致惑。』俗傳韓信冢，韓侁冢，韓生冢，皆非，莊襄王壽陵是也。」

〔司馬冢〕本許后冢。新説曰：「宣帝許后葬于司馬村，比杜陵差小，呼爲小陵，以杜陵大故也。秦音以小爲少，謂之少陵，改少陵鄉。俗傳大司馬霍光冢非也，許后冢是也。」

〔陽甲城〕見城條。

〔十姨廟〕本杜拾遺廟。新説曰：「同州白水，漢彭衙縣也。唐明皇天寶十五載夏六月，安禄山入潼關，法駕狩劍外。秋七月，肅宗卽位於靈武殿，改元至德。二載，杜甫自賊中竄歸鳳翔，謁肅宗，授以左拾遺。甫詩云：『去年潼關破，妻子隔絶久。麻鞋見天子，衣袖露兩肘，涕淚受拾遺，流離主恩厚。』有詔許至川迎家，〔案〕當作三川。甫舅崔少甫爲白水尉，自三川挈妻子，至白水而依居焉。有彭衙行。甫去，人思之，立拾遺祠，刻彭衙行立其中。經五季兵火，復建其祠，塑十婦人呼爲十阿姨廟。貞祐丙子，縣令陳炳勸農，問其故，父老指其地曰：『此古廟基也。』掘出石刻，命適安老人段子新爲記，復建唐左拾遺杜甫祠，以彭衙行立其中。」

〔小兒原〕本龍首原。新説曰：「貞觀政要：『先天後，皇子幼則居内，年漸長成，於東内苑爲大宅十六王宅。諸孫，又於王宅外置百孫院。十六王每院四百餘人，百孫每院三百人。置維城庫，諸王孫俸物給用。諸王、諸子勿得出外。其王孫鬬雞、走犬、蹴踘、彈射，止於苑中。』龍首原俗號曰小兒原，本龍首原也。」

〔武底倉〕本物定倉。新説曰：「華州下邽縣南渭河岸上，乃漢之物定倉也。西京雜記：『物定倉，收貯五穀，各定其性，物不浥壞。』故秦、漢、隋、唐，皆於此置倉。語訛爲武底倉，本物定倉。」

〔百家神〕本北極神。新説曰：「咸寧縣鳴犢鎮風涼原上有百家神廟，其像眞武。金初，陝西東路立五十四猛安千户鎮防軍寨，以鎮西川五十四州。每一寨前，必立眞武或天王殿，以壯軍威。鳴犢鎮立二猛安寨，共眞武廟於原上，以壯軍威，爲北極神廟。語訛爲百家神。」

〔炭谷〕本太一谷。新説曰：「長安京城南八十里山中有太一元君湫池。漢武帝祀太一於此，構澄源閣，前有太一宫。俗呼爲炭谷。」

〔尖角里〕本名潛駕里。新説曰：「盩厔縣東有村曰尖角里。古老相傳，唐僖宗幸蜀，車駕潛宿於此，謂之潛駕里。訛爲尖角里。」

〔留手足〕薛綜注西京賦曰：「華山對河東首陽山，黄河流於二山之間。本是一山，巨靈以手擘開其上，以足蹈離其下，中分爲兩，以通其流。」今手跡在華山之上，足跡在首陽山下，俱存焉。

〔飲渭水〕淮南子：「渭水多力宜黍稷。」列子曰：「夸父逐日，渴飲渭水，不足，乃渴死。」

〔石鯨鳴吼〕西京雜記：「昆明池刻石爲鯨魚，各三丈。每至雷雨，石鯨皆鳴吼，鬐尾皆動。」杜詩：「織女機絲虛夜月，石鯨鱗甲動秋風。」

〔蠟燭自焰〕高僧傳：「京城懷遠坊有延興寺。僧曇延戒行清高。隋文帝幸其寺，賜花蠟燭，不燃而燭自發焰。文帝奇之，改爲光明寺。」

〔雁塔影〕新説曰：「龍池，兵後水涸，爲民田、瓜區、蔬圃十餘年。庚子、辛丑歲，始引龍首渠水灌地，許人占修酒館。至壬寅，池水泓澄，四無映帶，唯見雁塔影倒於池中，遊觀者無數，酒爐爲之一空。」

〔日月精〕長安志：「唐大明宮中有結麟樓。」注：「七聖記曰：『鬱華赤文，與日同居。結麟黃文，與月同居。鬱華，日精。結麟，月精。』太上黃庭内景經曰：『高奔日月吾上道，鬱儀、結麟善相保。』梁丘子注曰：『鬱儀，奔日之仙。結麟，奔月之仙。』」

〔布漆〕異聞録載：「長安春明門内，舊有天王閣，長慶中造，與南内連牆，其形高大，爲天下最，俯視宮中。大和二年，勅移於興善寺。拆時，天王腹中得布五百端，漆數十筩，布如新，漆如水。」

〔灰中經〕長安志：「崇仁坊資聖寺，唐長安三年火，焚經藏盡淨，於灰燼中得經數部，不損一字，百姓施捨，數日之間，所獲巨萬，遂再營造。其寺額殷仲容所題，楷法端妙，京邑所稱。」

〔音聲樹〕西京雜記：「皇城尚書省都堂南門道東，有古槐垂陰至廣。祠部呼爲水廳，言其清冷也。相傳其樹夜深有絲竹之音，省郎有入相者。俗呼謂之音聲樹。」

〔𦫵耳羊〕新說曰：「同州沙苑，出卧沙𦫵耳羊，其耳小如𦫵，細脇如筋，其味偏美。别處到此，大耳羊生小耳羊，小耳羊生𦫵耳羊，其地脉如此。」

數目故事

數目故事

〔三朝〕漢書注：「孟康曰：『中朝，内朝也。大司馬、左右前後將軍、侍中、尚書、散騎諸吏，爲中朝。丞相以下至六百石，爲外朝。東朝，太后朝也。惠帝東朝長樂宫，往來數蹕，煩人，乃複道。故中、外、東謂三朝。』」

〔三輔〕武帝太初元年，改内史爲京兆尹，以渭城以西屬右扶風，長陵以北屬左馮翊，以輔京師，謂之三輔。

〔三秦〕長安志：「項籍滅秦，分其地爲三，封章邯爲雍王，司馬欣爲塞王，董翳爲翟王，謂之三秦。」

〔三館〕西京雜記：「平津侯公孫弘自以布衣爲宰相，乃開東閣，營客館，以招天下士。其外曰欽賢之館，以待大賢。其次曰翹材之館，以待大才。次曰接士之館，以待國士。其有德，任毗贊佐理陰陽者，處欽賢之館。其有才堪九列、將軍、二千石者，居翹材之館。其有一介之善，一方之藝，居接士之館。而躬自菲薄，所得俸以奉三館。」

〔三軍〕唐會要：「羽林軍、龍武軍、神策軍，謂之三軍。」

〔三川〕酈元注水經曰：「秦中有三大川，涇川、渭川、洛川。」非八水，三川也。且洛川在同州，去長安二百餘里，洛河又不在八水之數。且鄜州亦有三川，華池水、黑源水、洛水同會，謂之三川。杜甫寄書問：「三川不知家在否。」

〔三小川〕近京城勝遊之處，一曰御宿川，在長安南四十里上林苑，中有翠微宮、含風殿諸離宮別館，上宿其中，故曰御宿川。二曰樊川，在長安南二十五里，漢賜樊噲食邑，中有韋曲、杜曲、皇子陂、下杜城，諺曰：「城南韋、杜，去天尺五。」三曰瀛川，在長安東南三十里，地理志：「瀛川，即滻川也。」有南亭、北亭、龍首渠堰、月登閣、鳴犢鎮。

〔四關〕括地志：「始皇表河爲秦之東門，表汧以爲秦之西門，東西八百里，南北三百里。東有函谷關，西有大震關，南有子午關，北有盧關，謂之四關。」

〔五陵〕三輔故事：「西漢陵寢，多在渭北咸陽原上。自東而西，高祖長陵、惠帝安陵、景帝陽陵、武帝茂陵、昭帝平陵，謂之渭北五陵。」

〔五府〕長安志：「華州蒲城縣有折衝五府：〔案〕宋志温湯府。相原府，孝德府，温泉府，宣化府，懷仁府。

〔六爻〕隋開皇二年，宇文愷置大興城，京城内有東西六條坡，象乾卦六爻，故於九二置宮殿，以當帝王之居；九三立省，以應君子之數；九五貴位，不欲使常人居之，故置玄都觀、興善寺以鎮之。

〔六軍〕唐會要：「六軍：左羽林軍，右羽林軍，左龍武軍，右龍武軍，左神策軍，右神策軍。」

〔左右六軍〕長安志：「太和門外之北，從西第一曰左羽林軍，第二左龍武軍，第三左神策軍，已上謂之左三軍。九僊門外之北，從東第一曰右羽林軍，第二右龍武軍，第三右神策軍，謂之右三軍。」

〔八街九陌〕見街條。

〔八水〕上林賦曰：「八水分流於長安。」顏師古注云：「八水者，涇、渭、灞、滻、灃、鎬、澇、潏，謂之八水，近於長安。」

〔八百里秦川〕水經注曰：「秦嶺東西八百里，水皆北流入秦川。」三輔黄圖曰：「始皇表河、華爲秦東門，表汧、隴爲秦之西門，中間八百里爲秦川。」

〔九市〕見市條。

〔九府〕圖經云：「長安有九府：丞相府，御史大夫府，鴻臚府，少府，司隸府，中尉府，京兆府，左馮翊府，右扶風府。」

〔十一里〕三輔黄圖曰：「長安閭里百六十。」潘岳西征賦注曰：「尚冠里，修成里，黄棘里，宣明里，建陽里，昌陰里，北焕里，南平里，戚里，函里，大昌里。」

〔十二門〕括地志引酈元注水經曰：「長安城十二門，皆通九逵。九逵三塗洞開，隱以金椎，周以林木。左右出入，爲往來之徑，行者升降，有上下之别。」

〔十二廐〕都廐，未央廐，登華廐，金廐，輅軨廐，太廐，騊駼廐，果馬廐，車梁廐，騎馬廐，大宛廐，胡河廐。

〔二十四獄〕三輔黄圖曰：「長安城中有二十四獄。」師古曰：「漢儀：『掖庭詔獄，令、丞，宦者爲之，主理婦人女官也。』」

〔百二山河〕漢書曰：「田肯説高祖曰：『陛下治秦中。秦，形勝之國，帶山河之險，縣隔千里，持戟百萬，秦得百二焉。』蘇林曰：「秦地險固，二萬人可敵百萬人，二人可敵百人，故曰百二也。」

類編長安志卷之九

勝遊　三川　華清宮　雜題附

樊川

〔樊川〕乃樊噲食邑樊鄉，東盡東義谷，西盡下杜城，謂之樊川。西狹東廣，亦曰後寬川。貞觀十九年，華嚴禪師坐脱，肉身葬此，起華嚴寺，俗呼爲華嚴川。其山水之清，松竹之秀，花芳草緑，雲煙披靡，晴樓巍巍，倚空而瞰山，灑然有江湖之趣焉。四時之間，春畦鬬碧，夏雲堆白，疏木霜秋，魚村雪晚。人之遊者，肩摩轂擊，僕足繭而馬虺隤，不知其倦焉。

〔潏水〕樊川河至瓜州村分爲二水：一水至下杜城，出原西北流爲漕河，至漢長安城西北入渭。一水瓜州村起梁山堰至申店上神禾原，鑿深五六十尺，謂之坑河，至香積寺西合御宿川交河。皆勝遊之地。

〔下杜城〕春秋杜伯國也。少陵原自此而盡爲平川。城址尚在。東有宣帝杜陵縣，故曰下杜城。西有第五橋、丈八溝、沈家橋。南有賴家橋。羅隱詩曰：「來往城南十八年，賴家橋上潏河邊。村醪香美脫衣典，幾度落花相對眠。」溫庭筠詩曰：「水流花落嘆浮生，又伴遊人宿杜城。最好五更殘夢覺，透簾斜月曉聞鶯。」宋諫議陳公別墅在此，有祠堂，諫議及三子康肅、文定、文惠之畫像，各書所試詩賦題於板，示不忘本也，號曰桂林亭。大中祥符，堯咨爲永興軍尹，題詩於碑曰：「不誇六印滿腰間，二頃仍尋負郭田，當日弟兄皆刷羽，如今鴻雁盡摩天。扶疏已問新栽竹，清淺仍尋舊漱泉。大尹今來還又去，夕陽旌旆復翩翩。」石碑猶在。杜城之東，故觀察李士衡之莊，俗號爲小南山，本唐尚書歸登之業也。

〔何將軍山林〕今謂之塔坡。少陵原乃樊川之北原，自司馬村起，至此而盡，其高三百尺，在杜城之東，韋曲之西。山林久廢，上有寺，浮圖亦廢，俗呼爲塔坡。

〔韋曲〕在樊川。唐韋安石之別業，林泉花竹之勝境。韋莊詩曰：「滿耳鶯聲滿眼花，布衣藜杖是生涯。時人若要知名姓，韋曲西頭第一家。」莊後自蜀回歸韋曲，詩曰：「殷勤曾記碧峰前，一別溪雲二十年。三逕荒涼迷竹樹，四隣凋謝變桑田。皇陂況是當年水，紫閣空橫舊日煙。多少亂離無問處，夕陽吟罷涕潸然。」杜少陵詩曰：「韋曲花無賴，家家惱殺人。緑尊雖無日，白髮好禁春。石角鉤衣破，藤枝刺眼新。何時占叢竹，頭戴小烏巾。」又曰：

「野寺垂楊裏，春畦綠水間。美花多映竹，好鳥不歸山。城郭終何事，風塵豈駐顔。誰能共公子，薄暮欲歸還。」于武陵詩曰：「韋曲城南錦作堆，千金不惜買花栽。誰知貴戚多羇束，落盡春紅不看來。」諺云：「城南韋、杜，去天尺五。」劉子哀詩曰：「終日看山不厭山，好山不出買山錢。欲知韋曲君家景，占得當時尺五天。」岑參題韋員外家花樹：「今年花似去年好，去年人到今年老，始知人老不及花，可惜落花君莫掃。君家兄弟不可當，列卿、御史、尚書郎，朝回花底常會客，花撲玉缸春酒香。」韋秉嘗與光祿卿劉杞、大理丞尚穎、龍圖范公育從遊，三公各題於韋曲之居。劉杞詩曰：「韋氏清芬奕世傳，至今高隱冠樊川，招要野客通三徑，保守先疇過一廛。春暖園林花爛熳，夜深庭院月嬋娟。濁醪滿榼書盈架，坐對終南自晏然。」尚穎詩曰：「韋曲花無賴，依然滿故園。人情自傷感，春色豈衰繁。流派盡將相，幾家餘子孫。功名猶可較，欲共古人言。」范育詩曰：「竹巷松門堆白沙，老農猶指相君家。林塘卜築今誰問，譜牒名流空自嗟。萬簇晴山開玉案，一溪春水滿晴沙。」〔案〕鈔本脱末聯。

〔韓莊〕即韓退之城南雜題又送符城南讀書之地也。孟郊遊城南韓氏莊詩云：「初疑瀟、湘水，鑠在朱門中。時見水底月，動摇池上風。清氣浮竹木，白光連虛空。浪簇霄漢影，岸拂金碧叢。何言數畝間，環泛路不窮。願逐神仙侶，飄然汗漫通。」張籍同侍郎南溪夜賞詩曰：「喜作閑人得出城，南溪兩月逐君行，忽聞新命真歸去，一夜船中語到明。」韓莊在韋曲東皇子陂，南引皇陂水爲南塘。今爲里人楊氏所有，穿洞起閣，引泉而落，池之大鳴。

〔案〕池下當脱爲字。

〔鄭莊〕即鄭虔郊居，在韓莊東南。李商隱過鄭虔舊隱詩曰：「宋玉平生恨有餘，遠循三楚弔三閭，可憐留得江邊宅，異代應教庾信居。」杜牧之遺鄭瓘詩曰：「廣文遺韻留樗散，雞犬圖書先一船，自說江湖不歸事，阻風中酒過流年。」瓘，乃虔之孫也。

〔龍堂〕在皇子陂東北，半坡有泉九眼，下爲一潭，内有五色魚，潭上起殿，名曰九龍堂泉，號龍泉坡。

〔杏花平〕龍泉東北坡中有平地，數百本杏花繁衍，名曰龍泉杏花平。潁川杜翊撰勝遊録，亦以此坡爲唐杏花平。樊溪劉伯莊子哀嘗遊此，留詩曰：「誰植千株近帝城，會招公子醉升平。至今野鳥關關語，猶學當時玉勒鳴。」

〔牛頭寺〕下勳蔭坡，入牛頭寺，今謂之牛頭坡。牛頭寺，即牛頭山第一祖遍照禪師之所居也。貞元十一年建，徐士龍所撰碑存焉。少陵詩曰：「青山意不盡，袞袞上牛頭。」又：「春色浮山外，天河宿殿陰。」太平興國中，改爲福昌寺。寺之南軒，以待賓客。軒之東壁，有朱公掞題詩曰：「節候偶當桐始華，遍尋蕭寺喜煙霞。勝遊今幸同三友，仁惠將推及萬家。

綠滿田疇齊種麥，紅藏村塢爛開花。愛民若副賢侯意，共入聲詩與衆誇。」掞奉帥令訪闕食者，將行貸濟。

〔華嚴寺〕在朱坡下，瞰南山之勝，霧簷、玉案，紫閣、圭峯，舉在目前，不待脚歷而盡也。羅隱詩曰：「華嚴而轉遶朱坡，每到春時日夕過。曾向姚家園裏醉，牡丹紅紫數千窠。」宣宗幸寺詩曰：「雲散晴山幾萬重，煙收春色更沖融。殿根出空登碧漢，遐川俯望色藍籠。林光入户低韶景，嶺氣通宵展霽風。今日追遊何所似，莫慚漢武賞汾中。」寺僧子高出公卿、賢大夫詩凡數百篇，皆題華嚴寺也。唐供奉僧子蘭詩曰：「萬木葉初紅，人家樹色中。疏鐘摇雨脚，積雨〔案〕疑當作積水。浸雲容。雪磧回寒雁，燈村促夜舂。舊山歸未得，生計欲何從。」

〔杜家灣〕韋曲東朱坡者，御史莊東之坡也。許渾和淮南相公與賓客重遊瓜州村別業題，以此考之，潏水兩濱，南自瓜州村，北至朱坡，中爲杜家灣，皆杜氏業也。淮南相公舟行阻風詩末句云：「必期解印同君醉，九曲池西望月來。」杜牧郊居九曲池，玉鉤亭遺址尚存。貞元十一年，杜佑撰通典二百卷，自淮南使人獻之。佑檢校左僕射同平章事，故許渾曰「淮南相公。」佑三子：師損、式方、從郁。牧，從郁子也。牧自吳興守拜考功郎知制誥，盡吳興俸錢，創治其墅，出中書直亟召昵密往遊之意。嘗語裴延翰曰：「自古富貴磨滅者，不可勝紀。我稚走於此，得官受俸，再治宅居，俄及老爲樊川翁。既不自期富貴，要有數百首文章，號爲樊川集，顧樊川之草木、禽魚，亦無恨矣。」牧之嘗爲朱坡三絶句，其一曰：「故國池塘倚御渠，江城三詔換魚書。賈生詞賦恨流落，祗向長沙住歲餘。」其二曰：「烟深苔巷唱樵兒，花落寒輕倦不歸，藤岸竹洲相掩映，滿池春雨鸊鵜飛。」其三曰：「乳肥春洞生鵝管，地避回巖勢犬牙，自笑倦懷頭角縮，歸盤煙蹬恰如蝸。」詳此景此樂，豈容兒輩覺邪！

〔范公五居〕范氏莊，本唐岐國杜公郊居也。門人權德輿爲之記，其略曰：「神京善地，啓夏南出，凡十有六里，而仁智之居在焉。下岑崗，冒青蒼，步履平夷，以至於堂皇。四敞賓榻，中容宴豆，孤齋閑館，幽概附之。乃開洞穴，以導泉脉，其流泠泠，或決或停，激而始行，暴爲玉聲，初縈於山下，終應於地際。白波淪漣，繚以方塘，輕艫緩棹，沿洄上下，見煙霞澄霽之狀，魚鳥飛沉之適，濯于潺湲，風于碧鮮，紅葩火然，素英雪翻，綺窗舊香，青篠回合，含虛籟以似違，遡清輝而交映。」唐舊史稱：「佑城南樊川有佳林亭，卉木幽邃，佑日與公卿宴集其間。元和七年，佑以太保致仕，居於此焉。」式方傳又云：「甲第在安仁里，杜城有別墅，亭館林池，爲城南之最，昆仲與時賢游從，其樂有節。」牧之賦曰：「予之思歸兮，走杜陵之西道，巖曲天深，地平木老，隴雲秦樹，風高霜早，周臺漢園，斜陽衰草。」許渾題故太保杜公池亭云：「杜陵池樹倚城東，孤島回汀路不窮，高岫乍疑三峽近，遠波初似五湖通，梧桐葉暗瀟瀟雨，菱杏花香淡淡風，還有昔時巢燕在，飛來飛去畫堂中。」錢起題杜舍人林亭云：「來訪龍樓客，時逢酒甕新。花齊雲入幕，苔逕竹迎人。鵲嬌遲日，鶯啼惜暮春。不須躭小隱，南院在平津。」范公熙寧中自侍御史出，買此莊於尚書郎胡拱辰。胡之前猶爲杜氏有之。自杜至范，三易主矣。今猶謂之御史莊。莊有溪樹、巖軒、江閣、圃堂、林館，謂之范公五居。

〔澄襟院〕在孫村，唐左街僧録遍覺禪師智慧輪塔院也。有碑尚存。前後庭中有八柏樹、凌霄花，北巖引泉，架竹落庭，注之石盆，落方池瑩澈，使人不覺忘俗慮焉。

〔元莊〕在澄襟之東。元醫，世爲樊川人，范御史五居，元以里人得從遊衍之末。元祐中，范公守蒲州，以醫名畀之。其居北倚高坡，泉聲泠泠，植花於圃，穴洞於巖，起閣池上，隱隱然藏於茂林脩竹之間，具幽勝之趣。進士王賓宿而題詩曰：「嘗愛樊川景物奇，秋來乘興試遊之，元家新第添今日，范氏郊居憶舊時。窗外好山青冉冉，竹間流水緑漪漪。通宵言論情無限，幸有金波酒滿巵。」

〔清閣〕宋李構所建。倚柏坡鑿洞，塑三清像，呼爲三清閣，碑之所載詳矣。道人樊志亭主之。下有林泉、園亭。

〔毵家菴〕在楊方坡道東。茂林脩竹，北倚松檜，高原中有飛泉瀑流，俗傳舊黃四娘花園。金朝剋石烈千户莊。男避軍役，披毵學道，俗呼爲毵家菴。今爲道觀。

〔王駙馬林泉〕在延興寺東夏侯村王氏，林泉久不治。比年弟兄多在長安，稍修葺，長楊高柳，寒藤古木流泉，猶爲勝境。今爲白雲觀。

〔白氏莊〕在王氏之東。世傳白侍郎莊，宋朝奉郎白序之莊。中有八題，列如左。其詩曰：揮金堂：「當年取樂即揮金，今日幽人慕此深。朝士縉紳都不問，囂然卜築近山林。」順年堂：「滈上堂成耳順年，肯將軒冕換林泉。應知此地非休老，故寫霧髩向坐前。」疑夢室：「既往悲歡如夢寐，眼前勞後厭形開。利名不是尊生事，得失應從數味來。」醉吟菴：「先德往來稱此號，高人今日榜茅茨。菴前鶴在君須問，應見頽然撚白鬚。」翠屏閣：「終南重叠倚晴天，恰似屏開几案前。解道新樓著處穩，何妨不出買山錢。」林泉亭：「杜陵原下石磷磷，鑿破寒泉徹底清。舉世無嫌太孤潔，華清安得擅佳名。」辛夷亭：「竹下幽亭石作基，亭前佳木號辛夷。林間採得春光到，滿樹紅香蝶不知。」巖桂亭：「爲憐桂種異凡材，特向巖隈趁雨栽。風過天香無覓處，晃然疑是月中來。」白序，字聖均，自言白侍郎後。華州曹輔題詩：「浮雲萬態變朝昏，叠嶂尋常翠滿門。錦里先生多勝事，香山居士有賢孫。春風樓閣聞碁響，晚雨池塘見屐痕。寄謝世間無此樂，起予歸興憶江村。」金朝爲石氏園亭。疏泉爲方池曲檻，有四銀亭、八銀亭。正大七年，趙尚書遊，題詩曰：「石氏園中竹一園，眼前勝事只心知。幽禽有語能留客，流水無情自入池。客裏歲華將盡日，鬢邊白髮獨來時。醉吟吟後往吟者，又得閑閑一首詩。」今爲故中書陝西四川宣撫使襄山楊公謚忠肅公祠堂，有碑。

〔杜曲〕有南杜、北杜。唐史稱杜正倫與城南諸杜素遠，求通譜不許，銜之。世傳所居之域杜固有壯氣，故世衣冠。杜正倫執政，建言鑿杜固，既鑿，川流如血，閱十日止，自是南杜稍不顯，蓋杜固謂之南杜。今所鑿崖塹尚存，俗呼爲鳳凰觜。北杜今爲杜曲。牧之詩：「杜曲花光濃似酒，霸陵風雪老於人。」許渾送段覺歸杜曲詩云：「書劍南歸去，山扉別幾年。苔侵崖下路，葉落洞中天。紅藥高齋雨，青蘿曲檻煙。寧知遠遊客，羸馬太行前。」杜甫常稱杜曲諸生、少陵野老，蓋少陵、杜曲相近故也。甫乃晉征南將軍預之後，預玄孫隨宋武南遷後爲襄陽人，甫曾祖爲鞏令後徙河南。有宋孫洙爲甫傳，以牧之爲族孫，蓋同出預之後故也。甫亦城南諸杜之族爾，故其詩多道城南之景也。

〔姜保〕俗呼姜保底。有李支度莊，多竹木、花卉、賓館。蘇舜欽詩曰：「杜曲東邊風物幽，我來繫馬獨遲留。門前翠影山無數，竹下寒泉水亂流。酒壓新陳常得醉，花開番次不知秋。主人堆案勞塵事，早晚歸來今白頭。」

〔興教寺〕總章二年建，〔案〕宋志三年建。有三藏玄奘真身塔，慈恩、西明二塔存焉。開成中，沙門令檢重修，屯田郎中兼侍御劉軻所撰三藏法師塔銘，左庶子兼御史中丞李弘慶所撰慈恩大師塔銘。有宋政和乙未，同州僧廣越創建大周西明圓測大師舍利塔，貢士宋復撰銘。三藏奠中位，塔差高大，左慈恩，右西明，塔差小。蒲人胡子金有詩曰：「白塔月移山宇影，青松風唱海潮音。」

〔玉峰軒〕在興教寺北，松檜半原，地形高爽，南對玉案峯。元豐年，龍圖呂公祈禱太一湫，道經是寺，登北崗南瞰玉案，令其僧創軒爲登眺之所，權長安令陳正舉爲之記。其略曰：「興教所據，乘高阜，俯大澤。有崗分行，以翼其前，有林茂植，以蔽其後。南有大山巑岏矗出，列屏帳，〔案〕疑有脱漏。環勢擁抱，集於軒前，其名曰玉峯。樊川自韋曲而東於兩崗，至此則原隰平衍，山木秀麗，有若下巖谷而遊乎廣莫之野，出巫峽而泛乎洞庭之淵。襟宇倫然，瞻視天闊。登之者足以騁懷於界外，遊目於太虛矣。〔案〕鈔本矣下空缺一字。宇宙之大，品類之細遺形反照，有以寄心於無窮，則爲軒之意，豈止於斯而已哉！」僧晏靜刻之石。

〔龍泉寺〕直玉案山之北。孟郊詩曰：「鳥飛不到處，僧房繞山顛。龍在水常黑，雨開山更鮮。步出白日上，坐依清溪邊。地磽松桂短，石險道途偏。晚磬送歸客，數聲落遥天。」今龍泉寺廢，二龍塔尚存。

〔三像院〕在興教東，開元中建，北倚高原數百尺，刻三大像，貞順皇后墓在北原上，此爲看墳寺。姚嗣宗詩云：「朝遊南山南，暮宿北嵩北。安心虎豹穴，垂耳龍蛇谷。稻鋪韋曲碧，木鎖樊川黑。行盡大和鄉，似得非所得。」僧文辨詩曰：「境靜梵音傳響谷，齋餘野鳥下虛廊，月高杜曲軒牕冷，花滿樊川殿閣香。」

〔蓮花洞〕在杜曲南樊村，倚神禾半原，高百尺，鑿數洞，俗呼蓮花埪，亦云鄭駙馬洞。按唐書：「明皇臨晉公主下降鄭虔姪鄭潛曜，臨崖築洞以避暑。」杜甫鄭駙馬宴洞中詩曰：「主家陰洞細煙霧，留客夏簟青琅玕。春酒杯濃琥珀薄，水漿椀碧瑪瑙寒。誤疑茆屋過江麓，已入風磴霾雲端。自是秦樓厭鄭谷，時聞雜佩聲珊珊。」今爲野僧之居。

〔道安洞〕樊村之東南，靠神禾原鑿洞，晉道安和尚所居，東眺樊川之景。洞中塑道安像，前起塔立碑。俗呼爲憨師埪是也。

〔胡相别墅〕在樊川。中書丞相胡公年老致仕於杜曲，求田買舍，植栽梅竹，引泉鑿池，葺治賓館亭臺，以爲幽棲之所，左圖右書，日與士夫宴飲，爲終焉之計。命工繪樊川歸隱圖，翰林待制孟攀鱗爲序，長安諸公皆題其詩。李教授庭云：「赤心報國已無慊，白首休官更覺賢。杜曲田園花似錦，長安風月酒如川。」楊譽云：「黄閣歸來已自賢，人間真有地行仙，故逃海内無雙譽，來隱城南尺五天。百頃桑麻連杜曲，四時花木壓秦川。論功終在麒麟上，先着兒孫畫裏傳。」「功成身退知天道，漏盡鐘鳴戒夜行，裴度未能歸緑野，謝安肯復爲蒼生。青山好處林泉在，黄閣歸來屐舄輕，從此雲中傳盛事，畫圖不獨魏、梁、程。魏子平、梁肅、程輝，皆雲中人也，大定間，相繼以參知政事致仕，居燕山，畫師趙紹隆作雲中三老圖，當時詩人歌詠爲盛事。公家世雲中，故及之。曹之謙謹題。

〔廉相泉園〕至元改元，平章廉公行省陝右，愛秦中山水，遂於樊川、杜曲林泉佳處，葺治廳館亭榭，導泉灌園，移植漢、沔、東洛奇花異卉，畦分綦布，松檜梅竹，羅列成行。暇日同姚雪齋、許魯齋、楊紫陽、商左山、前進士邳大用、來明之、郭周卿、張君美，樽酒論文，彈琴煮茗，雅歌投壺，燕樂於此。教授李庭爲之記，征西參軍畸亭陳邃題其詩四絶。其一曰：「瘰木傅津返盛容，痿花挾潤舞春風，有泉如此儘堪老，何事蒼生重惱公。」其二曰：「亂朶繁莖次第花，牡丹全盛動京華，紅雲一片春風好，便是山中宰相家。」其三曰：「郊原獵獵駐雙旌，林媪溪翁説姓名。一股玉淙飛不斷，讀書窗下野泉鳴。」其四曰：「秦人解道相君賢，一去朝天忽九年。最好歸來頭未白，廉泉初不讓平泉。」

〔趙氏别墅〕至元甲子，宣撫趙公於樊川楊萬坡，就崗原爽塏，葬考妣，樹松楸，前建先廟，豎豐碑，修葺園亭，導水灌園，以爲别墅，因而家焉，自號樊川釣叟。中有適安堂、歸潛洞、趙公泉。商左山皆題詩。適安堂：「人生適意與身安，兩事能兼世所難。收脚北窗山四座，蒙頭衲被日三竿。已知事業名先了，回想風波膽尚寒。滿目西園況成趣，等閑莫放酒杯乾。」歸潛洞：「雲間鑿透蒼崖背，云身那知暑氣炎。大樸淳風還太始，一川勝概盡華嚴。橫身利害驚清脱，冷眼功名儘白拈。髮齒未衰閑固好，恐難歸去似陶潛。」趙公泉：「桃李成蹊各自春，此泉消得姓名新。曾〔案〕鈔本曾下空缺二字，蓋是嘗玉或嘗非。屑甘而洌，試釀雲腴滑且醇。老去已曾諳世味，歸來要與濯纓塵。我知一概功猶在，自有餘波及後人。」

〔李氏牡丹園〕在安化門西杜城北五里，河東北路行省郎中并人李煥卿子信之所葺也。信之不喜仕進，日涉經史，葺園治田，樹藝爲事。園植牡丹，僅三四百窠，他花稱是，亭臺旁午。每花時，遊者車馬闐咽，肩摩轂擊，酒爐時一罄。秉忠喜賓客，士夫遊者，輒留飲宴，名士篇章盈軸。騎亭〔案〕皕宋樓本畸亭。陳先生有詩曰：「雁塔西邊處士家，經年培養牡丹芽。一枝先折趙飛燕，羣艷尚陪陰麗華。幽徑小欄通曲醼，危絃促柱殿清笳。聞身健在伸眉好，明日狂風掃落花。」山木老人王國賓木蘭花慢：「擅花王尊號，許獨步，蘂珠宮。更露葉烟苞，天香國艷，占斷春風。青州、越州名品，借風流不與洛京同。千字元輿賦雅，五言白傅詩工。誰移仙種到秦中，青帝瑞雲紅、似天寶繁華，沉香檻北，興慶池東。年年至人高宴，恐無情風雨又成空。回謝姚黄、魏紫，污顔脱落芳叢。」

御宿川

〔御宿川〕在長安城南四十里，東至石鼈谷，西盡灃水，東西五十里，南北十五里。揚雄傳曰：「武帝開上林南苑，至宜春、鼎湖、昆吾，旁南山而西，至長楊、五柞，北繞黄山，瀕渭而東。」孟康曰：「爲離宮別館，禁御不得使人往來遊觀，上宿其中，故曰御宿。」然則樊川、御宿，皆上林苑之地。孟子曰：「文王之囿，方七十里，芻蕘者往焉，雉兔者往焉。」漢武上林，延亘四百餘里，禁御使人不得遊觀，豈文王之意哉！蘇舜欽詩曰：「春暮曾無屬物心，野行聊得據鞍吟。路經廢苑情通古，水遶蒼山意共深。殘日花間浮暖氣，斷雲樓外捲輕陰。騷人自昔傷鶗鴂，休苦風前弄好音。」

〔南五臺〕圓光寺，有觀音靈應，文殊、普賢現身。五臺，皆高山峯也，每歲春時，遊人冉冉，遍於山谷。進士王正卿詩曰：「不上臺山四十年，今朝了却好因緣。歸來捲起龍眠畫，紙工丹青不直錢。」

〔百塔〕在楩梓谷口，謂之興教禪院，有松風閣、越王臺，乃唐信行禪師之塔院也。裴行儉妻庫狄氏嘗讀信行集録，及没，窆於終南山鴟號堆信行塔之後。由是慕信行者，往往歸葬於此，謂之百塔。今小塔纍纍相繼，信乎其塔之多也。蘇舜欽詩曰：「驅馬南山訪故蹤，僧居瀟灑出塵籠。遶庭石鱉谷間水，當户鵶號堆上風。無限老松秋色裏，數聲疏鐸月明中。林雞坐聽三號罷，去去前朝氣味同。」

〔翠微宫〕在終南山上。本武德八年建太和宫也。貞觀十年，廢。二十一年，太宗厭禁内煩熱，公卿重請修築，將作大匠閻立本再葺焉，改爲翠微宫。籠山爲苑，北開曰雲霞門，視朝殿曰翠微，寢殿曰含風，并爲太子構别宫，西開曰金華門，有安喜殿。〔案〕疑當作安善殿，宋志善安殿。元和九年，廢，改爲翠微寺。太宗文皇帝詩曰：「數〔案〕疑當作藪。光凝翠嶺，涼氣肅離宫。荷疏一蓋缺，樹冷半帷空。側陣移鴻影，圓花釘菊叢。攄懷俗塵外，高眺白雲中。」劉禹錫翠微寺有感，其詩曰：「翠微寺本翠微宫，樓閣亭臺幾十重。天子不來僧又去，樵夫時倒一株松。」

〔草堂〕姚秦逍遥園也，有須彌山、波若臺，鳩摩羅什譯經處。後爲禪院，在圭峯下。羅什死，焚之，其舌不壞，塔猶存。什徒僧肇於此作肇論。唐圭峯禪師宗密作禪源諸詮，以破禪家之失。張茂中詩曰：「當年謾讀鳩摩傳，今日翻思僧肇書。門外一峯圭影直，庭中雙檜緑陰虚。」兵後，耶律中書重修，疏詩：「圭峯曾此振吾宗，一火成空電影同。便請檀那速垂手，却教拈出草堂風。」趙閑閑詩曰：「憑誰守語草堂靈，我是無塵有髮僧，一見圭峯如舊識，似緣曾繼祖師燈。」

〔重雲寺〕在草堂之西，太平谷口，圭峯正北，山明水秀，五代王彥超莊捨爲寺。正殿東壁間，王思温畫太宗與三藏玄奘對談，西壁，畫玄宗與勝光法師對談，至今猶存，號爲奇絕。

〔紫閣山〕在草堂東南。杜甫：「紫閣峯陰入渼陂。」樞密章惇紫閣詩曰：「我生山水鄉，習得山中樂，每觀唐人詩，夢寐思紫閣。欲爲秦山行，常苦道路邈，居言舊曾遊，使我心踴躍。我今既西來，而子滯天角，雲山空在眼，詩酒乖侑酢。誰題壁間詩，歲久墨色薄，人生定能幾，當此感離索。橘靄浮青春，落日滿巖壑，驪龍儼將駕，顧我猶淹泊。」

〔羅漢山寺〕在終南山，入石鱉谷十里，有羅漢寺。又緣崖上嶺行二十里，有羅漢石洞，遊人甚多，下瞰五臺，千嶺萬壑，列于洞前。

〔豐德寺〕在終南山，中有豐德禪寺，長老多出於此。傳燈録：「如何是和尚家風？豐德曰：『觸事面壁。』」

〔雲感寺〕在灃河東岸。宣律師於此持律。有淨土壇，四門八窗，律師行通壇上，失腳，有韋將軍捧足。長楊高柳，寒藤古木，飛鳥不嚴，〔案〕關中叢書鈔本不驚，疑當作不敢。棲巢於上。

〔廣惠公祠〕在石鱉谷口。關中記：「終南，太一，左右三百里內爲福地。秦末，東園公、夏黃公、綺里季、角里先生隱遯以待天下之定，在此山中也。四皓廟，當時謂之捷徑。」文宗詔建終南山祠，重册爲廣惠公，命長安縣令杜𤎇南山置祠。柳宗元碑云：「據天下之中，在都之南。西至於褒斜，又西至於隴首，以臨於戎東。南至商顏，又東至於太華，以距關後。」三月十八日壬日致祭。

〔石鱉谷〕交河所出。谷口有一圓石，色白，形如鱉，大如三間屋，謂之石鱉谷。天門界北直京城明德門，又直皇城朱雀門，又直宮城承天門，故曰天門界，又曰天門街。許渾天門街晚望詩曰：「明星低未央，蓮閣逈蒼蒼。疊鼓催殘月，疏鐘迎早霜。闕河浮瑞氣，宮闕耀神光。再拜爲君壽，南山高且長。」

〔太一谷〕在長安縣東南八十里終南山裏。太一之神，史傳、道書所載，前賢碑刻，徵應甚多。漢武帝紀：「於方册，古者天子祠太一於南郊，帝令太祝祠於長安東南。辛巳，帝始郊，有美光通晝，黃氣屬天。」又道書三洞秘典所載：「九天無量三昧太一元君定周天風雨，神龍水仙皆隸焉。武帝元封初，降于終南山巨谷間，雲氣融結，隱然成象。東上二十里許，出一大池，龜魚游泳，莫之敢觸。帝勅建上下宮，選羽流焚脩，封其山曰太一，池曰澄源。逮晉元帝聞祈禱有應，御書益封金華洞天。在隋、唐興崇尤盛。」及後晉桑中令鎮雍，苦旱，請而獲應，且奏重修。有宋及金，敬奉尤甚，遣使沉祭。大元龍興，列聖所循，咸重敬天事神之祀，遣使降香，屢獲感應。太一谷題字，自谷口穿雲渡水，躡亂石，冒懸崖，行十餘里，數岸傾聳，蹬道之半，有司馬温公熙寧間於石壁隸書二十八字。其辭曰：

「登山有道，徐行則不困，擇平穩之地而置足，則不跌。人莫不知之，鮮能慎。」

〔子午谷〕在御宿川終南山口。漢武帝所築子午關。三秦記：「長安城南有大谷，通梁漢道，號子午谷，北直長安城。」

〔蒙溪〕在御宿川東南山之半原。泉北流五福山，南遮澗口，若畫屏，取易山水蒙卦，號曰蒙溪。中山劉處士愛山水明秀，穴洞而居。兵後，道者何淵夫葺爲道觀。長楊高樹，攀藤枕葛，傍崖過橋，行三四里，始見懸崖高閣，如入蓬壺之境，而忘其歸。商左山詩曰：「竹根流水樹頭山，朝鑠歸雲暮帶煙。名勝舊傳天尺五，壁間詩更盡時賢。」楊慵齋詩曰：「一菴盡領五臺山，山在雲煙紫翠間，老竹生孫梅結子，來遊此地不知還。」

〔乾湫〕在神禾原興盛坊。舊有湫池，龍移去，遂涸，謂之乾湫。韓退之詩曰：「天昏地黑蛟龍移，雷驚電擊雌雄隨，清泉百尺化爲土，魚鱉枯死吁可悲。」謂龍移於太一湫池也。退之詩曰：「厭處平地水，巢居插天山。」

滻川

〔滻川〕在長安城東南三十里。焦戴川自東南來，滻川自西南來，兩川相合爲滻河。川兩岸出泉無數，中間蓮池、稻塍，竹木、桑麻，花園、蔬圃，春時遊人不絕。樊川、御宿與滻川號爲三川，近城遊賞之處。

〔鳴犢鎮〕在兩川口。有漢武鳴犢泉。朱姬洞深遠透，樊川花卉竹木。有金紫光禄大夫張太尉別墅，號曰小南山，泉脉交流，水動碾磨。

〔員莊〕在焦戴川，北枕白鹿原，唐員半千之莊。蓮塘、竹徑、酴醿架、海棠洞、會景堂、花塢、藥畦、碾磨、麻稻地。諺曰：「上有天堂，下有員莊。」

〔湧珠泉〕在員莊北一里白鹿半原。一泉方濶數丈，不見其底。有泉泛湧珍珠，大小不等，至水面而散，晝夜無時而息。泉流百步，臨高崖千尺，而落爲瀑布，下有一大石龕，濺爲雪片，爲噴雲巖。下爲一渠，流入員莊。王清卿詩曰：「竹徑蓮塘小有天，過橋直到湧珠泉。至人不識煙霞客，興盡山陰訪戴船。」

〔龍首堰〕在瀍川馬頭埪。堰瀍水入龍首渠，二十里至長樂坡上，分爲二渠，一渠北流至望春宮西北入新城，一渠西流入興慶池，又西流入城壕。

〔神谷〕在瀍水東白鹿半原。有泉湧出，水味甘冽，釀酒香美。唐時以神策軍禁守，謂之神谷，日以駱駞運水入大明宮，醖造御酒。

華清宮

〔華清宮〕其說備見泉條。皇甫冉華清宮詩云：「驪岫接新豐，岧蕘駕翠空。鑿山開秘殿，隱霧閉仙宮。絳闕猶栖鳳，雕梁尚帶虹。温泉曾浴日，華館舊迎風。肅穆瞻雲輦，深沉閉綺櫳。東郊望奇處，瑞氣靄濛濛。」杜牧詩三十韻：「繡嶺明珠殿，層巒下繚牆。仰窺雕檻影，猶認赭袍光。昔帝登封後，中原自古强。一千年際會，三萬里農桑。几席延堯、舜，軒墀立禹、湯。雷霆驅號令，星斗煥文章。釣築乘時用，芝蘭在處芳。北扉閑木索，南面富循良。至道思玄圃，平居厭未央。勾陳裏巖谷，文陛壓青蒼。歌吹千秋節，樓臺八月涼。神仙高縹緲，環珮碎丁當。泉煖涵窗鏡，雲嬌惹粉囊。嫩嵐滋翠葆，清渭照殘粧。恬泰生靈壽，歡娛序歲長。月聞仙曲調，霓作舞衣裳。雨露偏金穴，乾坤入醉鄉。玩兵師漢武，回首倒干將。鯨鬣掀東海，胡牙揭上陽。喧呼馬嵬血，零落羽林槍。傾國留無路，還魂怨有香。蜀峰橫慘淡，秦樹遠微茫。鼎重山難轉，天扶業更昌。望賢餘故老，花蕚舊池塘。往事人誰問，幽襟淚獨傷。碧簷斜送日，紅葉半凋霜。迸水傾瑤砌，疏風罅玉房。塵埃羯鼓索，片段荔枝筐。鳥啄摧寒水，蝸涎蠹畫樑。孤煙知客恨，遥起泰陵傍。」

宮中上下殿閣列如左。

〔老君殿〕在驪山上。天寶七載，玄元皇帝見于朝元閣之南，立降聖觀，建老君殿於驪山之上。斲白石爲老君像，制作精巧，今見存。

〔七聖殿〕亦曰御容殿，在宮中，自神堯至睿宗、昭成明肅皇后皆袞衣立侍玄元太上老君。繞殿石榴，皆太真所植。

〔長生殿〕按實録：「天寶元年新作。」乃齋殿也。有事於朝元閣，卽齋沐於此殿。

〔明珠殿〕在長生殿之南近東也，在驪山之上。杜牧之三十韻詩：「繡嶺明珠殿。」

〔四聖殿〕在驪山之上，重明閣之南。殿東有怪柏。

〔玉女殿〕今星辰湯上有玉女殿，北有虛閣，閣下卽湯泉，二玉石甕，湯從甕中湧出。

〔飛霜殿〕在宮中，寢殿也。白少傅以長生殿爲寢殿，非也。

〔功德院〕在七聖殿南，其間瑤壇羽帳皆在焉。順興影堂、果老藥室亦在禁内。

〔御湯九龍殿〕亦名蓮花湯，在飛霜殿之南。說具泉條。唐太宗過温湯詩曰：「温渚停仙驛，豐郊駐曉旌。路曲迴輪影，巖虛傳漏聲。暖溜驚湍駛，寒空碧霧輕。林黃疏葉下，野白曙霜明。眺聽良無已，煙霞斷續生。」〔案〕唐詩紀事此詩高宗作。唐玄宗詩并序：「惟以温泉，是稱愈疾，豈予獨受其福，思與兆民共之，乘暇巡遊，乃言其志。詩云：桂殿與山連，蓮湯湧自然。陰崖含秀色，温谷吐潺湲。績爲蠲邪著，功因養正宣。願言將億兆，同此共昌延。」張說奉和溫泉言志應制詩曰：「溫谷媚新豐，驪山橫半空。湯池薰水殿，翠木暖煙宮。起疾愈仙藥，無私合聖功。始知堯舜德，心與萬人同。」

〔笋殿〕在御湯南。殿側有魏溫泉堂碑，其石瑩澈，照見人形影，宮中號爲頗黎碑。

〔朝元閣〕天寶七年，玄元皇帝見于朝元閣，卽改名降聖閣。按上文立降聖觀，疑非是。

〔重明閣〕在四聖閣北，臨高有重明閣，倚欄北瞰，縣境如在諸掌。閣下有方池，中植蓮荷。池東鑿井，每盛夏，泉極甘冷，邑人汲之。

〔集靈臺〕在長生殿側，天寶元年作，則齋沐以祀神。

〔望京樓〕在西繡嶺上，有御夾道上嶺，以望京城。

〔瑤光樓〕在津陽之東，南有小湯。

〔觀風樓〕在宮外東北隅，屬夾城而達于內，前臨馳道，周覽山川。大曆中，魚朝恩毀拆，以材木修章敬寺。

〔鬬雞殿〕在觀風樓之南。東城父老傳：「明皇乙酉生，而喜鬬雞，每清明節鬬雞戲。及卽位，治雞坊，索長安雄雞千數，養爲雞坊，選六軍兒五百人，使畜擾教飼之。諸王、外戚，傾帑敗產市雞。賈昌爲五百小兒長，天子甚愛之，金銀之賜，日至其家。」杜詩：「鬬雞初賜錦。」

〔按歌臺〕在鬬雞殿之南，臺南臨繚牆。

〔舞馬臺〕在鬬雞臺之北。明皇雜録：「嘗令教舞馬四百蹄，目之曰某家嬌，其曲謂傾杯樂。奮頭鼓尾，無不應節。又施三層木床，乘馬於上，抃轉如飛。」

〔羯鼓樓〕在朝元閣之東，近南繚牆之外。

〔斜陽樓〕在老母殿北。古詞：「斜陽樓上凭欄干，望長安。」

〔烽火樓〕在驪山頂上，以舉烽燧。

〔老母殿〕在斜陽樓南，李筌授陰符經處。

〔王母祠〕在驪山上玉蘂峯前。鄭嵎津陽門詩云：「玉蘂峰前王母祠。」

〔丹霞泉〕在朝元閣南，水流入飲鹿槽。

〔飲鹿槽〕在朝元閣南，磴〔案〕當作澄。丹霞泉水以飲馴鹿。

〔荔枝園〕在繡嶺下，栽荔枝成園。今廢。

〔梨園〕在荔枝園東，梨園弟子按法曲處。

〔金沙洞〕在長生殿南。三十韻：「金沙洞口長生殿。」

〔連理木〕在玉女殿東，古槐樹兩樹相並，上相連。長恨歌：「在地願爲連理枝。」野火焚毁。

〔雙皂角〕在連理樹北，臨崖。野火焚毁，樹根復生，永結。

〔玻瓈碑〕在笄殿側。　已上殿閣盡廢，今爲觀，道士居之。

〔芝蘭谷〕新説曰：「東繡嶺石甕谷，滿谷盡植蘭蕙，至今猶存。」有

〔牡丹溝〕新説曰：「在繡嶺下，滿溝盡植牡丹，至今山牡丹猶存。」

〔輦道〕在昭陽門南，山門登朝元閣之路，唐之御輦道也。

雜題附

〔渭城朝雨〕漢書郡國志：「渭城乃秦之咸陽。高帝七年，改爲渭城縣。」今渭北中橋鎮是也。其地多柳。武帝築茂陵於西北二十里，取便修橋，謂之便橋，亦曰咸陽關。唐改咸陽縣。王維送元二使詩曰：「渭城朝雨浥輕塵，客舍青青柳色新。勸君更盡一杯酒，西出陽關無故人。」

〔樊川晚浦〕樊川，長安城南二十里，滈水兩岸，出泉無數，茂林脩竹，稻溪蔬圃。趙閑閑詩曰：「幾家籬落掩柴關，盡在浮嵐湧翠間，稻壠明邊通白水，竹稍缺處補青山。」

〔曲江春早〕劇談録：「曲江，本秦隑州。其地屈曲，唐開元中，疏鑿爲池，引黄渠水灌爲曲江。池岸有紫雲樓、綵霞亭，竹木花卉環繞，都人泛舟遊賞，盛於上巳、中和。」杜詩：「江頭宫殿鎖千門。」韓退之詩曰：「漠漠輕陰曉自開，青天白日照樓臺，曲江水滿花千樹，有

底忙時不肯來。」

〔興慶夜月〕松牕録：「九龍池，垂拱中，秋雨流潦成小池。景龍中，引龍首渠水灌，瀰漫數頃，呼爲景龍池，語訛爲九龍池。近興慶宮，開元間改爲興慶池。南有花蕚樓、勤政樓。」巢寇燒毁。喬扆詩曰：「花蕚樓傾有故基，行人空讀火餘碑。可憐興慶池邊月，曾伴寧王玉笛吹。」

〔雁塔題名〕唐會要：「雁塔，乃慈恩寺西浮圖院也。沙門玄奘先起五層，永徽中，天后與王公捨錢，重加營造至七層，四周有纏腰。」唐新進士同榜，題名於塔上，有行次之列。唐韋、杜、裴、柳之家，兄弟同登，亦有雁行之列。故名雁塔。武昌節度程公琳詩曰：「輕裘訪古出南城，寶刹雲烟拂旆旌。三十年前前進士，無慚雁塔一題名。」

〔杏園錫宴〕譚賓録：「杏園，與慈恩寺南北直焉。唐新進士放榜，錫宴於此。唐人尤貴進士第，開元、天寶爲盛。新進士以泥金帖子附家書中爲報喜信，鄉曲親戚以聲樂相慶。大中元年正月，放進士榜，依舊宴杏園。」白居易與劉禹錫詩曰：「怪君把酒空惆悵，曾是貞元花下人，自别花來多少事，春風二十四回春。」杜牧詩曰：「夜來微雨洗芳塵，公子驊騮步始匀。莫怪杏園憔悴甚，滿城多少帶花人。」

〔紫閣丹青〕隋嘉話録：「紫閣，山名也，在御宿川南山中。」杜詩：「紫閣峯陰入渼陂。」山中有寺。山上多丹青樹，其葉紅紫，亦曰華蓋樹。寺有閣。御史薛昌朝詩曰：「閣下寒溪漲碧湍，閣前蒼翠數峰環。危梯續蹬穿松外，細竹分泉落石前。好鳥啁啾爭喚客，亂雲開合巧藏山。獨來應爲禪僧笑，少有人能伴我閑。」

〔輞川疊嶂〕山海經：「秦嶺水流至藍橋，伏流至輞谷。」如車輞環輳，落疊嶂，入深潭，有千聖洞、細水洞、茶園、栗嶺。唐王右丞莊。詩曰：「積雨空林煙火遲，蒸梨吹黍餉東菑。漠漠水田飛白鷺，陰陰夏木囀黃鸝。山中習靜觀朝槿，松下清齋折露葵。野老與人爭席罷，海鷗行處更相疑。」

〔玉案行雲〕關中記：「玉案山，在長安東南八十里太一谷東，山峯齊如案。」幽明録：「玉案山有金華洞、太一湫。」周地圖云：「玉案山，有冉冉行雲，如瀑布則澍雨。」古詩：「雲從玉案峰頭起，雨自金華洞口來。」

〔太白山〕三秦記：「太白山，在武功縣，其山不知高幾許。諺曰：「武功太白，去天三百。」」周地圖：「太白山高，上有積雪，無草木，望之皎白，故曰太白。」李白詩曰：「太白何蒼蒼，星辰上森列，去天三百尺，邈爾與世絶。」

〔高觀潭〕關中記：「高觀谷，在御宿川草堂東南。」谷口瀑布千丈，落深潭，人望之心驚股慄，不敢逼視，謂之煎油潭。紫陽先生詩曰：「玉龍投絶壑，鐵馬戰陰風。」

〔磻溪〕史記："「呂望於磻溪垂釣，西伯獵於渭水，與語大悅，同載而歸。」今磻石猶在。李長源詩曰："「封侯輸與曲如鉤，冷坐磻溪到白頭，老婦厨中莫彈鋏，白魚待躍武王舟。」

〔柳塘〕異聞録："「扈郊有柳塘，在兩山下，有紫陽泉、清風閣，植柳千株。」紫陽先生傳業門徒百餘人。李長源詩："「長安四望少城隈，楊柳陂塘手自栽。渭水波光摇草樹，終南山色入樓臺。平生事業書千卷，浮世功名酒一杯。我亦陸渾山下去，擬尋佳處斵莓苔。」

類編長安志卷之十

石刻

長安自周、秦、漢、晉、西魏、後周，並爲帝都，其古跡法書石刻甲天下。遭巢寇之亂，五季、宋、金，革火踵繼。其帝王陵廟、功臣將相冢墓，及古之事跡、名賢法書石刻焚毁十亡八九。惜乎神物掃地。僕自幼酷嗜古人法書石刻，僅有存者，不憚涉遠披荆莽而追訪，抄録書撰人名暨所在，垂六十年，集成編帙，附長安志後，其歷代前賢之書，燦然備載，與好古君子共覽焉。駱天驤序。

〔周石鼓文〕先在鳳翔府天興縣南二十里。石形如鼓，其數有十，可見者四百六十五字，蓋紀周宣王畋獵之事，謂之獵碣，其文則史籀大篆也，年代斯遠，字多訛缺。舊在石鼓村，本露處於野，司馬池待制知鳳翔，輦置於府學。其石堅頑，類今之爲碓磑者，古篆刓缺，可辨者幾希。政和間輦入汴京大和殿。新説曰：「今鳳翔猶有好事者模在石。」

〔秦武王羽陽宮瓦銘〕銘曰：「羽陽千歲。」得於鳳翔府寶雞縣，其狀若今之筩瓦頭，好事者刻諸石。新説曰：「中統二年，鳳翔天慶觀見游轉運模本，似雲篆。」

〔秦祀大沈久湫文〕治平二年，耕者得秦遺碑於朝那湫傍，土人恬然不察，莫有道其詳者。熙寧元年秋，予方帥兵平涼，聞之，因徙置郡廨。視其刻，與今岐城所存詛楚文者無異，模畫特完，迺幸埋沒槁壤，不經摧剥使然。竊究秦俗本夷，尚鬼，狃常勝，弱視諸侯，一旦見抵荆鑾，不勝其憤，以至矯鬼神，繁詛呪，雖洿池巫覡，不遺很哉！雖然，考其書蹤詞格，氣象高古，有三代遺風，是可珍也。付之學官，期不朽以貽諸好事。時歲次戊申十二月初吉，宋人蔡挺記。新説曰：「丁巳年六月，予去六盤山，親覩其碑，故録之。」

〔秦繹山碑〕秦相李斯書，跡妙時古，殊爲世重。鄭文寶模刊石於長安故都國子學。今在文廟。

〔漢西嶽石闕銘〕銘云：「永和元年五月癸丑朔六日戊午，弘農太守常山元氏張勳爲西嶽華山作石闕，高二丈二尺。」其後爲韻語，文詞頗怪，又字多假借，時有難曉處。石闕銘在華陰祠後苑中。

〔漢太尉楊震碑〕隸書，不著書撰人名。首題「漢太尉楊公神道碑銘。」震，安帝時位至太尉。文字殘缺，首尾不完，僅成文者云：「聖漢龍興，神祇降祉，乃生子公。」又云：「司徒太尉，立朝正色，恪勤竭忠。」餘文雖多，不復成文。碑在閿鄉。公弘農華陰人也。

〔漢沛相楊君碑〕不著書撰人名。楊君，震之後也，孝順帝時拜郎中，累遷沛相，建寧中卒。隸書，首尾不完。碑在震墓側。

〔漢高陽令楊君碑〕不著書撰人名。首尾不完。高陽令，名著，震之孫也。

〔漢繁陽令楊公碑〕漢隸，不著書撰人名。首尾不完，但云叔父太尉，乃太尉秉之猶子也，自郎中除繁陽令，以靈帝景平三年卒。新説曰：「已上楊家四碑，余家見有打本。」

〔魏大饗記殘碑〕大饗記三〔案〕三當作碑。，古文爲額，其第三字不能識，以其辭中有「記」字，故名也。此碑二百餘字，損者四之一，所存之文，絶不可曉，獨有「黄初三年」字。其書法與魏受禪碑相通。文帝大饗六軍，立碑於譙，此書饗作嚮，或是假借。受禪鍾繇所書，此碑黄初年月之下有一字，左從「䍃」而闕右，疑其「繇」字。或云：碑在長安瑶臺寺。新説曰：「余家有蠟本，字如新，無字處不刻，蓋好事者模刻耳。」

〔石經〕唐貞觀四年立國子監，在務本坊，領國子、大學、四門、書、律等六學。巢寇入城，宫殿官府皆爲灰燼，獨國子監石經存焉。天祐甲子，許公韓建始遷石經於府城北市。今府學有元祐庚午學官黎持所撰移石經記，其略曰：「石經，開成中鐫刻，唐史載之，文宗時太學勒石經，而鄭覃、周墀等校定九經上石，及覃以宰臣祭酒進石壁九經一百六十卷，即今之石經也。舊在務本坊，天祐中，韓建築新城，石經弃于城南。至朱梁時，劉鄩守長安，有幕吏尹玉羽者，白輦入，鄩方備岐軍之侵，謂此非急務，玉羽紿以助賊，鄩然之，遷于唐尚書省。其處窪下，隨立輒仆。悉輦置文廟之北墉，分爲東西，次比而陳列，明皇孝經臺立之中央，顏、褚、歐、虞、徐、柳之碑分布而立焉。」正大辛卯遷徙，悉以摧仆。至庚戌，省幕王公琛奉而起立。至元十四年，碑盡摧倒。天驥與孟文昌充西府教官，請灞橋堂邑劉斌而復立焉。

〔石經音釋〕五經文字序例音釋十碑，在府學東序石經之碑陰。

〔孝經臺〕唐明皇八分書，太子亨篆額，李齊古上表，并李林甫四十四人題名。御書答詔云：「孝者，德之本，教之所由生，故親自訓註，垂範將來。覽所進本，深嘉用心。」天寶四年九月。在文廟。

〔孔子廟堂碑〕唐太子中舍人著作郎虞世南撰并書，相王旦篆額。太宗武德九年十二月，詔封孔德倫爲褒聖侯，以奉孔子後，遂立廟堂碑。今缺裂不完，在文廟。

〔顏氏家廟碑〕唐薛王友顏惟貞家廟碑，吏部尚書顏真卿撰并書，集賢院學士李陽冰篆額。真卿自叙家世，銘其父薛王友惟貞廟。碑以建中元年七月立。今在文廟。

〔大達法師玄秘塔銘〕唐江西觀察使裴休撰，集賢殿學士柳公權書并篆額。碑以會昌元年十二月立。在文廟。

〔大智禪師碑〕唐中書侍郎嚴挺之撰，集賢院待制史惟則八分書并篆額。開元二十四年九月立。今在文廟。

〔唐三藏聖教序〕唐太宗御製，沙門懷仁集王右軍書。時玄奘自西域取貝葉以還，詔譯於弘福寺，既畢，太宗爲之序，高宗爲皇太子，又爲序記，并譯心經一卷，以咸亨三年十二月立。書苑云：「唐文皇製聖教序，弘福寺懷仁集王右軍行書勒石，累年方就，逸少劇蹟，咸萃其中。今觀碑中字，與右軍遺帖所有者纖微克肖。近世翰林侍書輩多學此碑，目其書爲院體，由吴通微昆弟已有斯目。今士夫玩此者學弗至自俗耳，碑中字未嘗俗。非深於書，不足以語此。」今在文廟。

〔遺教經〕不著書人名氏及刻石年月，世以爲王羲之書，僞也，蓋唐書經手所書爾，然其字可愛，故録之。然自逸少在時，小兒亂真，况百年後，真僞難别，其筆畫猶可爲法式。在洪福寺。

〔金剛經碑〕唐翰林侍書右補闕柳公權爲僧録準公書，前進士鄭虔題額。會昌四年立。今在安西府東興唐寺。

〔金剛經碑〕唐武敏之正書。碑以麟德二年立。在文廟。

〔道因法師碑〕唐中臺司藩大夫李儼撰，蘭臺郎歐陽通書，詢之子也，書亞於父，時號大小歐陽。道因姓侯氏，濮陽人，太宗時詔譯經於京師。碑以龍朔三年十月立。今在文廟。

〔西京千福寺多寶塔感應碑〕唐南陽岑勛撰，判尚書武部員外郎顔真卿書，都官郎中東海徐浩題額。天寶初，沙門楚金建感應寶塔于千福寺，明皇夜夢之，助其事，親爲書額。碑以天寶十一年立。今在文廟。

〔唐三藏和尚不空碑〕御史大夫嚴郢撰，彭王傅徐浩書。不空，西域人，居長安興善寺，自玄宗以來謂之國師，代宗加開府儀同三司肅國公，號大廣智三藏，追贈司空，號大辯正廣智三藏。碑建中二年建。今在文廟。

〔唐千福寺楚金禪師碑〕紫閣山草堂寺沙門飛錫撰，中書舍人翰林學士吴通微書。碑以貞元二十一年立。今在文廟。

〔唐李氏遷先塋記〕從子陽冰篆，嗣子季卿撰。大曆二年立。今在文廟。

〔唐李氏三墳記〕李季卿撰，李陽冰篆字。季卿改葬其兄弟普安郡户曹參軍曜卿字華、金城尉叔卿字萬、朝邑尉眷卿字榮，凡三墳。碑以大曆二年立。今在文廟。

〔唐贈太保郭敬之廟碑〕刑部尚書顔真卿撰并書，代宗御題額。敬之，乃子儀之父也，官至壽州刺史，追贈太保。碑以廣德二年立，在北榭樓南。碑仆，至元三年左山商參政復立，在北榭。

〔御史臺精舍碑〕唐中書令崔湜爲殿中侍御史時撰，梁昇卿八分書。精舍者，武后時衆御史共立于臺之獄中，湜爲之記，至開元十一年追刻于石。今在省衙。

〔御史臺精舍碑題名〕唐御史臺題名，大夫、中丞、侍御史、監察御史、裏行、主簿等姓名，前後重出者凡百餘人。開元十九年刻。後有侍御史、殿中侍御史并内供奉、監察御史并裏行題名，書皆一體，注其下曰：「所載姓名皆建碑後續附者也。」在碑陰。

〔唐太保昭武公李抱玉碑〕中書侍郎平章政事楊綰奉勅撰，刑部尚書顔真卿奉勅書。公本姓安，名重璋，肅宗賜姓李，名抱玉，隴右副元帥同平章事涼國公，追贈太保，謚曰昭武。碑以大曆十二年立。碑陰祭文，韓雲卿撰，子自正書。碑以大曆十三年立。今在長安縣杜永村墳前。

〔唐左神策紀聖德碑〕翰林學士承旨崔鉉撰，散騎常侍集賢殿學士柳公權書，集貞直院徐方平篆。武宗幸左神策軍勞閱軍士，仇士良請爲碑以紀聖德。碑以會昌三年立。碑見在左軍。

〔唐右神策軍碑〕盧説撰，韓遂安書，董懷篆額。咸通年中立。後遭巢寇焚毁，碑剥落火燒。碑尚在右軍。

〔唐三藏聖教序〕太宗御製序，高宗御製記，中書令褚遂良書。永徽四年十月刻在慈恩寺塔東西龕中。

〔唐九成宮醴泉銘〕秘書監魏徵撰，率更令歐陽詢書。太宗貞觀六年避暑於九成宮，即隋之仁壽宮也，宮中本乏水源，太宗因以杖刺地，有泉湧出，飲之可以愈疾，其味如醴，因名曰醴泉，詔徵爲碑銘。今在麟遊山九成宮。瑶臺寺亦有碑。

〔唐從幸九成宮題名〕太尉長孫無忌等題名歐陽詢所書醴泉銘之陰。時既立泉銘，勅中書門下及見從文武三品已上并學士各自書其官名於碑銘，凡四十六人，并無忌等七人題名附。

〔唐昭陵刻石文〕太宗御製，歐陽詢八分書。貞觀十年刻，太宗爲文德皇后立，其文載於實録。今石刻已磨滅，故世頗罕傳。其略可見者，有云：「無金玉之寶，玩用之物，木馬、偶人，有形而已，欲使盜賊息。」又云：「俯視漢家諸陵，猶如蟻垤，皆被穿窬。今營此陵，制度卑狹，用功省少，望與天地相畢，永無後患。」其言非不丁寧切至也。然竟不免温韜之禍。

〔唐昭陵六馬贊〕歐陽詢八分書。初，太宗以文德皇后之葬，自爲文刻石於昭陵，又琢石，像平生征伐所乘六馬，爲贊刻之。至宋紹聖元年，武功游師雄見其舊石碑剥損殆盡，復畫昭陵圖，并六駿馬像語，屬醴泉令傅寗刻二碑於縣北太宗廟，見存。

〔唐西平郡王李晟神道碑〕司馬平章事裴度撰，庫部郎中翰林侍書柳公權書。晟，字良器，隴西人，位至太尉中書令西平郡王。文宗初，諸子請爲神道碑，度等奉勅書撰。以大和三年立。在高陵縣渭橋鎮。

〔唐贈太尉段秀實神道碑〕德宗御製，皇太子誦書。秀實，字成公，官至司農卿，封張掖郡王，死于朱泚之難，贈太尉，謚曰忠烈。碑以貞元元年四月立。在臨潼縣斜口鎮之西南姚村墓前，見存。

〔唐贈左散騎常侍楊瑒先廟碑〕中書令李林甫撰銘，中書舍人内供奉梁陟撰序，集賢院大制齊曾八分書。瑒，字瑶光，弘農華陰人，官至左散騎常侍，贈户部尚書，謚曰貞。碑以開元二十六年立。在廟坡。

〔楊瑒先廟碑陰記〕弘農樊福爲瑒建碑之記，并記瑒諸子官閥。

〔唐西平郡王李晟先廟碑〕工部侍郎張彧撰，國子司業韓秀弼八分書，庫部員外郎李缺篆額。晟官至太尉中書令，勅立家廟於京師。碑以貞元八年立。見在雁塔西二里。

〔唐贈太傅岐國公杜佑家廟碑〕李吉甫撰，張弘靖書，袁滋篆額。碑以元和十一年立。按城南記：「杜岐公家廟，在啓夏門。咸通八年建石室，俗曰杜相公書堂，石室乃奉安神主之室也。」都運張公掞題詩曰：「烟蕪啓夏門，杜氏廟猶存，四室有遺構，九原無餒魂。國書褒舊相，鄉社見諸孫，赫赫牧之筆，雄文垂後昆。」韓建築城，移在安上街西立廟。

〔唐令狐楚先廟碑〕禮部郎中集賢院學士劉禹錫撰并書。大和初，楚爲宣武軍節度使，立家廟于京師通濟里。碑以大和五年立。在雁塔南一里。

〔唐柳州刺史柳宗元碑〕韓愈撰，沈傳師正書。碑以元和十五年立。在鳳栖原墓前。碑碎。

〔唐贈司空杜如晦碑〕虞世基撰，〔案〕杜貞觀四年卒，其時虞世基久歿，何得撰此碑文，當從金石録題虞世南撰。南宋陳思寶刻叢編引金石録始誤書世基，本志蓋據陳編。八分書。在城南司馬村墓前。碑摧損，不可讀。

〔唐贈吏部尚書蕭灌碑〕尚書左丞相張說撰，梁昇卿八分書，明皇御題額，金字猶顯。碑以開元十八年立。在焦村墓前。中統年村人賣與道者，惜哉！

〔唐誠節馮昭泰碑〕棣王撰，中書舍人梁昇卿八分書，玄宗親題額，加謚誠節，此其寢廟碑也。開元二十一年立。在慈恩寺。

〔唐請立馮公碑表〕昭泰子紹正請立廟碑表，并墨詔同列，散騎常侍陸堅題，〔案〕寶刻叢編引集古録目陸堅題額。墨詔答馮紹正表梁昇卿八分書。開元二十一年立。在慈恩寺。

〔唐贈太保郭敬之碑〕侍中苗晉卿撰，中書侍郎平章事蕭華書。敬之，華州人，仕至壽州刺史，以子儀追贈太保。碑以肅宗元年建寅月立。在鳳栖原高望堆墳前。見存。

〔唐貞順皇后武氏碑〕玄宗御製，御書八分字，太子亨題額。后姓武氏，終於惠妃，謚貞順。天寶十三年立。在龐留村南長勝坊冢墓前。

〔唐咸宜公主碑〕鄜州節度使武元亨撰，蘇州常熟縣令袁中孚書，集賢院學士李陽冰篆額。公主，玄宗第十八女，降秘書監崔嵩。碑以興元元年立。在龐留村墓側。見存。

〔唐旌儒廟碑〕秦焚書坑，在臨潼縣西南二十里驪山半原横坑村。秦始皇以驪山温處，令人種瓜，冬月結實，招天下儒者議之，各説不同，乃命就説之，到者拜爲郎，前後七百人，方難決，因發機，以土塡之。唐天寶中，改爲旌儒鄉，立旌儒廟，賈至撰文，立碑廟前。碑土人埋之。

〔唐尚書省郎官廳石記〕左司員外郎陳九言撰序，吴郡張旭書。旭以草書知名，此序獨楷字，精勁嚴重，出於自然，如動容周旋中禮，非强爲者。書一藝耳，至於極者，乃能如此。其楷字蓋罕見於世，則此序尤可貴也。新説曰：「兵後，石記塡在青蓮池中。」

〔唐張旭草書千文〕「乾元二年二月八日旭書，自『學優登仕』至卒章凡六百九十五字，存者六百七十三，複重者五，亡者二十二。元豐三年，吕大防守雍，得之石蒼舒，俾模諸石，而置於府廨。又得趙大觀别本，自『薄凤興温清』而下四十六字，乃併刻之。」復古碑録。「始觀張旭所書千字文，至『毋圖隸散』等，怪逸過甚，好事者以長史喜狂書，故效其迹。反復徐觀，至『雁門云亭』、『愚蒙瞻仰』等字，與後題月日，則雄隱軒擧，槎枿絲縷，千變萬狀，雖左馳右鶩，而不離繩矩之内。猶縱風鳶，翔戾於空，隨風上下，而綸常在手；擊劍者交光飛刄，欻忽若神，而器不離身。駐目視之，若龍鸞飛騰，然後知其真長史書，而不虛得名矣。世人觀之者，不知其所以好者在此，但視其怪奇，從而効之，失其旨矣。昔之聖人，縱心而不踰矩，妄行而蹈乎大方，亦猶是也。」東觀餘論。

〔祭伯父濠州刺史文〕唐顏真卿撰并行書。乾元元年九月。今在賈治中宅。

〔唐薦福寺德律師碑〕上郡薦福寺臨壇大戒德律師碑，韓雲卿撰，韓擇木八分書，史惟則篆額。大曆六年立。今在景風街仁王院。

〔唐花蕚樓火餘碑〕翰林學士李白撰，彭王傅徐浩正書。字體遒勁，最爲得意。遭巢寇火焚毁，上猶存四十餘字。在興慶池南。

〔秦相樗里子墓碣〕唐獨孤寔撰，張誼行書。貞元三年立。在省衙西樗里廟中。又唐鄭路撰，鄭公誼行書。在廟後墓前。

〔唐昇玄劉先生碑〕刑部尚書馮宿撰，左司郎中柳公權書，右翰林待詔唐玄度篆額。先生，名從政，河南緱氏人，居東都玄真宮，敬宗師事之，加檢校光禄大夫及先生之號。碑以大和七年四月立，二碑一在東都，一在西都。見在靈應宮。

〔唐玄度十體書〕前本得於蘇氏，後本得於李丕緒少卿。丕緒，長安名家子，喜收碑文。二家之體則同，而文有得失，故並存之，賢者得自擇焉。今在安西府香城寺。

〔唐顔魯公坐位帖〕魯公與僕射郭英乂行草書藁也。「魯公爲坐位高下，小有失常，力爭如此，使之立朝，其肯逢君之惡乎？」出金石録。今石刻在文廟。

〔唐阿彌陀經〕暢整書。乾封元年立。觀其筆法，自漢隷中來，其點畫勁硬細瘦，如銀鉤鐵畫，可爲師法。在山亭寺中。

〔唐一行禪師塔碑〕明皇撰并八分書。一行，姓張，後爲沙門，謚曰大慧。碑以開元十六年立銅人原塔側。今灞橋東原上。

〔張説題玄宗御書記〕唐集賢學士〔案〕當脱張説二字。題玄宗御製書，并年月日記及模勒刻字人姓名。後有開元十六年將幸温泉親詣大慧禪師塔所口勅，檢校立碑使朱敬宣所記，在碑陰。

〔後魏温泉銘〕不著人名氏，作頌者自稱曰孤，其額曰「雍州刺史松滋公元萇温泉頌」，蓋萇始立室於泉上，而作此頌碑。古人摩挲光如鏡，呼爲頗黎碑。在華清宮。

〔唐温泉銘〕太宗御製御書，碑額散隷，爲貞觀二字。帝始建宮于驪山温泉，作此銘。碑以貞觀中立。在華清宮。

〔隋智永禪師真草千文碑〕禪師，王逸少七代孫，妙傳家法，爲隋、唐間學書者宗匠。寫真草千文八百本散於世，江東諸寺，各施一本。住吴興永欣寺，積年臨書，所退筆頭，置之大竹簏，受一石餘，而五簏皆滿。求書者如市，所居户限爲之穿穴，乃用鐵葉裹之，人謂之鐵門限。後取筆頭瘞之，號退筆冢。長安崔氏所藏真跡，最爲殊絶，命工刊石，置之漕司南廳，庶傳永久。大觀己丑二月，樂安薛嗣昌記。今在靈應宫。

〔唐懷素律師聖母帖〕今在府廨。

〔唐臧氏糾宗碑〕湖州刺史顔真卿撰并書。臧氏，東莞人，自唐初靈州都督寵而下，至京府參軍叔清，族系名字官閥，悉載于碑。不知所刻年月。在三原北坡上。

〔唐贈工部尚書臧懷恪碑〕撫州刺史顔真卿撰并書。恪，字貞節，東莞人，官至右武衛大將軍，贈工部尚書。碑以開元十二年立。在三原冢前。

〔唐羽林大將軍臧懷亮碑〕陳州刺史李邕撰并書。懷亮，字明時，東莞莒人，官至左羽林大將軍。碑以開元十九年立。在三原北墓冢前。

〔唐左武衛中郎將臧希忱碑〕韓擇木撰并書。大曆四年立。在三原北墓前。

〔唐贈揚州都督臧希晏碑〕張孚撰，韓秀弼八分書。大曆五年立。在三原北墓前。

〔唐贈榮州刺史臧公碑〕王齊問撰，張頌行書。天寶中立。在三原墓前。

〔唐果毅都尉臧崇碑〕天寶七年立。在三原。新説曰：「已上臧氏七碑，余至元十五年親披荆棘而觀抄録。更有數碑，刺深難造，不曾抄寫爲恨。」

〔唐報本寺碑〕韋宗奉勅撰，侯翊奉勅書，徐方平奉勅篆額。大中元年二月五日建。在武功報本寺。

〔唐牛頭山七祖遍照禪師碑〕徐士龍撰，姜泳正書。貞元十五年五月立。在樊川。

〔隋真寂寺碑〕僧法林撰并八分書。開皇十四年正月立。在金光門真寂寺。至元丙午六月，大雨雹，雷轟碑爲三段。

〔唐浄住寺釋迦文賢刦千佛像記〕崔行功撰，隸書。真正無名，自受禪中學來，可以爲法式。今在開元寺官塔院。

〔唐信行禪師碑〕越王貞撰，中書舍人薛稷書。事迹無叙，但稱美之辭。神龍二年立。在百塔。

〔唐圭峯定慧禪師碑〕中書平章事裴休撰并書，工部尚書柳公權篆額。師，姓何，字宗密。其文無足採，其名世所重。大中九年立。在草堂。

〔唐太清宫道藏經目録碑〕秦守正書，趙盈篆額。本唐太清宫，今爲賈老菴。

〔唐華山石闕題名〕開元二十三年鄭虔題名爲首，後二百年至唐清泰三年户部侍郎楊凝式而止，其間無年月悉列于后，總五百一人。在華嶽廟。

〔唐顏魯公題名〕真卿爲饒州刺史，以乾元元年題名於華嶽廟。

〔唐脩漢未央宮碑〕裴素撰，朱玘行書，毛伯貞篆額。會昌二年十一月六日建。大元壬子載于西嶽廟。

〔晉王羲之筆陣圖〕新説：「筆陣圖，其中張昶華嶽碑誤寫張旭，蓋後模勒之謬。今在山亭寺。」

〔晉謝靈運草書帖〕臨川長史謝靈運，文章之餘，尤精翰墨，觀其縱逸之勢，妙絶入神。人示予，遂勒于石，永爲世之模楷爾。嘉祐己亥歲九月三日，光禄少卿李丕緒書後。今在陝西行臺趙中丞宅。

〔唐張長史肚痛帖〕新説曰：「帖三千字，顛草奇怪，多不識。先在張金紫宅。」

〔唐邠國公修功德銘〕長慶二年十二月立。今在文廟。

〔唐金蘭帖〕得歐陽詢墨跡六十字，筆力嶮勁，體法方直，而雅有風氣，予甚愛之，遂藏焉。又模于石，將傳永久。元祐元年仲冬乙卯，博陵崔頤正可云。今嵌在文廟成德堂西壁。

〔唐華清宮津陽門詩碑〕鄭嵎撰津陽詩一百韻。在華清宮。

〔唐井府君神道碑〕〔案〕明鈔本亓府君，本志目并府君。在藍田縣西咽壺泉，柳公權書。

〔唐韋皇后碑〕柳公權書。在韋曲。

〔唐華清宫三十韻詩〕中書舍人杜牧之撰，杜竦書。在華清宫。

〔唐昌黎五箴〕宋狄道李寂玉筋篆書，男珍模勒上石。宣和五年建。今嵌在文廟。

〔唐順陵碑〕武后追尊父士彠爲無上孝明皇帝，母楊氏爲孝明皇后，命李嶠爲碑文，相王旦書碑，高大非人力所及。今在咸陽原上。

〔唐三藏法師玄奘塔碑〕劉軻撰，僧建初行書。開成四年。在興教寺。

〔宋新修秦始皇帝廟碑銘〕大中大夫檢校刑部尚書守太子詹事上柱國賜紫金魚袋楊昭儉奉勅撰，翰林待詔行太僕寺丞柱國臣孫崇望奉勅書。開寶六年十月十五日建。在臨潼縣東陵北二里。

〔宋新修漢文帝廟碑〕翰林學士中散大夫權知貢舉上柱國賜紫金魚袋臣李昉奉勅撰，翰林待詔行太僕寺丞孫崇望奉勅書。開寶六年歲在癸酉十月辛巳朔十五日乙未建。在霸陵西五里劉村鎮。

〔宋大觀聖作碑〕在府學。

〔宋賜辟雍詔〕

〔宋幸學御筆手詔〕

〔宋重修文宣王廟記〕殿中侍御史劉從乂撰，永興軍節度使太師中書令行京兆尹王彥超立。建隆三年八月廿五日。

〔宋京兆府移文宣王廟記〕龍圖閣待制知永興軍府事吴防撰，鄜州觀察使石蒼舒書。元豐三年二月日。

〔宋建學勅〕景祐元年十月日。

〔宋府學移石經碑記〕雍學官黎持撰。元祐庚午。

〔宋永興軍創修府學記〕大觀元年十月立。

〔宋永興軍府學開泮水記〕大觀元年十月立。

〔宋教興頌〕虚儀先生撰，唐英篆書。在文廟。

〔京兆府小學規〕太學教授任民師撰。在文廟。

〔宋三體陰符經〕郭忠恕古文、玉筯篆、八分書三體。乾德四年立。

〔宋興慶池禊宴詩碑〕慶曆十五年建。在衆樂堂前。大元至元十三年，安西教官移在文廟。背面刻重修廟記。

〔宋十八體篆額〕僧夢英篆十八體，八分字題名。

〔宋武功游師雄墓誌〕張舜民撰，邵𩨨書，張楶篆蓋。嵌在成德堂壁。

〔宋鳳翔八觀〕蘇東坡撰并書。在鳳翔高總管宅。

〔杜甫漫興九首〕宋黄魯直草書。在邠州王講議宅。

〔宋緑野亭記〕新説曰：「在武功，乃横渠先生講學，利州昭化縣令張閎中撰，武功縣令劉幹立石。」

〔慈恩雁塔唐賢題名十卷〕慈恩雁塔，本隋無漏寺故地，高陵〔案〕寶刻叢編高宗。在春宮爲文德皇后復置，故以名之。永徽三年，沙門玄奘自西域歸，始於寺西建雁塔。其後頽毁，至長安中、乃復更造。南對玉案、霧簷諸峰，東枕曲江，與大明宮丹鳳門端若引繩，氣象雄偉，甲於天下。杜詩所謂：「秦山忽破碎，涇、渭不可求。」蓋言其高遠如此。自神龍以來，進士登科，皆賜〔案〕鈔本賜下空缺一字，寶刻叢編錫燕。江上，題名雁塔下，由是遂爲故事。五季寺廢，惟雁塔巋然獨存。有僧蓮芳，始葺新之，塔之内外，皆以塗塈，唐人題字，不復可見。元豐間，塔再火，鄉人王正叔始見書壁〔案〕寶刻叢編晝壁。斷裂，因刻刮甃甓，得題名數十，乃録以歸，屢白好事者使刻石，逮今踰四十年，卒不果。重和戊戌，察雝書東觀，偶與同年柳伯和縱談及此，擊節悵然。明年，伯和出使咸秦，暇日率同僚登絶頂，始命盡刮斷壁，而所得尤富，皆前未之見者。又俾刊者李知常，知常木摹搨，〔案〕寶刻叢編本摹搨。隨其斷缺，不復敢增益一字。正叔隱居里中，素于書法，乃屬以次第標目，分爲十卷，刻于塔之西南隅。於是一代奇跡，爛然在目。先是，會昌中宰相李德裕，不由科第，深貶進士，始罷宴集，向之題名，削除殆盡。故今所存，獨詩人、逸士與公卿、貴游子弟爲多。夫晉賢真跡，流傳至唐，官楮私縢，幾數千卷，自歐、虞、褚、薛而下皆宗之，當時士人，咸以不能書爲恥。以今題名攷觀，其間縱復攲斜，至鋒藏筆勁，氣格高古，皆有江左遺風。國朝士夫〔案〕寶刻叢編士大夫。必題識其側，欲俾來者護持，而皂隸、庸人，輒以俗書汚墁其上。於是汲水滌之，新墨盡去，舊畫宛然，乃知唐人於字學，非特點曳盡工，至於筆跡，亦復精妙如此。伯和好古博學，邁往不羣，聞其成也，爲之喜而不寐。見諉序引，輒以所聞見者列之碑首云。宣和庚子九月望日，少陵樊察仲恕謹序。〔案〕寶刻叢編少陵樊察仲恕序，一字廉卿。唐人登科，燕集曲江，題名雁塔，一代之榮。觀當時士風，以不得與爲深恨。國朝錫燕瓊林，立碑太平興國寺，乃用唐之遺典，故凡謌詩啓叙紀述同年契者，引雁塔爲故事。雁塔在長安南曲江西慈恩寺，樂天所謂「曲江院裏題名處」是也。塔成於顯慶間，距今幾五百年，堅完如新，壁〔案〕寶刻叢編壁間。磚上，字墨猶存。四方士大夫，自非身嘗登覽，蓋莫之見，世亦未有摹刻以傳者。宣和庚子，珹以漕事使關中，公餘與同僚訪古，周覽塔上，層層見之，字畫遒麗，俱有楷法，金榜無幾，而名卿偉人留記姓名歲月者倍多。乃得善工李知常等，俾盡摹刻于石，託隱士王正叔點校編次，同年樊仲恕冠以叙引。正叔好古博學，通古書法，〔案〕寶刻叢編通六書法。仲恕高才鉅筆，有聞於時，是書當借重以傳。其詳見于叙云。宣和庚子十月朔，大名柳瑊伯和題。

〔金重修府學碑〕河南潘師雄撰并書。正隆三年建。

〔金京兆泮宮登科記〕龍山高有隣撰。承安二年十一月二十三日。

〔金修府學教養碑〕中山劉渭撰，奉天楊奐書。正大二年建。

〔金府學創建題名記〕正大二年十二月日立。

〔金京兆府重修府學記〕貞祐二年立。

〔金耀州美原縣進義副尉趙隱振貧碑〕前修撰狀元趙承元撰。泰和八年春三月初吉縣人立。其略曰：「泰和三年，關輔饑，貧弱流離，縣官虛廩，無以盡贍。美原趙隱獨發其私藏，自癸亥之冬十有二月，徂甲子之春四月，盡百日爲豆粥，日哺飢者五千餘人，而無吝心。陝右按察副使路鐸拜章論列，求加甄獎。聖天子嘉之，特命隱策名天官，階進義副尉，入班從事，以申勸也。」新説曰：「今安西路濟民局提舉彥忠，乃五世孫也。」

〔大元京兆府重修文宣王廟記〕中書省左右司郎中徐炏撰，府學教授駱天驤書并篆額。至元十三年正月建。

〔皇子安西王盛德之碑〕孟文昌撰，僕散祖奐書，駱天驤篆額，府學諸儒人建。至元十四年建。

〔皇子安西王文廟釋奠記〕京兆路儒學教授孟文昌撰，儒學教授駱天驤隸書并篆額。至元十六年正月建。

〔大元創建甘河遇仙宮記〕前進士李道士撰。甲辰十月建。

〔大元京兆玄都萬壽宮記〕鄉貢進士李庭撰。乙巳七月二十四日建。

〔大元重修終南山重陽萬壽宮記〕前進士雲中孟攀鱗撰。己酉冬十一月建。

〔大元陝西創建三皇廟碑〕中奉大夫陝西漢中道肅政廉訪使雲南行省參知政事張立道奉令旨撰，翰林侍讀學士朝列大夫陝西漢中道肅政廉訪使高凝奉令旨書，府學教授駱天驤篆額。大德四年歲舍庚子三月丁丑建。監修官王府典藏司大使王庭瑞，醫愈郎陝西四川中興等路醫提點使司判官王府醫藥提舉常慶祚。

〔大元重修磻溪成道宮記〕奉訓大夫陝西漢中道提刑按察副使魏初撰。

〔大元京兆咸寧縣南坊里修太古觀記〕〔案〕本志目南坊重修。前進士太原劉秉中撰，府學教授駱天驤書。

〔大元中書丞相胡公神道碑〕中奉大夫參知政事商挺撰并書。

〔大元嘉議大夫提點司天臺張公神道碑〕前進士雲中孟攀鱗撰，司天臺判駱天驤書。

〔金朝列大夫武騎尉賜紫金魚袋文儒武君墓碑〕在咸寧縣韋曲之東少陵原。君諱曦，舊諱珣直，避宣宗廟諱更。字子華，盩厔人，義榮先生之祖也，曾祖官至太傅。次孫天錫立石，正奉大夫昭文館大學士中書左丞柳溪姚樞書，中奉大夫前中書省參知政事樞密院副使曹南商挺題額，門人前中書省左右司郎中武功張徽撰。前中順大夫尚書省左司員外郎兼修起居注賜紫金魚袋元好問。〔案〕遺山先生文集有文儒武君墓銘，存銘而無序，此元好問下當脫撰墓誌或撰墓銘等字。

〔大元中順大夫西蜀四川道提刑按察副使宋鑑山先生神道碑〕翰林承旨知制誥兼修國史閻復撰，集賢學士劉愻書，秘書〔案〕鈔本秘書下空缺一字。陽桓篆額。先生諱〔案〕鈔本諱下空缺八字。號也。簪纓故家，天姿秀發，中書楊公，宣撫京兆，辟爲幕賓，與商左山、趙輔之同列。本〔案〕鈔本本下空缺二字。人，因宦游至秦，遂家焉。累官至前職，壽七十七，有鑑山神暇集行於世。

〔大元故資政大夫中書左丞贈光祿大夫中書右丞忠宣公神道碑〕〔案〕本志目中書右丞宣公。太子諭德李謙撰，翰林侍讀學士奉政大夫知制誥同修國史高凝書丹並篆額。

〔大元修郭令公廟碑〕并第十九代孫〔奉訓大夫故知寧海州郭侃碑〕俱係翰林承旨閻復撰。在本府東夾城宅中。

附録

述類編長安志

黄永年

應中華書局之約，我在一九八一年暑假點校了元人駱天驤的類編長安志。考慮到這是難於見到的秘籍，而傳本脱誤累累，其校勘之不易復迥出尋常古籍之上，把校勘研究之所得擇要寫成專文，對使用者將不無幫助。

一

傳世的幾部宋、元人關於長安古都的專著，以成書時代先後排列是：北宋人宋敏求的長安志二十卷，南宋初人程大昌的雍録十卷，元人駱天驤的類編長安志十卷，元人李好文的長安志圖三卷。宋志、李圖的宋、元刻單行本雖不存，尚有明成化四年郃陽書堂、嘉靖十一年李經兩種合刻本傳世，儘管所刻較原本已多缺失㈠，而源出明刻的清乾隆四十九年畢沅靈巖山館校刻本更爲易得㈡。雍録也有明嘉靖時安國、李經兩刻本和萬曆時吴琯刻古今逸史本，後者較通行且完善。獨類編長安志歷明清兩代至今六百多年，迄未重刻重印，元時原刻固久絶天壤，卽傳鈔本也極爲稀見。

就著録來説，除明代皇室的文淵閣書目曾著録此類編長安志外，明清之際以多藏舊本秘籍著稱的錢謙益的絳雲樓書目裏，錢曾的述古堂書目、也是園書目和讀書敏求記裏，都不曾提到此書。乾隆時開館修四庫全書，廣搜歷代著述，在進呈書目和最後編定的四庫全書總目裏此書也沒有出現。嘉慶時阮元進呈了一批後來賜名爲宛委别藏的四庫未收書，在所編撰的四庫未收書提要裏也未收入此書。另外，乾、嘉時的學者曾針對元史之不志藝文作過補志，錢大昕就著有一部補元史藝文志，只要是元人撰述不論存佚統統著録，而且在著録時還得到當時大藏書家黄丕烈的幫助，但志中仍未收入此書，可見博洽如錢氏不僅未曾目睹此書，連此書的書名也未聽到過，更不用説學識不逮錢氏的倪燦所撰盧文弨所補補遼金元藝文志了。

正由於此傳本罕秘，除明清之際葉奕苞編撰金石録補曾利用過其中石刻類的資料外，有清一代從事長安文獻整理研究撰述的人，如上述乾隆時畢沅校刻宋志、李圖，編撰關中勝蹟圖志㊂，嘉慶時董曾臣纂修長安縣志，陸耀遹、董祐誠㊃纂修咸寧縣志，嘉慶、道光時徐松撰著唐兩京城坊考，以及其後程鴻詔撰著唐兩京城坊考校補記，都不知道利用此書。清末日本學者足立喜六撰著長安史蹟之研究㊄，一九三三年正式出版前曾經他們的東洋史專家桑原隲藏、那波利貞校閲補訂，而此書仍未列入參考文獻。直到一九五六年出版的平岡武夫唐代長安與洛陽地圖編，纔利用了日本静嘉堂文庫所藏即我國陸氏皕宋樓舊藏的此書傳鈔本，平岡説這個鈔本曾轟動了日本學界㊅。在我國，建國以後某些考古機構雖曾早就轉輾傳鈔過此書，並經某些考古工作者零星利用過，但仍没有人對它作系統的整理研究。

二

類編長安志撰著者駱天驤其人，不特元史未爲立傳，即今存元人總集別集中也不見傳狀碑志，因此其生平事蹟只能從類編長安志的本身來探討。

類編長安志有駱氏在元成宗元貞二年丙申（公元一二九六）所寫的引即自序，以及大德二年戊戌（公元一二九八）安西路儒學教授賈鉞、安西路總管兼府尹王利用的兩篇序。據賈、王序，知駱氏字飛卿；據自序、賈序，知別號藏齋。又據自序所説「家本長安」，王序又稱之爲「長安故家」，知其籍貫長安，且是世居長安的所謂故家舊族。至於其生卒年歲雖無從考實，但從石刻類小序所稱「自幼酷嗜古人書法，石刻僅有存者，不憚涉遠披荆莽而追訪，鈔録書撰人名暨所在，垂六十年，集成編帙，附長安志後」，知元貞二年纂成類編長安志時至少已年逾七十，上推其生年尚在金宣宗末年（公元一二二三前後）。書成之後又繼續增補，石刻類中著録大德四年（公元一三〇〇）三月駱氏篆額的大元陝西創建三皇廟碑可證，則駱氏卒年最早亦當在大德四年以後。

駱氏仕官所歷官職，據此書卷前所題銜名只曰京兆路儒學教授。而此書石刻類所著録駱氏書丹或篆額的碑刻，則不僅有題銜且有年月。即：至元十三年（是元世祖的至元，十三年爲公元一二七六）正月大元京兆府重修文宣王廟記，題府學教授駱天驤書並篆額；至元十四年（公元一二七七）皇子安西王盛德之碑，題孟文昌撰，僕散祖奐書，駱天驤篆額，府學諸儒人建；至元十六年（公元一二七九）正月皇子安西王文廟釋奠記，題京兆路儒學教授孟文昌撰，儒學教授駱天驤隸書並篆額。這裏所題的府學即京兆路總管府的府學，所謂府學教授即京兆路總管府的府學教授，亦即京兆路儒學教授㈦。從碑刻所記年月，駱氏之任此職至遲亦當在至元十三年以前。至於離職，我推測即在至元十六年正月書篆釋奠記之後。因爲據元史卷六〇地理志，至元十六年改京兆爲安西路總管府，而類編長安志成書自序在元貞十二年，已後於路名更改十七年，如路名更改後駱氏仍任儒學教授，自應稱安西路儒學教授，而此書卷前銜名却仍曰京兆路儒學教授。同時大德二年王序自署安西路總管而稱駱氏爲京兆教授。賈序自署安西路儒學教授而稱駱氏爲藏齋先生，並説他「辭聲利而遠市朝」，駱氏自序自稱爲藏齋遺老，也都是書成時駱氏久已不任儒學教授現職的口吻。至於書成後補入的大德四年三月大元陝西創建三皇廟碑之仍題府學教授駱天驤篆額者，當是承用舊時職稱，和此書卷前仍題京兆路儒學教授舊職者相同，而不可能是此時駱氏又重新起用爲安西路儒學教授，否則卷前的題銜也要改用安西路儒學教授，不會仍用京兆路之稱。石刻類中還著録有大元嘉議大夫提點司天臺張公神道碑，題司天臺判駱天驤書，而未記年月，當在駱氏任儒學教授以前，司天臺判是他早先的官職。

駱氏此書撰成後既乞現任地方職官王利用、賈鹹作序，則其刊刻時間從一般情理推測當在作序之後不久，即大德四年或稍後，其時駱氏仍當生存。刊刻地點則很大可能是平陽（今山西臨汾）。因爲此書的傳鈔本如南京圖書館所藏丁氏八千卷樓舊藏的傳鈔本和日本静嘉堂文庫所藏陸氏皕宋樓舊藏的傳鈔本[8]，都是半葉十三行，行二十二字，每卷首尾書名大題作大字占雙行地位，顯係保存了元代原刻的款式。而這種款式在元代只通行於兩個地區的刻本，即北方平陽書坊刻本所謂平水本，和南方建陽（今福建建陽）書坊刻本所謂建本。平陽距離長安近，書成後就近送平陽去刊刻更合乎情理。懂點版本之學的人都知道，平陽是金、元兩代北方的刻書中心，進入明代後却一落千丈，不僅不再有新刻出現，即金、元時舊刻平水本之傳世者也稀如星鳳，遠不能和南方建陽出版業之綿延宋、元、明三朝和建本之廣爲傳布者相比擬㊈，這應該就是駱氏此書元刻本之所以久告失傳、而傳鈔本也極爲稀見的原因。

三

駱氏編纂類編長安志的目的和體例，在自序中均有說明。即鑑於長安地區經「兵火相焚蕩，宮闕古蹟，十亡其九，僅有存者，荒臺廢苑，壞址頹垣，禾黍離離，難以詰問，古老相傳，名皆訛舛」，而「宋敏求編長安志」，「故事散布州縣，難以檢閱」，「乃翦去繁蕪，撮其樞要，自漢、晉、隋、唐、宋、金迄皇元更改府郡州縣，引用諸書，檢討百家傳記，門分類聚，並秦中古今碑刻、名賢詩文、長安景題，及鴻儒故老傳授，增添數百餘事，裒爲一集，析爲十卷，目之曰類編長安志，覽之者不勞登涉，長安事蹟，如在目前，豈不快歟！」這最後幾句「不勞登涉，長安事蹟，如在目前」，就是駱氏編纂此書的目的，說得更明確些，就是要編纂一部介紹長安地區山川地形、歷史沿革，尤其是名勝古蹟、舊事佚聞的讀物。這和宋敏求長安志之「考論都邑，網羅舊聞」、「窮傳記諸子鈔類之語，絕編斷簡，靡不總萃隱括而究極之，上下浹通，爲二十卷，用備舊都古今之製，俾其風瀼光塵有以奮於永久，故夫府縣有政，官尹有職，河渠關塞有利病，皆干於治而施於用」㈢，是大不相同的。宋志堪稱爲學術性專著，此書只是近乎後世旅遊指南的讀物而已。因此，在體例上，宋志采用過去地理總志如元和郡縣圖志、太平寰宇記的傳統辦法，先宮室，再京城，再屬縣，屬縣以下分述山川古蹟，京城則上紹洛陽伽藍記、兩京新記舊式，按街坊分別記述。而駱氏認爲「故事散布州縣，難以檢閱」，改用「門分類聚」近乎前人編纂類書的辦法，打破了街坊屬縣的體系。在内容上，駱氏主要承用宋志，但又認爲宋志内容太多，要「翦去繁蕪，撮其樞要」，再加上自己「增添數百事」。這樣的删減增改，又使此書不只是宋志的分類重編本，而成爲在宋志基礎上重新改編改寫的一部元代的新長安志。

我國古代没有編分類索引的習慣，把地志式的宋志改編成近乎類書的新志，亦自無不可。可惜駱氏在分類上做得並不理想。除了開頭的所謂雜著、管治郡縣大體承襲宋志外，駱氏自出心裁的分類標目是：京城、宮殿室庭、宮禁、圜丘郊社、明堂辟雍、苑囿池臺、館閣樓觀、堂宅亭園、街市里第、寺觀、廟祠、山水、川谷、泉渠、陂澤、潭泊、橋渡、原丘、關塞、鎮聚、驛郵、坡坂、堆堰、故城闕、古蹟、山陵冢墓、紀異、辨惑、數目故事、勝遊、石刻。這不僅大小輕重不倫，而且排比次序錯雜，甚至往往自亂其例。如宮殿室庭類記述唐代宮殿是先列宮，再在各個主要的宮的下面縷述所屬之殿，而記述漢代却把所有的殿集中到一起，不再分列在宫的下面。隋、唐離宫裏既列了華清宫，勝遊類裏又别出華清宫，而且詳記宫裏的殿閣樓臺，其實驪山華清宫在全盛時是天子遊幸之所，初非尋常人之得往遊，「唐末遂皆圮廢」，就更非勝遊之地。隋、唐離宫裏還列了個上清太平宫，其實這是北宋建隆元年在盩厔設置的道觀，本名北帝宫，太平興國二年重修改名上清太平宫，「每三元聖節，命使設醮」，既非離宫，更不屬隋、唐。苑囿池臺類的臺本是指鴻臺、漸臺、柏梁臺之類的建築物，在唐代部分却把御史臺這樣的政府機構混雜進去。堂宅亭園的亭是指太液亭、沉香亭之類的建築物，却把秦漢時「列亭置郵」的亭如杜郵亭、鴻門亭、曲郵亭等統統混雜進去。堂宅亭園類的宅是第宅，却只列唐、宋人的宅，而把漢人的第另列進街市里第類。街市里第類的里只列漢長安城内的里，而把同樣性質的唐長安城内的坊另列在京城類的隋、唐京城外郭城條下。街也只列漢長安城内的街，而把唐長安城的朱雀門街另列在京城外郭城條下。這樣雜亂不成章法、甚至望文生義的事情，在宋志、程録、李圖等記述長安古都的書裏很少見到。

駱氏自詡减去宋志的繁蕪，但很多地方翦裁得並不妥貼。以堂宅亭園類的宅爲例，駱氏只從宋志鈔録了八十一個，被翦棄不録的有一百九十七個之多。是否這些翦棄不録的宅主人都不知名，不一定，其中如李勣、尉遲敬德、裴炎、姚元崇、李光弼、武元衡、白敏中等都是聲名顯赫的將相，此外還有很多是兩唐書列傳中人物。是否這些翦棄不録的都無事蹟可記，也不是，其中很多在宋志裏都有事蹟，而見録的韓洄、馬總、沈傳師、崔垂休、劉延景、章仇兼瓊等二十七宅倒全不注事蹟。可見駱氏在翦裁時不過信手去取，毫無義例可說。另一方面，真正繁蕪甚至重複之處在駱氏此書裏倒在在可見，古蹟、紀異、辨惑三類的條目更常和其他門類重複。如原丘類裏既有了銅人原，古蹟類裏又重見銅狄；石刻類裏既有了石鼓文，古蹟類裏又重見石鼓；川谷類裏既有了坑儒谷，古蹟類裏又重見坑儒谷；寺觀類裏既有了石甕寺和記述石麒麟神話的青梧觀、蟾井神話的白鹿觀，古蹟類裏又重見石甕、石麒麟、蟾井；苑囿池臺類里既有了記述石鯨魚、織女石的昆明池，古蹟類裏又重見石鯨魚、織女石；宮殿室庭類的建章宮條已講到了鳳闕和闕上的銅雀，古城闕裏又重見鳳闕，古蹟類裏又重見銅雀。紀異類除積憂、磨刀劍、慶山、魚龍飛動、澄水帛、桐葉各條駱氏自注已見於他類目外，還有哭泉重見於泉渠類哭泉條，尸香重見於宮殿室庭類鉤弋宮條，長樂宮鬼重見於宮殿室庭類唐望春宮條和堂宅亭園類唐望春亭條，刦灰、椽化龍鳳分別重見於苑囿池臺類的昆明池條和通天臺條，忍寒暑、蜚廉銅馬分別重見於館閣樓觀類的昆明館條和飛廉館條，舞馬、乾湫分別重見於勝遊類的華清宮舞馬條和御宿川乾湫條。辨惑類除陽甲城駱氏自注重見於城條外，如韓信冢重見於山陵冢墓類秦莊襄王壽陵條，司馬冢重見於漢許后小陵條和原丘類少陵原條，日月精重見於館閣樓觀類結麟樓條，石鯨鳴吼重見於古蹟類石鯨魚條和苑囿池臺類昆明池條，蠟燭自焰、布漆、灰中經分別重見於寺觀類雲經寺、大興善寺、資聖寺諸條。像這樣重見的現象，在被駱氏病爲繁蕪的宋志裏却一次也不曾出現過。

駱氏在此書卷首開列了「引用諸書」，有一百九十六種之多。但實際上此書的絕大部分內容是承用宋志，此外有關漢代的某些條目直接鈔自今本三輔黄圖，關塞類等少數條目鈔自雍録，還有少數條目參考過幾部紀傳體正史。其他開列的大量引用書目中，有的只是把宋志引用的書名照鈔過來，駱氏本人並未直接讀到原書、從原書引用。有的則是化一書爲若干書，如史記之外又開列秦始皇本紀，漢書之外又開列漢志、漢書五行志、賈誼傳、霍光傳以及顏師古注、臣瓚注、應劭注、蘇林注，甚至把引用史記、漢書裏的言論也分別標爲婁敬說、田肯說、張良說以充數。有的書名還被駱氏妄改，如把吕氏春秋改成春秋吕氏傳之類，不管其是否講得通。凡此都說明駱氏這個「引用諸書」是沿襲其時坊肆編刻書籍動輒以所謂幾百家音注爲號召的陋習，極不嚴肅。至於正文裏出現的書名，也同樣不可盡信。如宋志長安縣條有「長安，蓋古鄉聚名」的話，此書在這句話的前面加了「按漢書郡國志」幾個字，其實漢書只有地理志，後漢書纔有郡國志，而且這兩個志裏都根本没有講到過長安是古鄉聚。再如此書咸陽縣條的「按周舊圖經」，臨潼縣條的「按周地圖」，興平縣條的「按周舊圖」之類，也都是宋志所無而駱氏妄加，如果輯地理古佚書者信以爲真，就非上當不可。妄加之外也妄改，最明顯的如辨惑類小兒原條所説唐玄宗設置十六王宅的事情，宋志朱雀街東第五街第一坊十六王宅條小注本引用政要，此書却改爲貞觀政要，貞觀政要是太宗實録的分類節本，怎麽能記載玄宗時候的事情呢？豈非一大笑話。

在承用摘鈔宋志上，由於工作粗疏也出了一些毛病。最明顯的是山水類標了一個名叫南總五水的條目，哪有什麽河流叫南總五水呢？查對宋志渭南縣，纔知道原文本作「水經注曰：酉水，出倒獸山，南總五水，單流北注」云云。駱氏没有讀懂，把「南總五水」誤認爲水名。當然，宋志個别地方也有這類的錯誤，如京兆尹下記張敞「爲京兆尹九年，與楊惲厚，坐惲大逆誅」。其實張敞只緣此免爲庶人，兼以誅殺賊捕椽絮舜事亡命，旋復起用，漢書本傳裏講得很清楚。説被誅是宋敏求記錯了，也可能是宋敏求這句話本作「坐惲大逆免」，刊行時被寫官或刻工錯成了「誅」，駱氏却一仍其誤，未能稍事訂正。

可見駱氏此書的水平確實遠低於宋志。

四

駱氏此書雖遠不如宋志，但也不能說只要有了宋志就可以，駱氏此書可聽其存廢。因爲此書本身仍有許多重大的優點，而非宋志、尤其是今本宋志之所能代替。

首先，宋志的宋刻原本久已不傳。現存成化、嘉靖兩明刻朱雀門西第一街從北數起第一、二兩坊全部缺失，連坊名都已不存。畢沅校刻時也未能填補，試圖填補的是徐松。他在唐兩京城坊考裏說：「長安志于此處缺二坊，別無善本可證。李濟翁資暇集永樂坊古冢下注云：『光禄坊内亦有古冢，新記不載，時以之與永樂者對，遂目爲王母臺，張郎中譙云：常於雜鈔中見光禄坊之漢朝王陵母墓，以賢，呼爲王母，所以東呼爲王公。』按光禄坊之名不見長安志，既云與永樂相對，又云東呼爲王公，是在永樂之西，恐兩缺坊内有一名光禄者，今注於第一坊下以俟考。」在第二坊下則說：「張元忠夫人令狐氏墓誌云：『夫人卒於京兆府殖業里之私第。』按以南數坊多以業爲名，或此坊爲殖業歟？不言縣而獨言京兆府，以府廨在光德坊，與此坊相近也。存之附考。」徐松這位唐史專家還是比較審慎的，他自知這種臆測並無絕對把握，只在正文和所補西京外郭城圖的第一坊裏填上光禄，第二坊仍空白存疑。後來研究唐長安城、繪製城坊圖者卻無不以徐考爲藍本，對所臆測的這兩個坊名都置信不疑，有的連第二坊也不存空白，照填上殖業。現在查對駱氏此書，在京城類隋、唐外郭城條逐個記出城内的坊名，朱雀門街西的第一、二坊亦即今本宋志之所脱漏者卻是善和與通化，并非如徐考所臆測是光禄、殖業。對此，平岡武夫在唐代長安與洛陽的地圖篇序説中已注意到，并考證「善和里的名稱見於册府元龜（卷九三八）、雲仙雜記（卷四石蓮匣條）引用的大唐龍髓記、國史補（卷下善和里御井條）等；通化坊的名稱見於舊唐書裴度傳（卷一七〇）、太平御覽（卷一八〇）等」㊁。但他仍認爲這善和、通化兩坊不一定就是宋志所缺失的朱雀門街西第一街第一、二坊，這可能是由於他發現駱氏此書所記坊名和宋志有異同出入，因而不敢完全信任。其實，駱氏是金、元時人，所用的宋志無疑是宋刻或金刻足本，所鈔録的坊名基本上按照宋志原本的次序，宋志朱雀門街西第一街西第三坊爲豐樂，第四坊爲安業，駱氏此書朱雀門街西五十五坊的第三坊也是豐樂，第四坊也是安業，則其第一、二坊之善和、通化，豈不顯然就是今本宋志朱雀門街西第一街第一、二坊的所缺失的坊名。至于駱氏此書所記坊名間有與宋志有出入者，有可能是今本宋志刊刻之誤或駱氏此書傳鈔之誤，也有可能是駱氏别有所本。如駱氏此書朱雀門街西第五坊爲安善，宋志朱雀門街西第一街第五坊爲崇善，好像對不攏，但宋志崇善坊記有玄都觀，徐松唐兩京城坊考鈔録宋志，在此玄都觀下加了條考證説：「按會要言移玄都觀至安善坊，疑安善坊爲此坊之舊名。」徐松是没有見到過駱氏此書的，這裏的考證卻和駱氏此書之作安善暗合，足見駱氏此書所記坊名之不從宋志者確别有所本，不像前面所説在分類上、翦棄上以及引用書名上那麽亂來，何况駱氏此書還引用了宋志善和、通化兩坊的片斷原文，卽古跡類御井條所記「長安志：『善和坊，有水甘美，以供内厨。開元中，日以駱駝馱入内，以給六宫，謂之御井』」㊂；堂宅亭園類所記殷開山、顔師古、鄭國夫人楊氏、韋武四宅云「在通化坊」㊂。則第一坊之爲善和，以及第二坊之爲通化，就更無疑問。因此，今後繪製唐長安城坊圖時儘可以放心把善和、通化這兩個坊名填上，不必再從徐考或付諸闕疑。單就這一點來説，駱氏此書就有其存在的價值。何况駱氏此書可補宋志殘缺並不止這一處，如宋志涇陽縣屬六鄉管六里中四個鄉都寫明「在縣東」或「在縣外」，兩個鄉却不寫明，只作「瑞寧鄉管神狐里」，「河池鄉管養生里」，查對駱氏此書，瑞寧鄉下有「在縣北」三字，河池鄉下有「在縣南」三字，足見只是今本宋志缺失，而據駱氏此書可以補足。

除了可補缺外，駱氏此書在文字上還有許多地方可以校正今本宋志的錯誤。就通行的畢刻而言，如晉始平郡所管五縣中有蒲城，從地望看顯然有錯誤，此書作蒯城，與晉書卷一四地理志相合。又如京兆尹韋澳條記澳爲京兆尹時長安尉李信爲其造宅，「澳連書信兩上下者」，這「兩上下者」語不可通，此書則作「兩上下考」，上下考是當時按九等考課官吏的第三個等級，可見今宋志「兩上下者」之「者」是「考」字形似致誤。又如昭國坊崇濟寺條記其寺「開皇三年魯郡夫人孫氏立。貞觀二十三年，以尼寺與慈恩僧寺相鄰，而騰業坊甘露尼寺又比於崇濟僧寺，勅換所居爲本宏寺，神龍中改。」這騰業坊當然是勝業坊之誤，而最後「勅換所居」云云也頗費解，此書則作「勅換所居焉。本『弘』字，神龍中改」。弘是唐高宗第五子之名，顯慶元年立爲皇太子，謚爲孝敬皇帝，神龍元年祔其神主於太廟，廟號義宗，當即緣避此所謂義宗之諱而改弘濟寺名爲崇濟，宋志「爲」字是「焉」字形似致誤，「寺」字是「字」字形音均近致誤，而「宏」字又是畢刻爲避清高宗諱弘曆而改。又如進昌坊太清宫條有「每歲四時及臘終廟獻之禮」之語，好像可以通讀而不存在錯誤，但此書寺觀類太清宫條却作「每歲四時及臘修朝獻之禮」，與舊唐書卷二四禮儀志載天寶九載十一月制中所謂「自今已後，每親告獻太清、太微宫，改爲朝獻」云云相合，可見宋志之「終廟獻」本作「修廟獻」，「終」之與「修」、「廟」之與「朝」，均緣形似致誤。又如同條「刻石爲李林甫、陳希烈像列侍於聖容之側，林甫犯事，又刻楊國忠之形，而磨塵林甫之名」，「磨塵」云云顯然有錯誤，此書作「而磨瘞林甫之石」，與舊書同卷禮儀志所云「而瘞林甫之石」相合，宋志之「塵」字、「名」字皆緣形似致誤。

宋志記述至五代北宋而止，此書則增補到金元，其中頗有有價值的史料。如管治郡縣所說：「金初，分陝西爲五路，京兆爲陝西東路，鳳翔爲陝西西路，延安爲鄜延路，慶陽爲環慶路，臨洮爲熙河路。京兆先管商、華、同、耀、乾五州十二縣，貞祐元年，分鳳翔、鄠縣、盩厔來屬，又改韓城縣爲貞州，鄠縣爲鄠州，盩厔爲恒州，始爲八州十二縣。」卽與金史卷二六地理志所記有詳略異同。宋志只記述興慶宮和龍池在唐代的情況，五代後卽不詳，此書苑囿池臺類興慶池條則說：「興慶宮，經巢寇、五代，至宋湮滅盡淨，唯有一池。至金國，張金紫㊂於池北修衆樂堂、流杯亭，以爲賓客遊宴之所，刻畫樓船，上巳、重九，京城仕女，修禊宴燕，歲以爲常。正大辛卯東遷後，遂爲陸田。兵後，爲瓜區、蔬圃。庚子歲，復以龍首渠水灌之，鯽魚復生。舊說有千歲魚子，信不誣矣。」辨惑類雁塔影條也說：「龍池，兵後水涸，爲民田、瓜區、蔬圃十餘年。庚子、辛卯歲，始引龍首渠水灌池，許人占修酒館。至壬寅，池水泓澄，四無映帶，唯見雁塔影倒於池中，遊觀者無數，酒爐爲之一空。」可知龍池在劃入長安郊區以後仍幾度繁華，成爲仕女佳節遊樂場所，頗有點唐時曲江的規模。灞橋在宋志萬年縣裏是講得極爲簡單的，此書橋渡類除講述漢唐灞橋外，還說：「唐、宋至今，有司課材木爲輿梁以濟，十月橋成，三月拆毀。至我大元，堂邑劉斌修爲石橋。」并詳記劉斌修造石橋的經過說：「初，灞水適秋夏之交，霖潦漲溢，波濤洶湧，舟楫不能通，漂没行人，不可殫紀，常病涉客。中統癸亥，會斌旅秦，還至灞上，值秋雨泛漲，同行之車凡三，漲息，斌車前導，僅達岸次，渡者人畜幾溺，斬鞅獲免，其殿者隨流漂没，不知所在。斌遂誓修石梁，歸，詢親辭妻，家事悉委其弟，曰：『若石橋不成，永不東歸。』至元三年，結廬灞岸，先架木梁，以濟不通。斌能於匠石、工梓、鍛冶、斲輪，靡有不解，以素藝供其所費。」「前後歷三十寒暑，鄉關隔二千餘里，不爲妻孥掛懷，持空拳，孜孜勉勉，以成曠古所無之功。」這不僅爲研究我國古代橋梁建築提供了寶貴史料，而且像劉斌這樣舍己利人的歷史人物，也是愛國主義教育的好材料，在某種意義上比建造趙州橋的隋工匠李春還要光彩些。

關中是唐碑的淵藪，根據北宋元祐五年（公元一〇九〇）京兆府學新移石經記，當時已把唐書法家「顏（真卿）、褚（遂良）、歐陽（詢、詢子通）、徐（浩）、柳（公權）之書，下迨偏旁、字源之類」，「分布於庭之左右」，成爲後來碑林的鶵形。但宋志裏卻很少見到有關這些名碑的記述。駱氏大概受了南宋地志如輿地紀勝等詳載碑刻的影響，在此書最後增添石刻一類，著録了長安及附近的一百四十多種碑刻。其中有些是從宋人的東觀餘論、寶刻叢編等金石書裏鈔來的，更多的則是駱氏本人「不憚涉遠披荆莽而追訪」之所得。略具碑刻知識的人都知道，我國碑刻文字之學之大盛是在宋代，出現過集古録、金石録等名著，到了元代除陶宗儀的古刻叢鈔外就不再看到這方面的著作，而且陶鈔著録碑刻只有五十八種，没有涉及關中名碑。關中名碑在元代存佚的情況只有依靠駱氏此書才得考知一二。如初唐書家向稱歐、虞、褚、薛，歐陽詢、褚遂良都有幾塊名碑存留，虞世南的孔子廟堂碑也有北宋王彥超重刻的所謂陝本和元至元間重刻的所謂城武本，獨薛稷所書都已毁失，僅清書家何紹基藏過一册薛書信行禪師碑舊拓殘本，有宋末賈似道藏印，現在發見駱氏此書還著録有這塊信行碑，并注明仍在百塔寺，可知其毁失當在元後。柳公權所書左神策軍紀聖德碑今僅存宋拓前半篇殘册，也有賈似道藏印和元翰林國史館官書印，原石不知何時毁失，現在發現其碑仍著録於駱氏此書，同時還著録了一塊咸通中所立右神策軍碑，并注明仍分立在左右軍舊址，知其毁失也在元後。敦煌石窟發現唐拓孤本太宗行書温泉銘殘卷，過去不知原石在何時毁失，據此書則元時尚在華清宫，知毁失也在元後。由此推知元、明之際或入明以後長安石刻破壞之烈。當然，有的石刻在這以前已遭破壞，如草書大家張旭用楷書寫過有名的尚書省郎官廳石記，傳世者只有兩種宋翻宋拓，據此書知「兵後石記填在青蓮池中」，因而堙失。又碑林裏的石刻在明嘉靖三十四年（公元一五五五）關中大地震中多數仆倒折損，這是留心文物者所共知的，據此書石經條則金、元時早已兩度仆倒，即「正大辛卯（公元一二三一）遷徙，悉以摧仆，至庚戌（公元一二五〇），省幕王公琛奉而起立。至元十四年（公元一二七七），碑盡摧倒。天驥與孟文昌充西府教官，請灞橋堂邑劉斌而復立焉」。此外，此書還著録了好些塊集古録、金石録等未曾收入而後世也失傳了的碑刻，如隋開皇十四年（公元五九四）僧法林撰書真寂寺碑、唐乾封元年（公元六六六）暢整書阿彌陀經、開元十六年（公元七二八）玄宗撰書一行禪師塔碑、大曆六年（公元七七一）韓擇木八分書薦福寺德律師碑、貞元十五年（公元七九九）姜泳書牛頭山七祖遍照禪師碑之類，所著録的金、元時長安碑刻也已多數失傳。雖然駱氏著録這些碑刻未迻寫全文，僅存碑刻名目、年月和書撰姓氏，但總比完全堙滅連名目都不存要好得多。

駱氏此書受了宋人所撰地志的影響，在記事中還引用了若干前人的詩篇，這在校勘和輯佚上都有一定用處。如勝遊類樊川范公五居條引錢起題杜舍人林亭詩：「來訪龍樓客，時逢酒甕新。花齊雲入幕，苔逕竹迎人。鵲喜嬌遲日，鶯啼惜暮春。不須躭小隱，南院在平津。」寺觀類杜光寺條引長興中王仁裕題詩：「上爾高僧更不疑，夢乘龍駕落沉暉。寒暄暈映瑠璃殿，曉夜摧殘毳衲衣。金體幾生傳有漏，玉容三界自無非。莓苔滿院人稀到，松畔香臺野鶴飛。」就都是不見於全唐詩，并爲敦煌唐人詩集殘卷、日本上毛河世寧全唐詩逸、王重民補全唐詩、孫望全唐詩補逸、童養年全唐詩續補遺㊃所未收的佚詩。勝遊類華清宮御湯九龍殿條引唐太宗過温湯詩「温渚停仙驛，豐郊駐曉旌」云云，唐詩紀事和承用紀事的全唐詩作高宗詩，未必紀事正確此書錯誤。同條引玄宗詩「蓮湯湧自然」，全唐詩作「蘭湯湧自然」，不知「蓮湯」者是指設置白玉石雕蓮花的御湯而言，作「蘭湯」就泛而不切。

堂宅亭園類樂遊園條引玄宗同二相以下宴樂遊園賜詩「拱日巖廊起」，唐詩紀事作「撰日巖廊暖」，全唐詩作「撰日巖廊暇」，都遠不如此書作「拱」作「起」之明白暢通。苑囿池臺類定昆池條引宗楚客詩「水邊重閣如飛動，雲裏孤峰類削成」，唐詩紀事和全唐詩作「含飛動」，不如「如飛動」精切且和「類削成」對稱㊅。元代有關唐詩的文獻流傳尚多，如辛文房撰唐才子傳就引用了一些今天已失傳的資料，駱氏所引唐詩有勝於今本處自亦理所當然。此外，駱氏還引用了不少宋人以及金、元人的詩篇，其中不爲總集、詩話選録而僅見於此書者更多。盡管有些詩做得並不高明，但總是稀見之物，其價值至少不低於永樂大典裏保存的某些低水平佚詩佚文。

五

最後，談一些整理點校上的問題。

整理點校古籍，最好以善本爲底本，這個善本並不是藏書家所謂凡宋、元舊刻本及舊抄本必是善本的「善本」，而是內容文字較少脱誤較接近於原本的「善本」，或者可以説是校勘工作者心目中真正的「善本」㊆。十分遺憾，較接近駱氏原本的元刻本類編長安志如前所説已久絶天壤，中華書局提供的鈔本雖從丁氏八千卷樓舊藏鈔本傳鈔，而且這個丁氏舊藏鈔本還著録於丁氏善本書室藏書志，但錯誤脱漏多至不可勝數，隨便翻到那一葉都可找出幾處以至十幾處，從宮殿室庭類前後秦標題以下到後周太極殿條之前還缺掉一個整葉，遠非校勘工作者所要求的善本。北京圖書館有一部明鈔本，中華書局請人用它和上述鈔本對校，除少數文字得據以校正外，其他大量的錯誤脱漏仍一同上述鈔本，而且卷一、二已經佚失，無從據以鈔補前後秦以下一葉。陝西省圖書館有一部三十年代的紅格鈔本，版心有「關中叢書」四個字，是當時在西安設局編印關中叢書時所傳鈔，但書中仍舊缺掉前後秦以下一葉，其他錯誤脱漏也和中華書局提供的鈔本多半相同，加之行款已經更動，還不如中華書局提供的能保存元刻舊式。我又打聽到湖南省圖書館有一部清代中葉藏書家張燮收藏過的舊鈔本，去信詢問，答覆還是没有前後秦一葉。日本静嘉堂文庫的皕宋樓舊藏鈔本也没有這一葉。以上這些估計都同出一源，在校勘上起不了多大作用。

當年編印關中叢書的先生們大概鑑於此書缺乏善本，校勘繁難，不易措手，終於没有把它收入叢書排印公世。今天當然不宜再畏難縮手。底本雖然不善，也没有合適的本子可資對校，還可以用本校、他校、理校幾種辦法來解決。所謂本校是用此書的目録和正文互勘，正文和正文互勘。他校則首先借助於此書的主要根據宋敏求長安志，用畢刻本并參考今本三輔黄圖和其他舊籍，比對底本，改正部分錯誤。宋志等所無的文字，則概用理校之法，因爲傳鈔致誤也自有其規律，無非或是音近，或是形似，有些詩篇無書比對，則可以從平仄、韻脚上來檢查。

經過仔細推敲，凡有絶對把握的，如「鼙音部」誤作「者部」、「大王徙郊」誤作「徙郊」之類，就逕行改正，不再注出原來的錯字。因爲這類錯字爲數太多，如一一注出，將弄得滿紙都是無意義的小注，徒亂人眼目，不如不注爲愈。有些脱漏，據宋志可補的，也逕行補足，如漢京兆尹、左馮翊之下均有户數，獨右扶風脱去，卽據宋志補足，不再注明。有些空格確屬空錯了的，如「恩如春，威如虎」的「恩」「如」兩字間有一空格，也逕行聯屬成「恩如春」，不再注明。有的應爲大字正文而被擠成小字，如「石勒、苻堅、姚萇」一語中獨「苻堅」擠成雙行小字，也逕行改爲大字，不再注明。

稍涉疑似的則不改動正文，而加小字案語，如「漢城門皆有候門，主候門，譴啓閉」，上一「候門」不可通讀，則參考今本三輔黄圖及宋志而下案語曰「此候門當作門候」，因爲保不定駱氏此書原作「候門」，所以不宜逕行改動正文。有時宋志與此書文字有出入，如此書咸陽縣屬「奉賢鄉在縣東北，管秦城里」，宋志作「縣東」「奉城里」；此書宋鳳翔府盩厔户五千四百五十二，宋志作五千四百五十三。凡此也只在案語中注出宋志異文，而不隨便改動，因爲駱氏此書所據宋志是宋或金本，且如前所説確有今本宋志錯誤而此書轉不誤之處。當然也有可能宋志本不誤而此書傳鈔致誤，既別無其他佐證，自以不動正文爲宜。

那張前後秦下的缺葉，目前既找不到善本補鈔，只好姑且按照此書的目録，鈔宋志的有關條文補齊，以便檢讀。此書多承用宋志，今據宋志以補此書之缺，自揣和此書原來的文字不致有太大差距。至所補仍凑不滿一葉的行字，則應由於駱氏別據史籍有所增飾，增飾了什麽無從猜測，只好聽之而不宜想當然地臆造。

用此書目録和正文對勘即作所謂本校，發現目録頗有脱漏，提行空格也不盡一律，爲便於檢讀，已一一調整補齊，并在所補目下加有「據本志補」案語。

除掉底本不善造成的困難外，再一件棘手的事情是如前所説駱氏此書本身存在着不少問題，尤以引書的問題不易處理。如所周知，古人引書是不甚謹嚴的，有時僅取大意，把不相連屬的幾段文字聯綴到一起；有時還把注解混進正文，而不事區別。這些毛病在宋志裏已常出現，駱氏此書則更爲嚴重，甚至如前所説，對書名也可以亂加亂改。對此，我堅持一個原則，即整理點校古籍，除聲明重編者外，都必須維護古籍的本來面貌。所謂校者是校正後來傳寫刊刻所産生的錯誤，而不是校改古籍原本的錯誤。因此，對駱氏此書本身的問題，包括引書上的種種問題，都一仍原貌，不作改動。只有遇到大有背於史實，如前面提到過的所謂張敞緣楊惲大逆誅，則加案語糾正，仍不動正文。對所引書也都加上引號，以資醒目。但引號裏的并非都是所引書的原文，所標的書名也不一定靠得住，不要隨便轉引。要引用時應多查對宋志，原書俱在的更必須覆核原書。

㈠ 宋志兩明刻除朱雀門街東第五街昇道坊以下第一街開頭顛倒脱漏外，按藕香零拾本宋敏求撰元闕名增補河南志體例，知原本亦應有圖，兩明刻均已失去。李圖則兩明刻均缺失卷上唐宫城坊市總圖、唐皇城圖、唐京城坊圖三幅。

㈡ 卽所謂經訓堂叢書本，其校語蓋出幕府中人孫星衍等之手，然仍多誤字未能勘正。

㈢ 此志編撰當亦由孫星衍等代勞。

㈣ 卽曾臣改名。

㈤ 我國有楊煉譯一九三五年商務印書館本，改名爲長安史蹟考。

㈥ 據楊勵三譯一九五七年陝西人民出版社本，譯本改名長安與洛陽（地圖），似不若原書名之冠有「唐代」爲確切。

㈦ 元史卷九一百官志説諸路總管府設儒學教授一員，而釋奠記京兆路孟文昌、駱天驤兩教授并列，石經條也有至元十四年時「天驤與孟文昌充西府教官」之説，可見百官志所説只是法定的官樣文章，未可拘泥。

㈧ 前者我所見到的是中華書局提供的八千卷樓舊藏本的影鈔本，後者承日本京都大學愛宕元副教授寄閲的書影。日本北海道教育大學妹尾達彦副教授又贈我複印全本。

㈨ 其原因尚不清楚，會不會像四川眉山的刻書業經宋末戰亂破壞那樣從而衰歇，迄未找到確鑿的文獻來證實。

(一〇) 宋志卷首熙寧九年趙彥若序。

(一) 「長安城的坊里」章。用楊勵三譯文。

(二) 今本國史補卷下作：「善和坊舊御井，故老云非可飲之水，地卑水柔，宜用盥漱。開元中，日以駱駝數十馱入內，以給六宮。」與此所說有出入，或宋志別有所本，或所據國史補舊本較今本本有異文。

(三) 陝西師範大學講師辛德勇博士整理徐松唐兩京城坊考時發現這四宅均見於今本宋志朱雀門街東第五街的敦化坊，徐考敦化坊下全錄今本宋志此四宅，注明「太平御覽引作通化坊」。又查對了御覽，發現所引殷開山、顏師古兩宅見於卷一八〇，出自韋述兩京新記。可見宋志本根據韋記在通化坊下寫了殷、顏等宅，駱志所據宋志尚無脱誤，而今本宋志則把通化坊全文錯入敦化坊下。今後整理宋志，通化坊條可據此恢復原貌。

(四) 張金紫者，是金朝光禄大夫張仲孚。見此書堂宅亭園類衆樂堂條，另有宋太尉張金紫宅條，謂是張中孚，未知孰是？

(五) 王、孫、童、三家彙印爲全唐詩外編，中華書局本。

(六) 當然「飛動」有時可解釋爲飛鳥走獸，「含飛動」可解釋爲水邊重閣裏養了鳥獸，但仍和「類削成」對不起來，可見此書作「如飛動」實精當不可更易。

(七) 這裏和陳垣先生校勘學釋例所説有出入，别詳拙著古籍整理概論「對校」節「底本要不要選用善本」條，陝西人民出版社本。

《類編長安志》索引

凡　例

一、《類編長安志》雖是地志，但所標條目不盡是地名，本索引基本上卽是全書條目的索引。此外，卷一管治郡縣中郡以下的縣名和部分縣以下鄉名，卷二唐京城外郭城內的坊名，也都作爲條目統編進索引。

二、志中所標條目少數文字過繁，則參考目録所標略事簡省，如卷五宅中“國子祭酒韓洄宅”只標“韓洄宅”，“尚書左僕射令狐楚宅”只標“令狐楚宅”，如此似轉便於檢索。

三、標目相同而實非同一事物者，加括號注明，如卷一管治郡縣有兩個“京兆尹”則分别加注爲“京兆尹（前漢）”、“京兆尹（後漢）”，卷十石刻有兩個“唐三藏聖教序”則分别加注爲“唐三藏聖教序（集王羲之書）”、“唐三藏聖教序（褚遂良書）”。

四、卷十石刻之“唐井府君神道碑”，明鈔本作“開府君”，目録作“并府君”，未知孰是，則分列爲三個條目編入索引。

五、本索引按慣例先列條目，條目下標出卷次、頁碼，如立政坊，
2/43
表示“立政坊”見於本書卷 2 第 43 頁；炭谷
6/182
184
8/267
，表示“炭谷”見於本書卷 6 第 182 頁及 184 頁、卷 8 第 267 頁。

六、本索引按四角號碼編排，並附有筆畫檢字與四角號碼對照表。

0010_8 立

18立政坊
2/43

0020_1 亭

17亭子泉
6/189

0021_1 鹿

44鹿苑原
7/208
83鹿館
3/94

0022_7 市

80市谷水
6/176

高

07高望川
6/181
高望渠
6/195
高望堆
7/222
10高靈館
3/94
26高泉宫
2/48
37高祖獻陵
8/249
46高觀潭
9/298
高觀谷水
6/176
67高明殿
2/55
74高陵(唐)
1/18
高陵(晉)
1/17
高陵(後漢)
1/16
高陵(宋)
1/18
高陵(隋)
1/18
高陵(金)
1/20
高陵(前漢)
1/15
高陵故城
7/228
高陵縣
1/33
高陵鎮
7/213
76高陽原
7/206
77高門殿
2/54

商

00商
1/16
32商州
1/23
商州泰寧軍防禦使
1/20
46商妲己墓
8/255

0023_7 庚

48庚敬休宅
4/115

廉

46廉相泉園
9/284

0024_0 府

72府縣官
1/13

0024_2 底

26底保谷
6/184

0024_7 慶

22慶山
6/165
8/261
40慶壽寺
5/140
80慶善宫
2/67

廢

72廢丘
7/233

0025_6 庫

80庫谷
6/183
庫谷水
6/178
庫谷澗水
6/173

0026_1 磨

17磨刀劍
8/258

0026₇ 唐

8/271
40六爻
8/271
53六輔渠
6/196
77六門堰
7/223

00804 交

38交道亭市
4/127
77交門市
4/127

00906 京

32京兆府(唐)
1/18
京兆府(宋)
1/18
京兆府小學規
10/318
京兆尹
1/9
京兆尹(後漢)
1/16
京兆尹(前漢)
1/15
京兆郡(晉)
1/16
京兆郡(隋)
1/18
43京城外郭
2/42
47京都
1/7

01211 龍

21龍行成山
8/263
26龍泉
6/186
龍泉寺
51/142
9/282
龍泉陂
6/198
32龍淵廟
5/159
42龍橋
7/203
44龍華尼寺
5/144
67龍躍宮
2/67
76龍驟谷水
6/175
77龍尾道
7/236
龍門堰
7/223
龍興觀
5/154
龍興殿
2/55
80龍首鄉(咸寧)
1/27
龍首鄉(咸陽)
1/29
龍首渠
6/190
龍首池
3/87
龍首堰
9/291
龍首坡
7/220
龍首原
7/209
90龍堂
9/276
龍光渡
7/204

01286 顏

21顏師古宅
4/117
顏師古墓
8/252
顏氏家廟碑
10/304

02921 新

10新平郡
1/17
22新豐
7/233
新豐(晉)
1/17
新豐(後漢)
1/16
新豐(隋)
1/18
新豐(前漢)
1/15

新豐故城
7/227
新豐原
7/208
30新寧坊
2/43
60新昌坊
2/43
新昌觀
5/153

0364_0 試

30試官石
7/239

0410_4 塾

00塾
2/71

0428_1 麒

09麒麟殿(唐)
2/64
麒麟殿(前漢)
2/53
麒麟閣
3/95

0460_0 謝

17謝聚
7/215

0468_6 讀

50讀書堂
4/107

0512_7 靖

30靖安坊
2/43
44靖恭太子陵
8/242
靖恭坊
2/43

0691_0 親

21親仁坊
2/43

0710_4 望

00望京樓
3/99
9/294
22望仙澤
6/198
望仙臺
3/93
望仙橋
7/203
27望鵠臺
3/92
50望夷宮
2/47
望春宮
2/69
望春樓
3/98
77望賢宮
2/67

0712_0 翊

00翊唐觀
5/154
80翊善坊
2/43

0722_7 鄘

00鄘
1/15

0742_7 郊

80郊谷
6/182
郊谷水
6/174

郭

10郭元振宅
4/113
17郭子儀宅
4/114
30郭渡
7/205

鶉

22鶉觚
1/17

0766_8 諮

08諮議堂
4/106

0821_4 旌

21旌儒廟
5/160
旌儒鄉
1/29

0844_0 敦

80敦義坊
2/44

1010_0 二

40二十四獄
8/272

1010_1 三

00三交驛
7/219

10三石山
6/169
20三爵觀
3/101
22三川
8/270
26三白渠
6/195
三皇廟
5/160
三泉山
6/171
27三像寺
5/142
三像院
9/283
37三洞女冠觀
5/156
三軍
8/270
40三十六苑
3/79
47三朝
8/269
50三秦
8/269
53三輔
8/269
64三時原
7/207
71三原(唐)
1/18
三原(元)
1/24
三原(宋)
1/19
三原(隋)
1/18
80三會寺
5/143
83三館
8/270
90三小川
8/270

正

13正武殿
2/58

1010_3 玉

21玉虚觀
5/151
22玉山鄉
1/32
27玉漿
7/237
玉魚
8/261
玉峰軒
9/282
30玉案行雲
9/298
35玉清宫
5/151
玉清殿
2/64
40玉女山
6/170
玉女泉
6/186
玉女殿
9/293
玉真女冠觀
5/156
44玉芝觀
5/154
玉華宫
2/68
80玉鏡山
6/171
90玉堂
4/105
玉堂殿
2/55

1010_4 王

00王商第
4/129
17王承業宅
4/111
王君臭墓
8/252
21王仁皎宅
4/115
王順山
6/167
27王侯堡
7/215
31王涯宅
4/115
47王根第
4/129

7/204
44北地郡
1/17
北榭
3/93
77北闕
7/230
88北第
4/129
97北焕里
4/128

1112_7 翡

17翡翠坡
7/221

1113_6 蜚

00蜚廉銅馬
8/259

1121_1 麗

10麗正殿
2/62

1123_2 張

08張説宅
4/112
張説題玄宗御書記
10/313
12張延師宅
4/116
26張堡城
7/228
30張良墓
8/253
40張九齡宅
4/117
張嘉貞宅
4/111
44張茂昭宅
4/110
張孝忠宅
4/110
張茹渡
7/205
80張金紫宅
4/119

1173_2 裴

00裴度宅
4/112
21裴行儉宅
4/115
38裴遵慶宅
4/117

1180_1 冀

77冀闕
7/230

1212_7 瑞

30瑞寧鄉
1/32

1217_2 瑶

90瑶光樓
3/99
9/294

1223_0 弘

00弘文殿
2/60

1224_7 發

43發越殿
2/55

1240_1 延

00延康坊
2/44
31延福坊
2/44
38延祚坊
2/44
延祥觀
5/152
40延喜樓
3/100
延壽坊
2/44
44延英殿
2/64
80延年殿
2/55

1241_0 孔

17孔子廟堂碑
10/304

1241_3 飛

00飛廉觀
3/101
10飛雲樓
3/99
飛雲堂
4/107
飛霜殿
9/293
17飛羽殿
2/55
27飛魚
8/264

87飛翔殿
2/55

1249_3 孫

30孫渡
7/205
60孫思邈宅
4/119

1266_9 磻

32磻溪
9/299

1314_0 武

00武亭水
6/175
武帝廟
5/157
武康鄉
1/35
武底倉
8/267
武庫
2/71
10武三思宅
4/118
14武功(唐)
1/18
武功(元)
1/24
武功(晉)
1/17
武功(後漢)
1/16
武功(宋)
1/18
武功(隋)
1/18
武功(前漢)
1/16
27武將山
6/167
30武安君廟
5/159
武宗端陵
8/250
武宗母宣懿韋太后福陵
8/242
43武城
1/15
77武學城
7/226

1412_7 功

24功德院
9/293
71功臣閣
3/96

1413_1 聽

08聽訟觀
3/102

1414_7 玻

17玻瓈碑
9/296

1419_0 琳

34琳池
3/83

1540_0 建

00建章宮
2/49
建章館
3/94
76建陽里
4/128

1561_8 醴

26醴泉
6/186
醴泉(唐)
1/18
醴泉(元)
1/24
醴泉(宋)
1/18
醴泉(隋)
1/18
醴泉坊
2/44
醴泉驛
7/218
醴泉鎮
7/212

1610_4 聖

40聖力渡
7/205
聖女泉
6/190

1611_0 現

16現聖侯廟
5/158

1623_6 强

47强弩谷
6/184

17107 盂

00盂店鎮
7/214
30盂渡
7/205
盂家堆
7/222

1721_4 翟

38翟道
1/15

1722_7 鄠

00鄠(唐)
1/18
鄠(晉)
1/17
鄠(後漢)
1/16
鄠(宋)
1/18
鄠(隋)
1/18
鄠(金)
1/20
鄠(前漢)
1/15
62鄠縣
1/30
鄠縣故城
7/227
鄠縣驛
7/217

邴

40邴吉墓
8/252

務

50務本坊
2/43

1723_2 承

10承天皇帝順陵
8/245
20承香殿
2/60
60承恩殿
2/62
67承明殿
2/54
76承陽山
6/167
承陽山兩水谷
6/183

豫

00豫章觀
3/101

1733_2 忍

30忍寒暑
8/258

1734_1 尋

40尋真臺
3/90

1740_7 子

80子午關
7/210
子午谷
9/290

1740_8 翠

28翠微宮
2/68
9/287
翠微寺
5/143
44翠華殿
2/61

1750_1 羣

77羣賢坊
2/44

1760_2 習

22習仙臺
7/235

1762_0 司

10司天臺
3/93
50司中司命壇
3/75
71司馬冢
8/266
88司竹監
7/233

1812_2 珍

44珍藏鄉
1/31

1918_0 耿

30耿渡
7/205
37耿祠鄉
1/30
80耿谷水
6/176

2010_4 重

10重雲禪寺

5/143
重雲寺
9/288
22重山
6/169
重崖山
6/168
26重泉(晉)
1/17
重泉(後漢)
1/16
重泉(前漢)
1/15
重泉故城
7/229
67重明閣
3/96
9/294
76重陽宫
5/150
重陽閣
3/96

垂

54垂拱前殿
2/61

2033_1 焦

24焦穫澤
6/198

2040_0 千

29千秋殿
2/60
80千人聚
7/214

2040_7 雙

26雙皂角
9/295
44雙桂堂
4/108

2041_4 雞

11雞頭山
6/165
17雞子堡
7/215

2060_9 香

25香積渠
6/196
香積寺
5/141
30香室街
4/126
43香城寺
5/140
66香嚴禪院
5/140

2073_1 嶕

24嶕嶢闕
7/231

2090_4 采

44采芹堂
4/107

集

10集靈臺
9/294
集靈觀
3/102

2108_6 順

30順宗豐陵
8/249
74順陵
8/245

2110_0 上

13上武亭川西原
7/207
上武亭川東原
7/207
30上宜
1/18
35上清太平宫
2/68
上津
1/23
37上洛(元)
1/23
上洛(後漢)
1/16
44上蘭觀
3/101
上林苑
3/77
71上原鄉
1/33

2120_1 步

40步壽宫
2/53

2121_0 仁

10仁王院
5/141
80仁義鄉
1/33

2121₂ 僊

00僊方

8/262

38僊遊宫

2/66

42僊桃園

4/123

80僊人觀

3/100

2121₄ 偃

77偃月堂

4/106

2121₇ 盧

18盧珍鄉

1/32

90盧懷慎宅

4/118

虎

27虎侯山

6/166

60虎圈

7/236

2122₀ 何

27何將軍山林

9/274

2122₁ 行

40行在

2/70

2124₆ 便

77便門觀

3/101

2128₆ 頻

22頻山

6/171

76頻陽(晉)

1/17

頻陽(後漢)

1/16

頻陽(前漢)

1/15

傾

80傾谷

6/182

傾谷水

6/178

2131₇ 虢

00虢

1/16

60虢國夫人楊氏宅

4/118

2150₆ 衛

50衛青墓

8/254

2160₀ 鹵

88鹵簿

2/70

2160₁ 衙

80衙(後漢)

1/16

衙(前漢)

1/15

2180₆ 貞

32貞州太守

1/20

2190₃ 紫

10紫雲樓

3/98

紫雲閣

3/96

28紫微殿

2/61

30紫宸殿

2/63

41紫極殿

2/58

76紫陽閣

3/97

77紫閣

3/96

紫閣山

9/288

紫閣丹青

9/297

2210₈ 豐

22豐山

6/168

豐山驛

7/219

豐樂坊

2/44

24豐德寺

9/288

30豐安坊

2/44

37豐潤陂

6/197

60豐邑鄉

1/28

豐邑坊

27朱鳥殿
2/55
朱鳥堂
4/105
31朱泚宅
4/116
90朱雀殿
2/55

2598$_6$ 積

00積慶殿
2/66
10積憂
8/258

2600$_0$ 白

00白鹿鄉(藍田)
1/32
白鹿鄉(咸寧)
7/27
白鹿觀(唐)
5/148
白鹿觀(漢)
3/101
白鹿故城
7/227
白鹿原
7/205
白帝夕月二壇
3/74
01白龍泉
6/189
10白雨亭
4/122
12白水
6/175
白水(元)
1/22
白水谷
6/183
21白虎闕
7/231
白虎閣
3/95
白虎殿
2/55
白鹵泄渠
6/194
25白牛谷水
6/177
31白渠
6/193
47白起寨
7/216
白鶴館
3/94
71白馬山
6/171
白馬泉
6/189
白馬渠
6/195
白馬谷
6/184
白馬谷水
6/177
72白氏莊
9/280
80白谷水
6/175
90白堂山
6/168

2610$_4$ 皇

17皇子安西王文廟釋奠記
10/322
皇子安西王盛德之碑
10/321
43皇城
2/41

2621$_3$ 鬼

00鬼市
8/263

2623$_2$ 纛

32纛澄泉
6/186

2629$_4$ 保

00保慶寺
5/144
30保安鄉
1/30
40保壽寺
5/134

2641$_3$ 魏

28魏徵宅
4/113
40魏大饗記殘碑
10/303

2690$_0$ 和

10和平坊
2/44

細

47細柳
7/234
細柳觀
3/101
細柳原
7/206

2692_2 穆

30穆宗光陵
8/248

2693_0 總

54總持寺
5/139
87總叙
1/1

2712_7 歸

30歸安鎮
7/213
40歸真觀
3/103
80歸義坊
2/44

鄷

30鄷宫
2/45

2720_0 夕

78夕陰街
4/126

2722_0 豹

44豹林谷水
6/174
77豹尾中
2/70

御

00御衣舞
8/257
30御宿川
6/181
9/286
御宿苑
3/79
36御湯九龍殿
9/293
50御史臺
3/93
御史臺精舍碑
10/307
御史臺精舍碑題名
10/307
55御井
7/237

2722_2 修

18修政坊
2/43
24修德坊
2/43
32修業坊
2/43
40修真鄉
1/33
53修成里
4/128
80修慈尼寺
5/144

2722_7 脩

40脩真坊
2/44

2723_2 衆

00衆鹿觀
3/101
22衆樂堂
4/107
44衆藝臺
3/91

象

46象觀
3/101

很

10很石
7/238

2723_4 侯

47侯柳坡
7/221

2724_7 殷

77殷開山宅
4/117

2725_2 解

26解保寨
7/216

2725_7 伊

94伊慎宅
4/110

2732_7 鴛

22鴛鸞殿
2/55

烏

37烏湼河水
6/181
72烏氏

3/79
宜春北院
2/62
宜春宫
2/53
宜春觀
3/102
80宜善鄉(鄠縣)
1/31
宜善鄉(涇陽)
1/33

3011_3 流

41流杯亭
4/123
流杯園
4/124
80流金鄉
1/35
流金泊
6/199

3011_4 滻

12滻水
6/172

3012_3 濟

00濟度尼寺
5/145

3014_7 淳

24淳化
1/19
淳化坊
2/44

3019_6 涼

77涼風臺
3/90

3020_1 寧

10寧王憲宅
4/116
34寧遠鄉
1/34
44寧甘渡
7/205
77寧民故城
7/228
80寧谷驛
7/219
寧谷鎮
7/214

3021_4 寇

44寇萊公宅
4/119
寇萊公祠
5/161

3021_7 扈

00扈亭鄉
1/31
76扈陽谷水
6/176

3022_7 房

00房玄齡宅
4/110

3023_2 永

10永平坊(萬年)
2/43
永平坊(長安)
2/44
12永延殿
2/55
21永順鄉
1/32
22永豐鄉
1/34
永崇坊
2/43
30永濟渠
6/196
永安宫
2/57
永安渠
6/192
永安坊
2/44
永安陂
6/196
34永達坊
2/44
37永通渠
6/191
40永女泉
6/188
永嘉坊
2/43
永壽(元)
1/24
永壽(宋)
1/19
60永昌坊
2/43
永昌觀
5/152

76永陽坊
2/44
77永興坊
2/43

30234 戾

72戾后園
4/124

30301 進

60進昌坊
2/43

30304 避

40避難堡
7/215

30336 憲

30憲宗景陵
8/248

30401 宇

00宇文陵
8/251

30404 安

10安平公祠
5/161
安西路總管府
1/21
17安君山
6/169
21安仁坊
2/43
安處殿
2/55
22安樂坊
2/44
24安德坊
2/43
27安衆禪院
5/140
30安定郡
1/17
安定坊
2/44
32安業鄉
1/29
安業坊
2/44
37安禄山宅
4/114
40安臺觀
3/102
44安幕坳
7/222
60安邑坊
2/43
72安劉渡
7/204
74安陵(後漢)
1/16
安陵(前漢)
1/16
安陵故城
7/225
77安興坊
2/43
80安義坊
2/43
安善坊(萬年)
2/43
安善坊(長安)
2/44

宴

67宴昵殿
2/55

30604 客

30客户坊
2/43

30606 宫

43宫城
2/59
46宫觀二百七十
2/47

富

10富平(唐)
1/18
富平(元)
1/24
富平(晉)
1/17
富平(宋)
1/19
富平(隋)
1/18

30732 良

27良將谷
6/184

30801 定

60定昆池
3/85

30806 竇

12竇瑗宅
4/118

7/212
3113$_2$ 涿
34涿沐館
3/94
3114$_0$ 汧
00汧(晉)
1/17
汧(後漢)
1/16
汧(前漢)
1/16
3116$_0$ 酒
34酒池
3/83
3126$_6$ 福
00福唐觀
5/153
12福水
6/173
60福昌寶塔院
5/139
3133$_2$ 憑
10憑雲觀
3/102
3211$_2$ 淲
34淲池
3/81
淲池水
6/174
3211$_8$ 澄
00澄玄堂
4/106
12澄水帛
8/263
31澄源閣
3/95
34澄襟院
5/142
9/279
43澄城
1/22
灃
12灃水
6/172
80灃谷水
6/175
3212$_1$ 漸
40漸臺
3/88
3213$_0$ 冰
55冰井
7/237
3215$_7$ 淨
43淨域寺
5/137
3222$_1$ 祈
21祈僊臺
3/91
80祈年宮
2/47
3223$_2$ 蒙
32蒙溪
9/290
3313$_2$ 浪
55浪井
6/200
3316$_0$ 冶
80冶谷河水
6/180
3390$_4$ 梁
22梁山
6/169
梁山宮
2/47
26梁泉
6/188
3411$_2$ 沈
25沈傳師宅
4/109
76沈陽
1/15
池
76池陽(晉)
1/17
池陽(後漢)
1/16
池陽(前漢)
1/15
3413$_1$ 法
10法雲尼寺
5/144
40法壽尼寺
5/144
60法界尼寺
5/144
3413$_2$ 漆
00漆(晉)
1/17
漆(後漢)

5/150
22清川鄉
1/34
26清泉陂
6/198
30清涼殿
2/54
38清道
2/70
47清都觀
5/149
60清思殿
2/64
67清明渠
6/191
清暉室
2/58
77清閣
9/279
97清輝閣
3/96

3516_6 漕

12漕水
6/174
31漕渠
6/192

3520_6 神

20神禾原
7/209
22神仙殿
2/55
26神臯亭
4/121
神臯驛
7/218
67神明臺
3/91
80神谷
9/291

3530_0 連

16連理木
9/295

3530_8 遺

48遺教經
10/305

3611_7 温

26温泉(武功)
6/190
温泉(臨潼)
6/186
温泉水
6/175
温泉驛
7/217
30温室
2/56

3612_7 渭

12渭水
6/172
渭水渡七
7/205
40渭南(唐)
1/18
渭南(元)
1/22
渭南(宋)
1/19
渭南(隋)
1/18
渭南故城
7/228
渭南驛
7/218
渭南鎮
7/213
42渭橋渡
7/204
渭橋鎮(高陵)
7/213
渭橋鎮(咸寧)
7/212
43渭城
1/15
7/230
渭城朝雨
9/296

濁

80濁谷河水
6/180

3614_1 澤

27澤多泉水
6/180

3630_2 遇

21遇僊宫
5/150

3711_0 沮

12沮水
6/180

3711_1 泥

26泥泉谷
6/183
76泥陽
1/17
泥陽驛
7/219

3711_7 沉
20沉香亭
4/122

3712_0 洵
31洵河水
6/178

湖
00湖
1/15

潤
36潤渭鄉
1/29
60潤國鄉
1/34

澗
80澗谷水
6/180

3712_7 滈
12滈水
6/173
9/273

湧
15湧珠泉
6/189
9/291

鴻
40鴻臺
3/88
77鴻門坂
7/222

3714_7 沒
00沒底泉
6/189
14沒豬泉
6/188

3715_6 渾
13渾瑊墓
8/253

3716_4 洛
12洛水谷
6/184
40洛南
1/23
洛女陂
6/197
80洛谷
6/185

3718_1 凝
16凝碧池
3/84
78凝陰殿
2/60

3724_7 祋
37祋祤
7/232
祋祤(後漢)
1/16
祋祤(前漢)
1/15
祋祤故城
7/229

3730_2 迎
27迎冬驛
7/218
77迎風館
3/93

通
10通靈臺
3/92
通天臺
3/90
25通化坊
2/44
30通濟坊
2/43
44通執坊
2/44
80通義坊
2/44
通善坊
2/43
86通智驛
7/218
90通光殿
2/55

3772_0 朗
34朗池觀
3/101

3772_7 郎
34郎池觀
3/101

3780_6 資
16資聖寺

5/136
資聖院
5/140
48資敬尼寺
5/144
80資善尼寺
5/145

3811₁ 浾

12浾水
6/178

3812₁ 渝

00渝麋
1/16

3812₇ 汾

60汾邑
1/17
76汾陽王家廟
5/159

淪

37淪沮觀
3/102

3813₂ 滋

12滋水驛
7/217

3813₄ 渼

74渼陂
6/197

3813₇ 冷

55冷井殿
2/66

泠

12泠水
6/176

3816₇ 滄

34滄池
3/83

3825₁ 祥

80祥谷水
6/175

3830₉ 遊

01遊龍宮
2/68

3830₆ 道

18道政坊
2/43
24道德坊
2/44
30道安洞
9/283
60道因法師碑
10/305
80道會苑
3/81

3912₀ 沙

31沙河水
6/129
44沙苑
3/81

3912₇ 澇

12澇水
6/173

3930₂ 逍

32逍遥觀
3/103
逍遥園
4/124

4000₀ 十

00十六王宅
4/108
10十一里
8/272
十二廄
8/272
十二門
8/272
37十池
3/83
45十姨廟
8/266

4001₁ 左

26左綿鄉
1/36
31左馮翊(後漢)
1/16
左馮翊(前漢)
1/15
40左右六軍
8/271

4001₇ 九

00九市
4/127
8/272
九府
8/272
22九嵕山
6/167
44九華觀
5/154
53九成宮

74南陵
1/15
南陵故城
7/224
4033_1 赤
12赤水鎮
7/213
80赤谷
6/185
4040_0 女
60女回山
6/171
4040_7 李
40李吉甫宅
4/116
44李村泉
6/185
李林甫宅
4/113
50李夫人墓
8/253
53李輔國宅
4/115
57李抱玉墓
8/255
60李晟宅
4/115
72李氏牡丹園
9/285
90李光顔宅
4/109
4046_5 嘉
38嘉祥觀
5/152
40嘉麥渭水渡
7/204
嘉壽殿
2/61
80嘉會坊
2/44
3嘉猷觀
5/153
4050_6 韋
13韋武宅
4/118
30韋安石宅
4/116
55韋曲
9/274
77韋堅宅
4/110
80韋谷
6/184
韋谷渠
6/194
4060_0 古
42古櫟陽城
7/228
44古華胥氏陵
8/247
80古倉保城
7/228
右
55右扶風(後漢)
1/16
右扶風(前漢)
1/15
4060_9 杏
44杏花平
9/276
60杏園
4/125
杏園錫宴
9/297
4062_1 奇
44奇華殿
2/54
4064_1 壽
30壽安殿
2/55
53壽成殿
2/55
4071_0 七
16七聖殿
9/293
27七盤山
6/166
46七架亭
4/121
4080_1 走
71走馬觀
3/101
真
13真武廟
5/160
77真興亭
4/121
4090_0 木
77木屐堆

7/222

4090₈ 來

00來庭坊
2/43
30來賓館
3/94

4091₆ 檀

80檀谷水
6/176

4092₇ 柿

44柿林
1/26

4094₁ 梓

44梓樹
8/256

4111₄ 堰

13偃武渠
6/195

4122₇ 獅

17獅子圈
7/236

4191₆ 桓

80桓公堆
7/222

4192₇ 樗

60樗里子墓
8/253

4194₆ 梗

40梗梓谷水
6/174

4194₇ 板

42板橋泉
6/186

4198₆ 槙

32槙州
1/26

4220₀ 蒯

43蒯城
1/17

4223₀ 瓠

60瓠口
7/234

4240₀ 荆

22荆山
6/170
42荆姚鎮
7/213
51荆軻冢
8/251
80荆谷
6/182
荆谷水
6/173
177

4241₃ 姚

26姚堡城
7/228

4291₃ 桃

44桃林塞
7/211

4292₇ 橋

30橋渡
7/205

4299₄ 櫟

76櫟陽(唐)
1/18
櫟陽(宋)
1/18
櫟陽(金)
1/21
櫟陽(前漢)
1/15
櫟陽縣
1/34
櫟陽鎮
7/213

4304₂ 博

07博望苑
3/79
博望觀
3/101

4315₀ 城

76城陽宫
2/48

4323₂ 狼

60狼圈
7/236

4346₀ 始

10始平(晉)
1/17
始平(隋)
1/18
始平郡
1/17
始平原
7/206

4395₀ 棫

76棫陽宫
2/47

4410_4 董

77董賢觀
3/102
董賢第
4/129

4410_7 藍

40藍橋驛
7/218
60藍田(唐)
1/18
藍田(晉)
1/17
藍田(後漢)
1/16
藍田(宋)
1/18
藍田(隋)
1/18
藍田(金)
1/20
藍田(前漢)
1/15
藍田山
6/166
藍田故城
7/227
藍田縣
1/31
藍田驛
7/217
藍田關
7/210
80藍谷
6/183
藍谷水
6/178

4411_2 范

80范公五居
9/278

4411_7 藴

12藴水
6/178

4412_7 蒲

43蒲城
7/229
蒲城(元)
1/22
蒲城(宋)
1/19
蒲城鎮
7/213

勤

18勤政務本樓
3/98

4412_9 莎

43莎城鎮
7/212

4414_2 薄

40薄太后陵
8/241
薄臺川
6/182
74薄陵鄉
1/27

4414_7 坡

11坡頭亭
4/121

4416_4 落

60落星石
7/239

4419_4 藻

88藻簾
8/257

4420_2 蓼

17蓼子澗
6/178

4420_7 考

22考山
6/168

夢

80夢谷山
6/167

4421_2 苑

10苑西鄉
1/28
50苑東鄉
1/27

4421_4 藋

10藋平驛
7/218

花

44花蕚相輝樓
3/98

莊

98莊恪太子莊恪陵
8/247

4422_1 猗

44猗蘭殿
2/55

4422_2 茅

47茅狗
8/260

4422_7 芳

22芳山
6/167

44芳林園
4/124

葡

44葡萄園
4/125

繭

83繭館
3/94

蕭

07蕭望之墓
8/252

21蕭何第
4/128

43蕭城
7/225

46蕭相國廟
5/159

蘭

34蘭池宫
2/48

蘭池觀
3/101

蘭池陂
6/197

40蘭臺
3/90

44蘭林殿
2/55

74蘭陵坊
2/43

4425_3 茂

74茂陵(後漢)
1/16

茂陵(前漢)
1/16

茂陵故城
7/226

4430_4 蓮

27蓮勺
7/234

蓮勺(晉)
1/17

蓮勺(後漢)
1/16

蓮勺(前漢)
1/15

44蓮花洞
9/283

蓬

44蓬萊殿
2/63

4430_7 芝

44芝蘭谷
9/296

4433_1 燕

17燕子冢
8/251

24燕升觀
3/101

4433_3 蕙

44蕙草殿
2/55

4433_6 煮

78煮鹽澤
6/198

4433_8 恭

00恭哀太子陵
8/247

47恭懿太子陵
8/242

4439_4 蘇

13蘇武墓
8/254

60蘇勗宅
4/110

4440_6 草

46草場坡
7/220

90草堂
9/287

草堂禪寺
5/143

4440_7 孝

21孝經臺
10/304

43孝城驛
7/219

60孝里市
4/127

4442_7 萬

21萬歲宫
2/53

萬歲殿

2/55
24萬斛山
6/171
30萬户堆
7/223
萬安渡
7/205
萬安觀
5/153
50萬春公主宅
4/109
80萬全宫
2/68
萬金鄉
1/35
萬年(唐)
1/18
萬年(晉)
1/17
萬年(後漢)
1/16
萬年(宋)
1/18
萬年(隋)
1/18
萬年(前漢)
1/15
萬善尼寺
5/145

4442_7 荔

44荔枝園
9/295

4443_0 樊

22樊川
6/181
9/273
樊川晚浦
9/296
68樊噲城
7/226

4443_0 莫

80莫谷水
6/175
179

4445_6 韓

12韓水
6/179
20韓信冢
8/265
韓信墓
8/255
36韓洄宅
4/109
43韓城
1/26
44韓莊
9/275
80韓愈宅
4/113
韓谷
6/184
韓公堆驛
7/218

4450_4 華

10華元觀
3/101
22華山
6/163
32華州(元)
1/22
華州(宋)
1/19
華州金安軍節度使
1/20
35華清宫
2/67
9/292
44華封觀
5/150
華林鄉
1/28
66華嚴寺
5/142
9/277
71華原(唐)
1/18
華原(元)
1/24
華原(宋)
1/19
華原(隋)
1/18
76華陽街
4/126
78華陰(元)
1/22
華陰(隋)
1/18
華陰(前漢)

1/15

4453_0 芙

44芙蓉苑
3/81
芙蓉園
4/125

4460_1 菩

56菩提寺
5/139

4460_7 蒼

01蒼龍闕
7/230

4471_0 芒

12芒水
6/179

4471_1 老

17老子説經臺
3/88
老君殿
9/293
77老母殿
9/295

4471_6 茝

44茝若殿
2/55

4472_7 劫

40劫灰
8/258

4474_1 薛

10薛王業宅
4/116
28薛繪宅
4/116
37薛禄鎮
7/214

4477_0 甘

10甘露尼寺
5/144
甘露殿
2/60
12甘水
6/173
26甘泉
6/188
甘泉山
6/171
甘泉宮(前漢)
2/51
甘泉宮(隋)
2/66
甘泉苑
3/78
甘泉林光宮
2/46
甘泉鎮
7/212
80甘谷
6/183
甘谷水
6/176

4480_1 楚

10楚王邸
4/128
60楚國寺
5/136

4480_6 黄

00黄帝赤帝二壇
3/74
26黄堡鎮
7/214
31黄渠
6/191
41黄櫨堡
7/215
47黄狗谷
6/184
55黄棘里
4/128
80黄金堆
7/223
黄谷
6/184

蕢

22蕢山
6/166

萯

76萯陽鄉
1/31
萯陽宮
2/47

4490_0 樹

17樹子山
6/169

4490_1 禁

44禁苑
3/79
50禁中
2/70

4490_4 藁

21藁街
4/126

4491_0 杜

24杜化驛
7/218
杜化谷水
6/179
杜佑宅
4/110
27杜郵
7/219
杜郵亭
4/120
杜角鎮
7/212
30杜家灣
9/277
37杜鴻漸宅
4/112
杜祁公廟
5/159
53杜甫漫興九首
10/319
55杜曲
9/281
74杜陵(晉)
1/17
杜陵(後漢)
1/16
杜陵(前漢)
1/15
杜陵故城
7/224
76杜陽(後漢)
1/16
杜陽(前漢)
1/16
90杜光寺
5/141

4491_4 桂

26桂泉
6/188
30桂宮
2/50
83桂館
3/94

4498_6 横

31横灞店渡
7/204

4499_0 林

77林關驛
7/219

4594_4 樓

46樓觀宗聖宮
5/148

4621_0 觀

24觀德殿
2/60
77觀風樓
3/99
9/294

4680_6 賀

44賀若婦冢
8/252

4690_0 柏

37柏梁臺
3/89
48柏榆泉
6/189

4691_3 槐

60槐里(晉)
1/17
槐里(前漢)
1/15
槐里故城
7/226
槐里驛
7/217

4692_7 楊

08楊於陵宅
4/117
16楊瑒先廟碑陰記
10/309
60楊國忠宅
4/113

4694_4 櫻

42櫻桃園
4/125
櫻桃驛
7/219

4711_2 垝

22垝山
6/169

4711_7 坑

80坑谷水
6/174

4713_4 堠

17堠子鎮
7/213

4713₈ 懿

30懿宗母元昭晁太后慶陵
8/242
懿宗簡陵
8/249

4722₀ 狗

46狗枷東川水
6/177

4722₇ 郁

50郁夷
1/15

鶴

34鶴池
3/87

4742₀ 朝

10朝元觀
5/152
朝元閣
3/97
9/294
17朝那
1/17
60朝邑
1/22
90朝堂
4/106

4744₇ 好

64好畤
7/233
好畤(唐)
1/18
好畤(元)
1/24
好畤(宋)
1/19
好畤(前漢)
1/16

報

15報珠
8/258
16報聖寺
5/135

4762₀ 胡

43胡城
7/229
胡城坡
7/221
46胡相別墅
9/283
62胡縣城
7/228

4762₇ 都

21都盧
1/17

4792₀ 柳

00柳市
4/127
40柳塘
9/299
60柳園亭
4/121
80柳公綽宅
4/117

栒

60栒邑(後漢)
1/16
栒邑(前漢)
1/15

桐

31桐汗
8/263

4792₂ 樛

40樛木觀
3/101

4793₂ 橼

01橼化龍鳳
8/259

4794₀ 椒

00椒唐觀
3/101
30椒房殿
2/54

4810₇ 盩

71盩厔(唐)
1/18
盩厔(元)
1/25
盩厔(宋)
1/19
盩厔(隋)
1/18
盩厔(前漢)
1/15
盩厔驛
7/219

4841₇ 乾

10乾元觀
5/148

77折風闕
7/231
5204_7 授
10授五行洪範
8/259
撥
22撥川王墓
8/255
5209_4 採
80採谷
6/183
採谷水
6/173
178
5211_6 蠟
96蠟燭自焰
8/268
5216_9 蟠
01蟠龍石
8/264
蟠龍神原
7/208
5225_7 静
34静法寺
5/138
80静善坊
2/43
5302_7 輔
77輔興坊
2/44
5304_4 按
17按歌臺
3/93
9/295
5320_0 成
00成帝廟
5/157
成帝延陵
8/244
24成德堂
4/107
60成國渠
6/192
戚
60戚里
4/128
咸
30咸宜女冠觀
5/155
咸宜觀
5/153
咸宜公主宅
4/113
咸寧(金)
1/20
咸寧縣
1/26
76咸陽(唐)
1/18
咸陽(宋)
1/18
咸陽(秦)
2/38
咸陽(金)
1/20
咸陽故城
7/225
咸陽縣
1/28
咸陽原
7/206
5404_7 披
20披香殿
2/55
5500_0 井
48井幹樓
3/97
5503_0 扶
44扶荔宫
2/52
77扶風郡
1/17
5515_3 蚌
58蚌蛤堆
7/222
5550_6 輦
38輦道
9/296
5560_0 曲
27曲郵
7/219
曲郵亭
4/121
31曲江池
3/86
曲江春早
9/296
曲河水
6/179

6/200

6603_2 曝

00曝衣閣

3/95

6624_8 嚴

26嚴堡城

7/228

6643_0 哭

26哭泉

6/189

8/257

6702_0 明

00明市堡

7/215

12明水園

4/124

15明珠殿

9/293

31明渠

6/192

77明月山

6/171

90明堂(周)

4/105

明堂(前秦)

4/106

明光宮

2/53

明光觀

3/101

明光殿

2/57

6702_7 鳴

24鳴犢泉

6/186

190

鳴犢鎮

7/212

9/291

6706_2 昭

00昭帝廟

5/157

昭帝平陵

8/244

昭應

1/18

昭宗母恭憲王太后安陵

8/242

05昭靖太子陵

8/242

10昭靈館

3/94

21昭行坊

2/44

53昭成觀

5/153

60昭國坊

2/43

6712_2 野

11野韭澤

6/198

6716_4 路

74路隋宅

4/112

7121_4 雁

44雁塔題名

9/297

雁塔影

8/268

67雁鶩陂

6/197

陛

10陛下

2/70

7122_0 阿

30阿房宮

2/46

43阿城

7/225

7131_1 驪

22驪山

6/164

53驪戎故城

7/227

7132_7 馬

19馬璘宅

4/111

22馬嵬

7/235

馬嵬泉

6/186

馬嵬故城

7/226

馬嵬驛

7/217

26馬伯騫樓

3/97

馬總宅

4/109
28馬牧澤
6/198
30馬家山
6/169
37馬冢
8/252
47馬欄山
6/171
67馬跑泉
6/185
90馬懷素宅
4/110

7171_1 匪

97匪懈堂
4/107

7173_2 長

00長慶殿
2/66
10長平坂
7/221
20長信宫(秦)
2/47
長信宫(前漢)
2/52
22長樂亭
4/122
長樂宫(秦)
2/47
長樂宫(前漢)
2/48
長樂宫鬼
8/261
長樂坊
2/43
長樂坡
7/220
長樂樓
3/100
長樂驛
7/217
25長生觀
5/155
長生殿
2/65
9/293
30長安(唐)
1/18
長安(晋)
1/17
長安(後漢)
1/16
長安(宋)
1/18
長安(隋)
1/18
長安(金)
1/20
長安(前漢)
1/15
長安城
2/39
長安縣
1/27
長安殿
2/64
36長澤渠
6/195
40長壽坊
2/44
46長楊宫
2/52
長楊榭
3/91
50長春宫
2/67
74長陵(後漢)
1/16
長陵(前漢)
1/15
長陵山
6/167
長陵故城
7/225
77長門宫
2/52
長興坊
2/43
80長年殿
2/55

7178_6 頣

40頣真堂
4/107

7210_0 劉

12劉延景宅
4/109
34劉洪渡
7/205
80劉谷水

6/177

7370₀ 卧

01卧龍寺
5/140

7422₇ 隋

00隋文帝泰陵
8/251
40隋大興城
7/224
隋真寂寺碑
10/315
43隋城制度精密
2/40
46隋智永禪師真草千字文
10/314

7423₈ 陝

10陝西東路京兆都總管府
1/20

7529₆ 陳

80陳倉(晉)
1/17
陳倉(後漢)
1/16
陳倉(前漢)
1/15

7622₇ 陽

31陽渠
6/196
37陽禄觀
3/100
60陽甲城
8/266
74陽陵(後漢)
1/16
陽陵(前漢)
1/15
陽陵故城
7/225

7712₁ 鬬

20鬬雞臺
3/91
鬬雞殿
9/294

7721₀ 風

12風孔山
6/169
26風伯雨師壇
3/74
28風俗
1/5
30風涼原
7/207
72風后祠
5/161

鳳

26鳳皇原
7/207
鳳皇殿
2/55
45鳳棲原
7/208
77鳳闕
7/231
87鳳翔府
1/19

7722₀ 月

44月坡
4/121

同

22同樂鄉
1/28
30同官(唐)
1/18
同官(元)
1/24
同官(宋)
1/19
同官(隋)
1/18
同官川水
6/180
32同州
1/21
同州定國軍節度使
1/20
60同昌公主宅
4/118
80同谷
6/182

周

00周康王廟
5/156
周文王廟
5/156
周文王陵
8/242
10周玉山城

7/211

77777 閻

00閻立本宅

4/118

77801 興

00興慶夜月

9/297

興慶池

3/84

興慶殿

2/65

興唐觀

5/147

10興平(唐)

1/18

興平(宋)

1/18

興平(金)

1/20

興平縣

1/30

16興聖尼寺

5/145

24興化坊

2/44

30興寧坊

2/43

31興福寺

5/135

38興道坊

2/43

48興教寺

5/142

9/282

53興成渠

6/192

78107 鹽

34鹽池澤

6/199

78221 隃

00隃麋

1/15

78231 陰

24陰德觀

3/101

27陰盤城

7/230

陰盤城河水

6/176

陰般

1/17

30陰密

1/17

78766 臨

10臨晉(晉)

1/17

臨晉(後漢)

1/16

臨晉(前漢)

1/15

22臨山觀

3/102

26臨皐驛

7/217

30臨潼(宋)

1/18

臨潼(金)

1/20

臨潼縣

1/29

31臨涇

1/17

臨涇渡

7/205

臨涇鎮

7/213

44臨華殿

2/54

79227 勝

32勝業坊

2/43

80000 八

07八部澤

6/198

10八百里秦川

8/271

12八水

8/271

21八街九陌

4/126

8/271

80八公堆

7/223

80107 益

22益樂觀

3/101

80109 金

00金府學創建題名記

10/321

金京兆府重修府學記
10/321
金京兆泮宮登科記
10/321
10金粟山
6/168
171
20金重修府學碑
10/321
22金鑾坡
7/220
金鑾殿
2/64
金仙女冠觀
5/155
金山
6/166
金山順澤侯廟
5/160
26金泉
6/189
27金龜
2/72
金修府學教養碑
10/321
39金沙洞
9/295
43金城坊
2/44
44金華殿
2/54
47金朝列大夫武騎尉賜紫金魚袋文儒武君墓碑
10/323
71金馬門
2/71
72金剛經碑（武敏之書）
10/305
金剛經碑(柳公權書)
10/305
80金谷水
6/177
83金錢會
2/72
93金熾山
6/168
97金耀州美原縣趙隱振貧碑
10/321

8012_7 鎬

00鎬京
2/37
12鎬水
6/172
34鎬池
3/82

8022_0 介

17介子推廟
5/159

8022_7 分

67分野
1/4

8025_1 舞

71舞馬
8/262
舞馬臺
9/295

8030_7 令

42令狐楚宅
4/109

8033_1 無

99無勞山
6/167

8033_3 慈

60慈恩雁塔唐賢題名十卷
10/319

8040_4 姜

26姜泉
6/188
姜保
9/281

8043_0 美

71美原(唐)
1/18
美原(元)
1/24
美原(宋)
1/19
76美陽(晉)
1/17
美陽(後漢)
1/16
美陽(前漢)
1/15

8050_1 羊

60羊蹄原

7/208
80羊谷
6/182
8055_3 義
30義寧坊
2/44
義安殿
2/66
76義陽鄉
1/28
義陽公主宅
4/118
80義谷
6/182
義谷水
6/174
義谷鎮
7/212
99義榮先生祠
5/162
8060_1 合
47合歡殿
2/55
合歡堂
4/106
首
22首山宮
2/53
酋
12酋水
6/178
42酋橋
7/203
普
30普濟渠
6/193
普寧坊
2/44
8060_5 善
18善政鄉
1/28
善政坊
2/43
26善和坊
2/44
8060_6 會
00會慶亭
4/122
22會仙鄉
1/33
24會德鄉
1/29
30會寧殿
2/65
8060_7 含
00含章殿
2/55
10含元殿
2/63
50含春亭
4/121
倉
01倉龍觀
3/102
41倉頡造書臺
3/87
80倉谷
6/184
8060_8 谷
60谷口
7/234
谷口(前漢)
1/15
8071_7 乞
11乞巧樓
3/98
8128_6 頒
18頒政坊
2/44
8141_7 矩
78矩陰原
7/206
8456_0 粘
82粘羝坡
7/221
8490_0 斜
12斜水
6/175
76斜陽樓
3/99
9/295
8612_7 錫
80錫谷
6/182
8652_7 羯
44羯鼓樓
3/98
9/295
8712_0 鉤

2/43
光宅寺
5/137
31光福坊
2/43
40光大殿
2/62
50光泰門渡
7/204

9022_7 尚

10尚可堡
7/215
37尚冠里
4/128

常

10常平堰
7/223
22常樂坊
2/43
常樂鎮
7/214
26常和坊
2/43
30常寧殿
2/55
常安坊
2/44

9043_0 尖

27尖角里
8/267
72尖丘
7/209

9060_2 省

50省中
2/70

9101_6 恒

32恒州
1/24
恒州太守
1/20

9400_0 忖

77忖留神
8/256

9680_0 烟

71烟脂坡
7/220

9721_4 耀

32耀州(元)
1/23
耀州(宋)
1/19
耀州感德軍太守
1/20

9785_4 烽

90烽火樓
9/295

筆畫檢字與四角號碼對照表

本檢字表爲便利習慣於使用筆畫順序檢字者查檢本索引之用。凡索引中的第一字，依筆畫順序排列，同筆畫的，再依點起、橫起、直起、撇起排列，每字後注明四角號碼，讀者可憑此以檢索引字頭。

二畫

橫起

二 1010_0
十 4000_0
九 4001_7
七 4071_0

撇起

八 8000_0

三畫

橫起

三 1010_1
下 1023_0
于 1040_0
子 1740_7
大 4003_0
土 4010_0
丈 5000_0
尸 7727_0

直起

上 2110_0
山 2277_0
小 9000_0

撇起

千 2040_0
夕 2720_0
女 4040_0
乞 8071_7

四畫

點起

文 0040_0
六 0080_0

橫起

王 1010_4
五 1010_7
元 1021_1
天 1043_0
不 1090_0
孔 1241_0
太 4003_0
木 4090_0
井 5500_0
巴 7771_7

直起

内 4022_7
中 5000_6
日 6010_0
少 9020_0

撇起

仁 2121_0
牛 2500_0
月 7722_0
丹 7744_0
介 8022_0
分 8022_7

五畫

點起

立 0010_8
市 0022_7
玄 0073_2
永 3023_2

橫起

正 1010_1
玉 1010_3
平 1040_9
石 1060_0
弘 1223_0
功 1412_7
司 1762_0
左 4001_1
布 4022_7
古 4060_0
右 4060_0
未 5090_0

直起

北 1111_0
甘 4477_0
史 5000_6
四 6021_0
田 6040_0
甲 6050_0

撇起

仙 2227_0
代 2324_0
白 2600_0
令 8030_7

六畫

點起

交 0080_4
宇 3040_1
安 3040_4
冰 3213_0
池 3411_2
羊 8050_1
光 9021_1
忖 9400_0

橫起

至 1010_4
再 1044_7
西 1060_0
百 1060_0
灰 4008_9
考 4420_7
老 4471_1

直起

曲 5560_0
回 6060_0
吕 6060_0
同 7722_0
尖 9043_0

撇起

行 2122_1
先 2421_1
休 2429_0
朱 2590_0
伊 2725_7
名 2760_0
好 4744_7
合 8060_1
竹 8822_0

七畫

點起

良 3073_3
宋 3090_4
冶 3316_0
沈 3411_2
沉 3711_7
没 3714_7
汾 3812_7
冷 3813_7
沙 3912_0

橫起

豆 1010_8
弄 1044_1
忍 1733_2
坑 4011_7
赤 4033_1
李 4040_7
杏 4060_9
走 4080_1
芝 4430_7
孝 4440_7
芒 4471_0
劫 4472_7
杜 4491_0
坈 4711_7
車 5000_6
折 5202_1
成 5320_0
扶 5503_0
把 5701_7

直起

步 2120_1
岐 2474_7
吳 6043_0

撇起

延 1240_1
何 2122_0
牡 2451_0
佛 2522_7
作 2821_1
含 8060_7
谷 8060_8

八畫

點起

府 0024_0
底 0024_2
京 0090_6
空 3010_1
宜 3010_7
房 3022_7
戾 3023_4
定 3080_1
宗 3090_1
河 3112_0
法 3413_1
波 3414_7
社 3421_0
沮 3711_0
泥 3711_1
泎 3811_1
泠 3813_7

橫起

雨 1022_7
兩 1022_7
函 1077_2
武 1314_0
盂 1710_7
邴 1722_7
承 1723_2
直 4010_7
奇 4062_1
來 4090_8
板 4194_7
坡 4414_7
花 4421_4
芳 4422_7
芙 4453_0
林 4499_0
青 5022_7
奉 5050_3
東 5090_6
披 5404_7
招 5706_2
阿 7122_0
長 7173_2
卧 7370_0
居 7726_4

直起

虎 2121_7
昊 6043_0
昇 6044_0
昌 6060_0
昆 6071_1
果 6090_4
明 6702_0
尚 9022_7

撇起

采 2090_4
和 2690_0
阜 2740_7
迎 3730_2
始 4346_0
狗 4722_0
周 7722_0
金 8010_9

九畫

點起

亭 0020_1
音 0060_1
哀 0073_2
郊 0742_7
宣 3010_6
客 3060_4
宮 3060_6
汧 3114_0
祈 3222_1
洪 3418_1
洵 3712_0
洛 3716_4
祋 3724_7
郎 3772_7
姜 8040_4
美 8043_0
首 8060_1
酋 8060_1
恒 9101_6

橫起

要 1040_4
飛 1241_3
玻 1414_7
建 1540_0
珍 1812_2
奎 4010_4
南 4022_7
韋 4050_6
柿 4092_7
范 4411_2
苑 4421_2
茅 4422_2
茂 4425_3
柏 4690_0
垝 4711_2
郁 4722_7
胡 4762_0
柳 4792_0
故 4864_0
按 5304_4
咸 5320_0

直起

貞 2180_6
炭 2228_9
幽 2277_0
思 6033_3
毗 6101_0
則 6280_0
咽 6600_0
昭 6706_2
省 9060_2

撇起

重 2010_4
垂 2010_4
香 2060_9
便 2124_6
後 2224_7
待 2424_1

皇 2610_4
保 2629_4
修 2722_2
很 2723_2
紀 2791_7
姚 4241_3
風 7721_0
段 7744_7
郤 8762_7

十畫

點起

高 0022_7
庫 0025_6
唐 0026_7
流 3011_3
宴 3040_4
涇 3111_1
酒 3116_0
浪 3313_2
淩 3414_7
神 3520_6
朗 3772_0
益 8010_7
烟 9680_0

橫起

夏 1024_7
晉 1060_1
孫 1249_3
耿 1918_0
真 4080_1
桓 4191_6
荆 4240_0
桃 4291_3
城 4315_0
恭 4433_8
草 4440_6
荔 4442_7
桂 4491_4
栒 4792_0
桐 4792_0
秦 5090_4
振 5103_2
陛 7121_4
馬 7132_7
匪 7171_1
陝 7423_8
展 7724_7

直起

員 6080_6
哭 6643_3

撇起

倒 2220_0
鬼 2621_3
豹 2722_0
脩 2722_7
侯 2723_4
殷 2724_7
烏 2732_7
狼 4323_2
留 7760_2
倉 8060_7
矩 8141_7
笄 8850_7

十一畫

點起

鹿 0021_1
商 0022_7
章 0040_6
望 0710_4
翊 0712_0
郭 0742_7
旌 0821_4
淳 3014_7
涼 3019_6
寇 3021_4
扈 3021_7
涿 3113_2
淨 3215_7
梁 3390_4
被 3424_2
清 3512_7
淪 3812_7
祥 3825_1
粘 8456_0
烽 9785_4

橫起

張 1123_2
現 1611_0
務 1722_7
習 1760_2
連 3530_0
通 3730_2
梓 4094_1
瓠 4223_0
莎 4412_9
莊 4421_4
莫 4443_0
茝 4471_6
都 4762_7
乾 4841_7
教 4844_0
掖 5004_7
授 5204_7
採 5209_4
戚 5320_0
曹 5560_6
陳 7529_6
陶 7722_0
陰 7823_1

直起

鹵 2160_1
紫 2190_3
崔 2221_4
崇 2290_1
崆 2371_1
崤 2472_7
嶮 2873_3
逍 3930_2
晨 6023_2
畢 6050_4
野 6712_2
常 9022_7

撇起

偃 2121_4
梨 2290_4
毬 2371_3
細 2690_0
御 2722_0
鳥 2732_7
魚 2733_6
船 2746_1
祭 2790_1
終 2793_3
猗 4422_1
斜 8490_0

十二畫

點起

庾 0023_7
敦 0844_0
富 3060_6
馮 3112_7
温 3611_7
渭 3612_7
湖 3712_0
湧 3712_7
渾 3715_6
渝 3812_1
滋 3813_2
渼 3813_4
普 8060_1
善 8060_5
翔 8752_0

橫起

雲 1073_1
粟 1090_4
發 1224_7
琳 1419_0
强 1623_6
尋 1734_1
堯 4021_1
堰 4111_4
博 4304_2
棫 4395_0
煮 4433_6
華 4450_4

菩 4460_1
黄 4480_6
賀 4680_6
堠 4713_4
朝 4742_0
報 4744_7
椒 4794_0
惠 5033_3
棘 5599_2
揚 5602_7
軹 5608_0
雁 7121_4
隋 7422_7
陽 7622_7
郿 7722_7
開 7744_1
隃 7822_1

直起

順 2108_6
黑 6033_1
圍 6050_6
景 6090_6
喝 6602_7

撇起

焦 2033_1
集 2090_4
結 2496_1
衆 2723_2
象 2723_2
進 3030_1
勝 7922_7
無 8033_1
飲 8778_2

十三畫

點起

廉 0023_7
雍 0071_4
新 0292_1
試 0364_0
靖 0512_7
資 3780_6
滄 3816_7
遊 3830_4
道 3830_6
慈 8033_3
義 8055_3

橫起

零 1030_7
雷 1060_3
賈 1080_6
瑞 1212_7
聖 1610_4
羣 1750_1
梗 4194_6
楨 4198_6
董 4410_4
勤 4412_7
落 4416_4
葡 4422_7
萬 4442_7
楚 4480_1
萯 4480_6
禁 4490_1
楊 4692_7
椽 4793_2
敬 4864_0
肅 5022_7

直起

鼎 2222_1
嵯 2371_1
遇 3630_2
署 6060_4
圓 6080_6
戢 6315_0
睦 6401_4
路 6716_4

撇起

僊 2121_2
傾 2128_6
衙 2160_1
解 2725_2
獅 4122_7
會 8060_6
頌 8128_6
鉤 8712_0

十四畫

點起

廣 0028_6
塾 0410_4
鄜 0722_7
漄 3011_5
寧 3020_1
福 3126_6
滮 3211_2
漸 3212_1
漆 3413_2
漢 3413_4
褚 3416_0
漕 3516_6

橫起

翡 1112_7
蜚 1113_6
裴 1173_2
瑤 1217_2
翟 1721_4
鄢 1722_7
翠 1740_8
嘉 4046_5
壽 4064_1
蒯 4220_0
蒲 4412_7
夢 4420_7
蒼 4460_7
槐 4691_3
趙 4980_2
輔 5302_7

直起

蒙 3223_2
蜂 5515_3
鳴 6702_7

撇起

緈 2295_8
僖 2426_5
綠 2793_2
僧 2826_6
鳳 7721_0
舞 8025_1
銅 8712_0

十五畫

點起

慶 0024_7
廢 0024_7
褒 0073_2
澄 3211_8
潤 3712_0
澗 3712_0
潏 3712_7
澇 3912_7
羯 8652_7
鄭 8742_7

橫起

樗 4192_7
蓼 4420_2
蓮 4430_4
蓬 4430_4
樊 4443_0
橫 4498_6
樓 4594_4
樛 4792_2
撥 5204_7
輦 5550_6
輞 5702_0

直起

嶕 2073_1
嶢 2471_1
蝦 5714_7
暴 6013_2
影 6292_2

撇起

虢 2131_7
毿 2221_4
樂 2290_4
德 2423_1
魯 2760_3
徵 2824_0

劉 7210_0

十六畫

點起

磨 0026_1
龍 0121_1
親 0691_0
諮 0766_8
憲 3033_6
憑 3133_2
濁 3612_7
澤 3614_1
凝 3718_1

橫起

霍 1021_4
豫 1723_2
壇 4011_6
橋 4292_7
蕰 4411_7
蕭 4422_7
燕 4433_1
蕙 4433_3
蕡 4480_6
樹 4490_0
橐 5090_4
靜 5225_7
頤 7178_6
駱 7736_4
閻 7777_7

直起

冀 1180_1
盧 2121_7
頻 2128_6
叡 2764_0
遺 3530_8

撇起

衛 2150_6
積 2598_6
穆 2692_2
鴛 2732_7
興 7780_1
錫 8612_7

十七畫

點起

襄 0073_2
謝 0460_0
濟 3012_3
[illegible] 3416_5
鴻 3712_7

橫起

磻 1266_6
避 3030_4
檀 4091_6
薄 4414_2
韓 4445_6
薛 4474_1
盩 4810_7
闌 7750_6
臨 7876_6

直起

戲 2325_0

撇起

總 2693_0

十八畫

點起

顏 0128_6

橫起

覆 1024_7
藍 4410_7
藋 4421_4
藁 4490_4
闕 7748_2

直起

豐 2210_8
蟠 5216_9

撇起

雙 2040_7
雞 2041_4
織 2395_0
魏 2641_3
歸 2712_7
鎬 8012_1

十九畫

點起

麒 0428_1
鶉 0742_7
懷 9003_2

橫起

麗 1121_1
櫟 4299_4
藺 4422_7
[illegible] 5829_8
關 7777_2

直起

蟾 5716_1
羅 6091_4
獸 6363_4
曝 6603_2

二十畫

點起

寶 3080_6
竇 3080_6
耀 9721_4

橫起

甕 1013_6
露 1016_4
醴 1561_8
藻 4419_4
蘇 4439_4

直起

獻 2323_4
鹹 2365_0
嚴 6624_8

二十一畫

點起

灃 3211_8
鶴 4722_7

橫起

霸 1052_7
蘭 4422_7
櫻 4694_4
屬 7722_7

直起

酆 2712_7
蠟 5211_6

二十二畫

點起

讀 0468_6

橫起

聽 1413_1
懿 4713_8

撇起

鑑 8811_7

二十四畫

點起

讓 0063_2
灞 3112_7

橫起

靈 1010_8
鬭 7712_1
鹽 7810_7

二十五畫

橫起

觀 4621_0

二十七畫

撇起

[illegible] 2623_2

二十九畫

橫起

驪 7131_1

三十畫

撇起

鸞 2232_7